Coreano para dummies®

Coreano para dummies

Jungwook Hong
y Wang Lee

para dummies

Edición publicada mediante acuerdo con Wiley Publishing, Inc.
...For Dummies, el señor Dummy y los logos de Wiley Publishing, Inc. son marcas registradas utilizadas con licencia exclusiva de Wiley Publishing, Inc.

Título original: *Korean For Dummies*

Grupo Planeta
Avda. Diagonal, 662-664
08034 - Barcelona

ISBN: 978-84-329-0601-5
Depósito legal: B. 6.015-2020

Primera edición: julio de 2020
Preimpresión: pleka scp
Impresión: Artes Gráficas Huertas, S.A.

Impreso en España - Printed in Spain
www.dummies.es
www.planetadelibros.com

¡La fórmula del éxito!

- Un tema de actualidad
- Un autor de prestigio
- Contenido útil
- Lenguaje sencillo
- Un diseño agradable, ágil y práctico
- Un toque de informalidad
- Una pizca de humor cuando viene al caso
- Respuestas que satisfacen la curiosidad del lector

¡Este es un libro *...para Dummies*!

Los libros de la colección *...para Dummies* están dirigidos a lectores de todas las edades y niveles de conocimiento interesados en encontrar una manera profesional, directa y a la vez entretenida de aproximarse a la información que necesitan.

Millones de lectores satisfechos en todo el mundo coinciden en afirmar que la colección *...para Dummies* ha revolucionado la forma de aproximarse al conocimiento mediante libros que ofrecen contenido serio y profundo con un toque de informalidad y un lenguaje sencillo.

Estructura general

Sumario

Sobre el autor

Wang Lee nació en Seúl, Corea, pero de pequeño se mudó a Oriente Medio, donde vivió dos años en Kuwait y casi siete en Arabia Saudí. A los trece años, su familia se trasladó a Estados Unidos y sigue viviendo allí. En el año 2000 se graduó en Humanidades en el Shimer College y desde entonces trabaja como intérprete y traductor. Ayuda a niños con discapacidad en varios distritos escolares y ha trabajado como intérprete en campos tan diversos como la medicina y la industria del automóvil. Además, imparte clases de inglés a niños coreanos y, en su tiempo libre, escribe.

Jungwook Hong es el fundador de la Organización de Estudios Coreanos de la Universidad de Virginia.

Dedicatoria

Dedico este libro a mis padres, Sang Gil y Tae Kyun Lee, y a mi hermana, Eun Jung. Siempre estaré en deuda con ellos por todo el amor y apoyo que me han brindado sin esperar nada a cambio. Nada de esto habría sido posible sin su ayuda y guía.

Agradecimientos

Cuando era niño, tuve la suerte de viajar por todo el mundo y vivir en muchos lugares diferentes, lo que en gran parte me convirtió en la persona que soy hoy. Tenía tres o cuatro años cuando mi familia se trasladó a Kuwait, y mi hermana, que tenía un par de años más, empezó a ir a la escuela. Era un colegio británico y mis primeros conocimientos de inglés los adquirí leyendo por encima de su hombro. Yo no sabía leer: memorizaba lo que ella decía y lo asociaba a las imágenes de la página. Luego, cuando mi familia se trasladó a Arabia Saudí, seguí aprendiendo inglés con Mrs. Brodure, una señora británica, por lo que, durante mis primeros años como angloparlante, usaba todo tipo de expresiones completamente británicas.

Cuando nos trasladamos a Estados Unidos, no tardé en descubrir las ventajas que me proporcionaba ser bilingüe; de hecho, era una habilidad muy valorada. Enseguida me di cuenta de que a mucha gente le costaba algo que a mí me salía de forma espontánea. Vi que haber tenido la suerte de aprender inglés de muy pequeño me permitía comunicarme con una pronunciación perfecta y pasar por hablante nativo, pero entonces me ponía a hablar coreano igual de bien y sorprendía a todo el mundo. Mis padres se aseguraron de que mi coreano fuera excelente.

Así que mi primera ronda de agradecimientos va para mis padres, que me enseñaron coreano y se preocuparon de que lo leyera y hablara bien. A mi padre, que siempre traía periódicos coreanos a casa para que los leyera, y a mi madre, que siempre estuvo ahí y me forzaba a superar mis límites.

Mi agradecimiento más sincero va para mi hermana, Eun, y mi cuñado, Jin Won Jung, que me ayudaron a mantenerme cuerdo mientras estuve enfermo en el hospital, pero muy especialmente para Eun, pues sin ella este proyecto no habría sido posible.

A mi sobrino, Miles, quien, pese a tener solo 14 meses, me ha enseñado a sonreír y a disfrutar de las cosas sencillas, como señalar con el dedo y reír, y ponerte cosas en la boca.

A Mike Grossinger, por ayudarme en todo una y otra vez, sin importar lo que necesitara. Me ha escuchado y apoyado en todas mis ideas y primeras traducciones, aunque no habla ni una palabra de coreano.

A Eric Hoch, por arreglarme el ordenador cuando se estropeó y casi me vuelvo loco al pensar que había perdido todo mi trabajo. Su paciencia infinita y su habilidad reparando ordenadores me han salvado el cuello más de una vez.

A Tom Cyr, quien siempre estuvo ahí para relativizar los problemas y parece saber con exactitud cuándo necesito tomarme un descanso.

Mi más sincero agradecimiento a Barb Doyen, mi agente, quien me consiguió este trabajo. Sin ella, nunca habría colaborado con el genial equipo de Wiley y el proyecto ***Para Dummies***. Le debo agradecer también que confiara en mí incluso cuando yo no lo hacía. Su constancia ha sido la energía que me ha permitido seguir adelante.

A Jennifer Connoly, la jefa de proyecto, por la paciencia, al parecer infinita, que he puesto a prueba una y otra vez, con un retraso y otro, y que ha sido de tremenda ayuda a cada paso.

A Stacy Kennedy, editora de adquisiciones en Wiley, quien, como Jennifer, ha sido increíblemente paciente conmigo y me ha apoyado en complicaciones, problemas y demoras. Os debo a ambas montañas de gratitud.

Introducción

Seguro que sabes más coreano del que crees. Tal vez tienes un coche o un móvil "*made in Korea*". A lo mejor has probado la comida coreana o has visto alguna peli de allí. Incluso puede que hayas oído algo interesante sobre Corea en las noticias. Si quieres aprender coreano, lo más probable es que quieras hablar e interactuar con coreanos. Quizá tienes negocios con una empresa en Corea o a lo mejor te planteas visitar el país. Sea cual sea tu caso, *Coreano para Dummies* te será de gran ayuda en el reto de dominar la lengua coreana.

Hay quien dice que los hablantes de distintos idiomas perciben las cosas de forma diferente. Si es cierto, puede que aprender algo de coreano te ayude a ver las cosas como las ve una persona coreana. Sea así o no, lo que está claro es que los coreanos te verán de forma diferente si intentas hablar coreano. ¡Que intentes hablar su lengua siempre causa una excelente primera impresión! Si quieres hacer amigos en clase, en el trabajo o cuando viajes, demuestra que no solo te interesan ellos, sino que quieres entender y vivir su cultura.

Coreano para Dummies te ayudará a dar los primeros pasos para entender coreano y te enseñará algunas expresiones comunes. Como en todo, los primeros pasos son los más difíciles, pero cuando hagas tus primeros amigos usando el coreano que aprendas en este libro, te darás cuenta de que ha merecido la pena y que, además, ¡es divertido!

Sobre este libro

Si no te gusta memorizar tablas y tablas de conjugaciones verbales y normas gramaticales, o si te encanta hacerlo pero no tienes tiempo, este es el libro que necesitas. Los capítulos están organizados para que puedas buscar y decir algo en muchas de las situaciones que te encontrarás cuando vayas de compras, de viaje, a comer, etcétera.

Aprende una palabra aquí y una frase allá a medida que leas el libro y sorprende a tus amigos coreanos con la expresión correcta en el momento adecuado. Abre el libro cuando lo necesites y céntrate en las secciones que te sean útiles. Cada capítulo contiene expresiones y truquillos pensados para provocar un "¿Dónde has aprendido eso?", entre los coreanos que te escuchen. Y, si te interesa, puedes aprender la estructura básica de algunas oraciones, que puedes ir usando y ampliando cuando te sientas cómodo con esta lengua. La estructura de los capítulos pretende que utilices los fragmentos cuando los necesites, así que prepárate para aprender poco a poco y poniéndolo en práctica, en vez de memorizarlo todo de una vez.

Convenciones usadas en este libro

Estas son algunas de las convenciones que he usado en este libro para que puedas seguirlo con facilidad:

- Las direcciones de páginas web aparecen en monofont.
- Las palabras en coreano están resaltadas en **negrita**.
- Incluyo una transcripción fonética de las palabras coreanas, para que veas cómo se pronuncian.
- La primera vez que una palabra coreana aparece en una sección, irá seguida de esta transcripción, su pronunciación y una definición entre paréntesis.
- A lo largo del libro, incluyo una traducción libre de los diálogos y expresiones, y, cuando es necesario, también una traducción literal para que entiendas no solo la frase, sino también su uso.
- El nivel de formalidad es muy importante en coreano. Cuando es necesario usarlo en expresiones clave, indico el nivel de formalidad: educado formal, educado informal, íntimo y neutro.
- Las conjugaciones de verbos y adjetivos se presentan en este orden: forma del diccionario y forma educada informal.

Cuando aprendes un idioma, contextualizar las lecciones ayuda a consolidar el material aprendido. Los siguientes elementos tienen esa finalidad:

- **Diálogos en las secciones "Hablando se entiende la gente":**

  Estos diálogos incluyen fragmentos de aquí y de allá de cada lección. Sitúan los diálogos en un contexto habitual y muestran en qué situaciones puedes encontrártelos. Cada diálogo va acompañado de una breve introducción al escenario en el que puede producirse, y muchas veces incluirán curiosidades culturales.

En los diálogos, he transcrito fonéticamente las palabras coreanas para que veas cómo se pronuncian en español y que no te cueste leerlas en voz alta. Si al principio no te resulta fácil, busca los diálogos que tienen el icono del Play, que podrás escuchar en los audios de la página web. Cuando quieras darte cuenta, tendrás dominado lo de hablar en coreano.

- **Tablas con "Palabras para recordar":** En las tablas de esta sección destacamos palabras importantes para que las tengas a mano. Incluyo la variedad educada informal de los verbos (en el capítulo 2 tienes más información sobre formas verbales y sus terminaciones).
- **"Juegos y ejercicios divertidos":** Estas secciones incluyen algunos ejercicios que ponen a prueba tu memoria y refuerzan lo aprendido en el capítulo. Te ayudarán a evaluar tu rendimiento, así que no te los saltes.

Suposiciones sobre el lector

Al escribir este libro, hice unas cuantas suposiciones sobre ti, lector:

- No sabes demasiado coreano, tal vez a excepción de alguna que otra expresión que has pillado en pelis o escuchando a amigos.
- No tienes pensado presentarte a un examen oficial de coreano dentro de poco ni te planteas ponerte a traducir literatura o hacerte intérprete, sino que te basta con aprender un poco de coreano para comunicarte.
- Pasas de pelarte los codos memorizando tablas de conjugaciones y gramática.
- Quieres pasártelo bien aprendiendo coreano.

¿Cómo se organiza este libro?

Este libro se divide temáticamente en cuatro partes, además de una serie de apéndices. Cada parte se centra en un tema, como ir de compras, presentarse o salir por ahí.

Parte 1. Primeros pasos

Esta parte te sumergirá en la pronunciación del coreano y te dará cuatro pinceladas de gramática básica. Si puedes, mírate la parte 1 con cariño, porque te ayudará a entender el resto del libro.

Parte 2. Coreano cotidiano

Aquí empezarás a aprender coreano (y cultura coreana) para tu día a día. ¿Conocer gente? ¿Comer? ¿Comprar? Ve a esta sección si buscas información y expresiones que puedas usar con tus amigos.

Parte 3. De acá para allá

Aquí encontrarás frases más enfocadas a tareas concretas para usarlas cuando viajes. ¿Tienes que cambiar moneda, reservar una habitación de hotel o pedir indicaciones? Esta es tu sección.

Parte 4. Los decálogos

Si vas ahogado de tiempo, dedícate a la parte 4. Incluyo diez formas de dominar el coreano rápidamente, diez cosas que no deberías hacer delante de ellos, diez expresiones que a los coreanos les encanta usar y diez frases que te harán parecer coreano. Son secciones cortas y fáciles de recordar, así que échales un vistazo cuando puedas.

Parte 5. Apéndices

Esta sección contiene recursos que puede interesarte consultar durante la lectura del resto de los capítulos. Hay tablas de verbos regulares e irregulares y un minidiccionario coreano-español, español-coreano. También encontrarás las respuestas a las secciones de "Juegos y ejercicios divertidos" en el Apéndice D. Los audios.

Iconos usados en este libro

He ido colocando algunos iconos en los márgenes del libro para que prestes atención a algunos puntos importantes. Te ayudarán a encontrar ciertos tipos de información de forma rápida. He aquí su significado:

CONSEJO

Este icono resalta algunos consejos que te ayudarán a aprender coreano fácilmente.

RECUERDA

Este icono señala la información que debes repetir y recordar.

CULTURA GENERAL

Información sobre viajes y cultura coreana.

ESCUCHA

Los audios que vienen con el libro te permiten oír a coreanos nativos. Tal vez tengas algún amigo coreano, pero, si no es así, te ayudarán a aprender coreano rápidamente. Este icono marca que esa frase aparece en los audios.

¿Y ahora qué?

Si quieres conocer los entresijos de la gramática, échale un vistazo al capítulo 2. La gramática coreana y la española son bastante diferentes. No voy a contártelo todo acerca de la gramática coreana, porque este libro no va de eso, pero hay suficiente información para que te hagas una idea de cómo funciona la lengua y para entender qué papel desempeña cada palabra cuando oigas hablar a tus amigos coreanos.

Sin contar el capítulo 2, este libro se centra en enseñarte a escuchar y a hablar. Aunque intento presentar tanta información como puedo sobre temas concretos, la mejor manera de aprender es el método de prueba-error. Hablar una lengua implica interactuar con gente, y no hay libro ni curso de lenguas (por bien diseñados que estén) que pueda garantizarte el éxito de una conversación. Empieza por leer el capítulo que más te llame la atención, escucha los audios, cuela una frasecita en coreano aquí y allá y, sobre todo, siempre que puedas, intenta hablar con un coreano. Ganarás amistades y buenos recuerdos en el intento.

1 Primeros pasos

EN ESTA PARTE . . .

Si la lengua coreana y tú no os conocíais, esta parte es para ti. Podrás familiarizarte con la pronunciación coreana y empezar a conocer la gramática básica. Léete la parte 1 con calma porque es la base para entender el resto del libro.

EN ESTE CAPÍTULO

- Prueba la fonética coreana
- Pronuncia las consonantes y vocales básicas
- Mejora tu fluidez
- Practica algunas frases hechas
- Usa gestos coreanos

Capítulo 1

Empecemos por lo básico

Sorprender a un **woneomin** (*uon-oh-min*; nativo) de coreano pronunciando una **mungu** (*mun-gu*; frase hecha) o una **munjang** (*mun-tsang*; frase) en su lengua puede ser **jaemi** (*tse-mi*; divertido). Este capítulo te ayudará a conseguir justo eso. A continuación, aprenderás a pronunciar el coreano y a dominar algunos **haengdong** (*jeng-dong*; gestos) básicos. No tardarás mucho en hacer creer a tus **chingudeul** (*cchin-gu-duhl*; amigos) que has estado siguiendo un curso intensivo en secreto.

Igual que para **unjeon** (*un-tsohn*; conducir), montar en **jajeongeo** (*tsa-tsohn-goh*; bicicleta) o **geotgi** (*goht-gi*; caminar) por la cuerda floja, mejorar la pronunciación del coreano requiere práctica. Y solo se pueden corregir errores tras cometerlos. En este capítulo aprenderás palabras como **chimdae** (*tsim-de*; cama), **angyeoung** (*an-giohng*; gafas), **chitsol** (*tsis-sol*; cepillo de dientes) y **keopi** (*ko-phi*; café), que puedes ir practicando en tus rutinas diarias, y otras frases que te ayudarán a comunicarte en coreano. Cuanto más coreano incorpores a tu **daehwa** (*de-hua*; conversación) y rutinas diarias, mejor será tu comprensión de la lengua. Practicar la correcta pronunciación te será de ayuda para **deutgi** (*duht-gi*; escuchar) y **malhagi** (*mal-ja-gi*; hablar), pero, además, te hará ganar puntos con tus amigos coreanos, que valorarán mucho que hayas invertido tiempo y esfuerzo en dominar su lengua.

En las siguientes secciones presento los sonidos según el orden alfabético romanizado. Puede que tardes un poco en acostumbrarte a la pronunciación coreana, pero no incluye conceptos nuevos como tonos o intensidad.

Los sonidos básicos

El coreano, como el español, es una **eoneo** (*oh-noh*; lengua) fonética. Cada carácter del sistema coreano de **sseugi** (*ssuh-gi*; escritura) representa un sonido, ya sea una vocal o una consonante. Aprender *hangeul*, el sistema de escritura coreano, implica conocer algunas normas de adaptaciones fonéticas. Para simplificarte el trabajo, aquí romanizaremos la fonética coreana, es decir, escribiremos los sonidos coreanos usando el alfabeto romano.

En este libro aplicamos el método de romanización revisado por el gobierno coreano en el año 2000. Con él podrás leer las palabras tal como suenan y hablar desde el primer día sin necesidad de aprenderte las reglas de pronunciación. Además, entre paréntesis, incluyo la pronunciación de la palabra coreana más cercana al español.

Eso sí, si tienes tiempo, te recomiendo fervientemente que te aprendas el *hangeul*, el alfabeto coreano. El *hangeul* se desarrolló a principios del siglo XV siguiendo el mandato del rey Sejong de crear un alfabeto que el pueblo llano pudiera aprender con facilidad. En Corea, casi toda la comunicación escrita se hace en *hangeul* y la romanización solo se usa con los extranjeros. Aprender *hangeul* te dará acceso a muchísimos recursos online, así que, si quieres aprender coreano, procura invertir tiempo en aprender *hangeul*.

CONSEJO

Muchos sonidos coreanos se parecen a otros españoles, pero no son exactamente iguales. En las vocales, la principal diferencia radica en dónde colocas la lengua y cuánto abres la boca. En las consonantes, en cuánto aire dejas salir. Cuando practiques, intenta reconocer las diferencias (la transcripción te dará pistas) y ponerlas en práctica fijándote en los elementos anteriores.

Sonidos vocálicos básicos

Las consonantes deben aparecer siempre acompañadas de una vocal. A veces, un grupo de vocales forman una palabra como **uyu** (*u-iu*), que significa 'leche', y **yeoyu** (*ioh-iu*), que significa 'ocio'. Las vocales no son difíciles de pronunciar, pero muchas suenan igual al oído español y eso complica la experiencia. Repasa los sonidos vocálicos de la tabla 1-1. He marcado con un asterisco los que no tienen equivalencia directa en español y te doy un ejemplo de un sonido similar. No te preocupes si no sabes pronunciarlos o si no los puedes distinguir cuando los escuches por primera vez en los audios: la práctica lleva a la perfección. Un poco más adelante, recojo trucos para distinguir y pronunciar los más confusos.

RECUERDA

Fonéticamente, **ae** y **e** son dos sonidos diferentes y, por tanto, deberían pronunciarse de manera distinta: **ae** como la *e* inglesa de *bed*, **e** como la *e* de dedo. La realidad es que, en el día a día, la mayoría de los coreanos los pronuncian de manera similar.

TABLA 1-1 Sonidos vocálicos

Vocal	Palabra en español con este sonido	Ejemplo coreano (*pronunciación*; significado)
a	**a**la	**jadongcha** (*cha-dong-tsa*; coche)
ae	b**e**lga*	**chaek** (*tsek*; libro)
e	d**e**do	**gagye** (*ga-ge*; tienda)
eo	ah**o**ra*	**geoul** (*goh-ul*; espejo)
eu	--	**oneul** (*o-nuhl*; hoy)
i	l**i**bro	**i** (*i*; dientes)
o	c**o**mer	**chitsol** (*tsis-sol*; cepillo de dientes)
oe	p**oe**ta*	**hoesa** (*hoe-sa*; empresa)
u	b**u**rro	**mul** (*mul*; agua)
ui	h**ui**da	**uija** (*ui-tsa*; silla)
wa	**gua**po	**hwajangsil** (*hua-chang-shil*; baño)
wae	h**ue**le*	**wae** (*ue*; por qué)
we	h**ue**rto	**wigyeyang** (*wi-ue-yang*; úlcera de estómago)

Vocal	Palabra en español con este sonido	Ejemplo coreano (*pronunciación*; significado)
wi	***oui**ja*	**wiheom** (*ui-johm*; peligro)
wo	contig**uo**	**mwo** (*muo*; qué)
ya	**hia**to	**chiyak** (*tsi-iak*; pasta de dientes)
yae	**hie**lo*	**ie** (*ye*; esa persona; informal)
ye	**hie**na	**jipie** (*chi-pie*; billetes)
yeo	**Io**n*	**an-gyeong** (*an-giohng*; gafas)
yo	**io**do	**yok-jo** (*iok-cho*; bañera)
yu	**You**Tube	**hyu-shik** (*hiu-shik*; descanso)

* Sonido aproximado.

Distinción entre sonidos vocálicos

¿Pueden los coreanos distinguir los siguientes sonidos?

> ***ae*** (suena como la *e* de *bed* si hablas inglés), ***e*** (suena como la *e* de dedo) y ***oe*** (como *poeta* con una *o* muy breve).

La respuesta es **ye** (*ie*; sí) y **aniyo** (*a-ni-o*; no). Si decidimos **anja** (*an-cha*; sentar) a un grupo de coreanos para que discutan la **bareum** (*ba-ruhm*; pronunciación) de estos tres sonidos, serían capaces de diferenciarlos. Pero, en general, especialmente en las conversaciones de **maeil** (*me-il*; diario), no los diferencian. Así que no te preocupes demasiado si no distingues entre *ae* y *e*, porque la mayoría de los coreanos tampoco se preocupa por ello. El único modo de diferenciarlos es por escrito, pero de oído muchos coreanos fracasarían en el intento.

Mira estos ejemplos, con otras vocales que combinan ***ae*** y ***e***:

> *wae* (suena como *hue* en *huerto*), **waegeurae** (*ue-guh-re?*; ¿Qué es esto?).
>
> *oe* (suena también como *hue* en *huerto*), **oetori** (*ue-to-ri*; solo).
>
> *yae* (suena parecido a la segunda *ye* en *yeyé*), ***yaeya*** (*ie-ia*; ¡Eh, niño!).
>
> *ye* (suena como *ye* en *Yemen*), **ye** (*iee*; sí).

Como puedes ver por las indicaciones de pronunciación entre paréntesis, es muy difícil distinguir los sonidos escuchando las palabras sueltas. Por eso es importante prestar atención al contexto de la palabra en la frase.

Este truco también te puede servir si no distingues ***eo*** (que marco en la pronunciación como *oh*) y ***o*** (o). La primera se pronuncia con la boca más abierta que en castellano y, la segunda, con la boca más cerrada. Además, en ***eo*** la lengua se retira un poco hacia atrás, como si te costara respirar.

Pronunciación de *eu* y *ui*

El sonido ***eu*** (que indico en la pronunciación como *uh*) no existe en español, pero por suerte no es **eoryoepda** (*oh-riohp-da*; difícil) de **baeuda** (*be-u-da*; aprender).

Imagina que encajas un golpe fuerte de **taekwondo** en el **bae** (*be*; estómago). Lo más seguro es que aprietes los **i** (*i*; dientes) y se te escape un gruñido. Deja que el dolor se quede en la imaginación y céntrate en ese gruñido. Los dientes están fuertemente apretados y tu **mom** (*mom*; cuerpo) está en tensión. Intenta repetir el gruñido varias veces y concéntrate en el sonido que sale. Mantén la **ip** (*ip*; boca) en esa posición e intenta pronunciar una *u*.

El sonido ***ui*** es una combinación de los sonidos **eu** e **i**. Empiezas pronunciando **eu** y cambias rápidamente hacia la **i**. Tal vez te sería más fácil pronunciarlo si los escribiera "eui", pero quería ser coherente con la romanización. Con estos truquitos deberías tener los sonidos ***eu*** (*uh*) y ***ui*** (*wi*) dominados. ¿Ha sido muy difícil?

Sonidos consonánticos básicos

CONSEJO

Intenta pronunciar las palabras *esq**u**í*, ***g**as* y ***k**ilo*. Tal vez te des cuenta de que, cuando pronuncias ***g**as*, dejas salir más aire que cuando pronuncias *esq**u**í* y mucho más que cuando pronuncias ***k**ilo*. La pronunciación coreana depende mucho de la cantidad de aire que se deja salir y cuándo al pronunciar las consonantes.

RECUERDA

Cuando escuches los audios, intenta concentrarte en cuánto aire dejas salir con cada letra.

La tabla 1-2 recoge los sonidos básicos de las consonantes. Como ocurría con las vocales, no hay una correspondencia clara entre las consonantes en coreano y español, y marco que la correspondencia es aproximada con un asterisco. Ten en cuenta que, cuando la misma consonante puede tener más de una pronunciación, he marcado en negrita esa consonante para diferenciarla en los ejemplos.

TABLA 1-2. Sonidos consonánticos

Consonante	Palabra en español con este sonido	Ejemplo coreano (*pronunciación*; significado)
ch	in**y**ectar*	**chimdae** (*tsim-de*; cama)
h	re**j**a*	**haneul** (*ja-nuhl*; cielo)
j	**ch**oque	**jigeum** (*chi-guhm*; ahora)
jj	ma**tch***	**jeo jjok** (*choh-cchok*; por allí)
k	pi**c**a*	**kal** (*khal*; cuchillo)
k, g	**c**argo*	**gukgi** (*guk-gi*; bandera de Corea)
k, **g**	car**g**o	**gilga** (*gil-ga*; arcén)
kk	es**qu**í	**kkeut** (*kkuht*; final)
m	**m**amá	**meori** (*moh-ri*; cabeza)
n	**n**o	**namu** (*na-mu*; árbol)
ng	a**ng**ustia	**sang** (*sang*; mesa)
p	ca**f**re*	**pal** (*phal*; brazo)
b, **p**	**p**avo	**japida** (*cha-pi-da;* ser atrapado)
b, p	pa**v**o	**babo** (*ba-bo*; tonto)
pp	re**p**ortar	**ppang** (*ppang*; pan)
r, l	ca**r**o	**ramyum** (*ra-mion*; fideos instantáneos)
s	**s**ol	**sul** (*sul*; alcohol)
ss	ca**s**a*	**ssal** (*ssal*; arroz)
t	tor**t**a*	**tada** (*tha-da*; quemar / montar)
t, d	**t**odo*	**datda** (*dat-da*; cerrar)
t, **d**	to**d**o	**badak** (*ba-dak*; suelo)
tt	cap**t**ar	**ttokttok** (*ttok-ttok*; toc, toc)

* Sonido aproximado.

h se pronuncia como la *h* inicial en inglés (como en *hámster* o *hockey*), así que intenta pronunciar una *j* flojita.

k/g y ***d/t*** se leen diferente según su posición y la letra que las siga. Además, el sonido no es exactamente igual que el correspondiente en castellano. Se leen *g* y *d* respectivamente antes de vocal, como en **gilga** (*gil-ga*; calle), **gagu** (*ga-gu*; muebles), **doldam** (*dol-dam*; pared de piedra) y **don** (*don*; dinero). Aunque lo marcamos así para facilitar que hables enseguida, cuando escuches los ejemplos en los audios, fíjate en que el sonido a principio de palabra es casi una *k* o *t* suave.

Se leen *k* y *t* antes de consonante y como sonido final de sílaba, como en **dokdo** (*dok-do*; isla de Dokdo), **yokjo** (*iok-jo*; bañera), **chaek** (*cchek*; libros), **geotda** (*goht-da*; caminar) y **datda** (*dat-da*; cerrar).

El sonido ***r/l*** se diferencia porque se pronuncia como la *r* de *caro* antes de vocal —como en **baram** (*ba-ram*; viento) y **ramyun** (*ra-myohn*; fideos instantáneos)— y como *l* en el resto de las posiciones, como en **balral** (*bal-ral*; energético).

Pronunciación de *j, ch, jj, kk, pp* y *tt*

Los sonidos ***j*** (*ts*), ***ch*** (*ch*), ***jj*** (*cch*) son especialmente difíciles para los hispanoparlantes porque no se corresponden con ningún sonido del español. En fonética, ***j***, ***ch*** y ***jj*** se llaman africadas. Son una combinación de oclusiva y fricativa, lo que significa que, en algún momento al pronunciar el sonido, el aire se para y causa fricción al salir. Los dos únicos sonidos africados en castellano son la *ch* de ***ch**aqueta* y la *y* después de *n*, como en *inyectar*, que serían cercanos a ***ch*** y ***j***. Sin embargo, para pronunciarlas correctamente, deberíamos adelantar un poco más la lengua. Si **gullida** (*gul-li-da*; enrollas) la **hyeo** (*jioh*; lengua) en la **cheonjang** (*tsohn-chang*; parte superior) de la boca, notarás una zona plana cerca de ella y una rugosidad. Ahí debes colocar la lengua (como lo haces para la *l*). Otras palabras que tienen ese sonido en sus lenguas son **ts**unami o Er**tz**ainza.

Por otra parte, ***jj***, ***kk, pp*** y ***tt*** son versiones **tensas** de ***ch***, ***k***, ***p*** y ***t***. Es decir, cuando pronuncias las primeras, dejas salir menos aire que cuando pronuncias las segundas. De hecho, es como si intentaras evitar que saliera aire de la boca. Si intentas pronunciarlas delante de una vela encendida, la llama no debería apagarse.

Intenta pronunciar los siguientes ejemplos:

chong (*tsong*; pistola).

jeojjok (*choh-cchok*; por allá).

jjokjii (*cchok-chi*; notas).

kkeut (*kkuht*; fin).

kkot (*kkot*; flor).

kong (*khong*; judía).

pal (*phal*; brazo).

ppalli (*ppal-li*; deprisa).

ppang (*ppang*; pan).

tang (*thang*; disparo).

ttang (*ttang*, suelo).

ttok (*ttohk*; pastel de arroz).

Aspiración de *t, p, k*

Los sonidos **p** (*ph*), **t** (*th*), **k** (*kh*) se pronuncian al inicio como *p*, *t* y *k* en español, pero, en vez de seguir inmediatamente con el sonido de la vocal, intercala una breve hache aspirada. Es decir, parece que se introduzca un espacio entre la consonante y la vocal. Revisa los ejemplos de antes e intenta pronunciar **tang** (*thang*), **pal** (*phal*) y **kong** (*khong*) intercalando una breve aspiración después de la consonante.

Diferencia entre *s* y *ss*

Una vez más, la salida de aire marca la diferencia entre **s** y **ss**. La **s** y **ss** se llaman *sibilantes* por el sonido que se escucha al pronunciarlas. En el caso de **ss**, implica más fricción en la salida de aire en comparación con el sonido **s**. En cambio, **s** es más larga y suave que **ss.** En cierta manera, **s** se acerca al sonido de *s* al principio de palabra en español y **ss** al sonido de *s* que va entre vocales.

Si tienes problemas para diferenciarlas, un truco es pronunciar **s** el doble de larga que **ss**. Intenta practicar con estas parejas de palabras:

ssal (*ssal*; arroz); **sal** (*sal*; piel).

ssada (*ssa-da*; barato); **sada** (*sa-da*; comprar).

Por último, ten en cuenta que, al combinar **s** y **ss** con ***i***, como en **si** y **ssi**, se lee *shi* y *sshi* respectivamente como en:

ssi (*sshi*; señor/a); **si** (*shi*; poema).

Consonantes mudas al final de sílaba

Cuando las sílabas coreanas o el **daneo** (*da-noh*; palabras) acaban en ***k*** o ***t***, los coreanos tienden a silenciar esos sonidos. En términos técnicos, el fenómeno se llama *oclusiva inaudible* y se da porque la salida de aire se detiene repentinamente mientras se pronuncian estos sonidos, como si cambiaras de opinión en el último momento y decidieras no pronunciar las letras. Por **isanghan** (*i-sang-jan*; raro) que pueda sonar, en realidad, los coreanos dejan salir menos aire cuando pronuncian una ***k*** o ***t*** final que cuando la pronuncian al principio de sílaba.

Puedes practicar estos ejemplos. Si eres un *crack* del inglés, puedes tomar como referencia que **kkeut** suena muy parecido a *good* en "*good morning*".

kkeut (*kkuht*; final).

chitsol (*tsis-sol*; cepillo de dientes).

chaek (*tsek*; libro).

yok-jo (*iok-cho*; bañera).

hyu-sik (*jiu-shik*; descanso).

jeojjok (*cheoh-cchok*; por allá).

ttok-ttok (*ttok-ttok*; toc, toc).

badak (*ba-dak*; suelo).

Sonar como un coreano

Ahora que dominas los **sori** (*so-ri*; sonidos) básicos, solo te costará un **jogeum** (*tso-guhm*; poco) imitar la entonación y el ritmo de un hablante coreano. Pero este camino a la excelencia está plagado de **yuhok** (*iu-jok*; tentaciones). En la siguiente sección te daré un par de consejos para que tu coreano suene más natural.

CONSEJO

Los coreanos usan muchas palabras del inglés. Algunas suenan como la palabra original inglesa, aunque en otros casos hay que echarle imaginación. Si sabes inglés, estas palabras deberías memorizarlas con facilidad, y además te ayudarán a entender mejor la pronunciación coreana.

Fuera acentos

En una frase corriente en español encontramos sílabas acentuadas. Por ejemplo: "La pro-nun-cia-*ción* co-re-*a*-na es sen-*ci*-lla". Esta frase en coreano se pronuncia sin acentos: "**Hangugeo bareumeun swiwoyo** (*han-gu-goh ba-ruhm-uhn shi-uo-io*). Se puede enfatizar una palabra de una frase diciendo cada sílaba que la compone **cheoncheonhi** (*chohn-chohn-i*; despacio) y **keuge** (*kheu-gae*; en alto). ¡Resiste el impulso de acentuar las sílabas coreanas!

Pronuncia todas las sílabas

En este libro incluyo la romanización de las palabras y frases coreanas y luego, entre paréntesis, te propongo su pronunciación dividida en sílabas. Es importante que leas cada sílaba: te ayudará en la pronunciación y hará que los coreanos te entiendan mejor.

CULTURA GENERAL

PARECE INGLÉS, PERO NO

El coreano asimila palabras del inglés, pero a veces el significado de estos términos ha cambiado durante el proceso. Si sabes inglés, no te sorprendas si oyes palabras familiares usadas en un sentido diferente.

- *Panties*: **panti** (*phan-thi*) no solo se refiere a la ropa interior femenina, sino que también incluye la masculina. Así que, si tu compañero de trabajo menciona que prefiere los **sa-gag-pan-ti** (bóxeres) a los *slips*, no te extrañes. Por supuesto, tampoco está relacionado con las medias de mujer, como en español.
- *Training*: **churining** (*tchu-ri-ning*) no se refiere a entrenar, sino a los pantalones cortos que se usan para ello.
- *Villa*: **billa** (*bil-la*) no es una casita en el campo, sino una comunidad de bloques de pisos o un condominio.

No pierdas el ritmo

Hay lenguas que cambian de ritmo al hablar: algunas partes de la frase van a ritmo de vals y otras, a ritmo de serenata. El coreano puede subir y bajar el tono de **moksori** (*mok-so-ri*; voz), pero el ritmo de la frase es, en general, constante, como en español. Es casi una marcha. A veces puede ayudar ir dando palmadas a un ritmo constante e intentar pronunciar una sílaba con cada palmada.

Así que recuerda, si tienes la **piryo** (*phi-rio*; necesidad) de variar el ritmo en una frase coreana, ¡resiste!

Frases básicas

La tabla 1-3 recoge algunas frases o expresiones básicas que puedes empezar a usar desde ya. Aunque no te salgan con soltura, se notará que te esfuerzas.

TABLA 1-3 **Frases básicas en coreano**

Ccreano	Pronunciación	Traducción
Cheoncheonhi malhaejusaeyo	*tsohn-tsohn-i mal-je-chu-se-io*	Habla despacio, por favor
(palabra) eui tteutsi hangugeoro/yeongeoro/ supeineoro mwoyaeyo?	(palabra) *wi ttuht-shi jan-gu-geoh-ro /iohn-goh-ro /su-pe-i-noh-ro muo-ie-io?*	¿Qué significa (palabra) en coreano/inglés/ español?
(palabra) eul bareumhae jusaeyo	(palabra) *uhl ba-ruh-me-yu-se-io*	Por favor, pronuncia (palabra)
gomawoyo	*go-ma-uo-io*	Gracias
anieyo	*a-ni-e-io*	No (no, gracias)
gwaenchanayo	*gwen-tsa-na-io*	Así está bien
joayo	*cho-a-io*	Me parece bien
byeolmalsseumeseyo	*biohl-mal-ssuh-me-se-io*	De nada
silyaehaeyo	*sil-le-je-io*	Disculpa
mianhaeyo	*mian-he-io*	Lo siento

Hablando se entiende la gente

Jessica y Jewu son amigos. Jessica ha aprendido algo de coreano y sorprende a Jewu.

Jessica: **jaeussi annyeonghaseyo.**
che-u-shi! an-ñohng-ja-se-io.
¡Jewu! ¿Qué tal? ¿Bien? (literalmente, "¿Estás en paz?")

Jewu: **ye. geureondae jaessikassi hangugeo gongbuhaeyo?**
ie. guh-rohn-de tse-shi-ka-shi jan-gu-goh gong-bu-je-io.
Sí. Entonces, Jessica, ¿estás estudiando coreano?

Jessica: **ye. jinanjuae babodeuleulwihan hangukeochaekeul saseo bwaseoyo.**
ye.chi-nan-chu-e ba-bo-ruhl-wi-jan jan-gu-goh-tsek-uhl sa-soh bua-soh-io.
Sí. La semana pasada compré *Coreano para Dummies* y me lo estoy leyendo.

Jewu: **jeongmaryo? bareumi cham jeonghwakhaneyo.**
chohng-ma-rio? Ba-ruh-mi tsam chohng-jua-ka-ne-io.
¿En serio? Tu pronunciación es muy buena (literalmente, "precisa").

Jessica: **anieyo. ajik mani bujokhaeyo. jaeussi, "eoryeowoyo" reul hangugmallo eotteoke bareumhaeyo?**
a-ni-e-io. a-chik ma-ni bu-chok-ke-io. che-u-shi, oh-rioh-uo-io-ruhl jang-ung-mal-lo oht-to-ke ba-ruhm-je-yo?
No. Me falta practicar mucho. Jewu, ¿cómo se pronuncia "difícil" en coreano?

Jewu: **Eoryeowoyo. "Eoryeowoyo" ga eoryeowoyo?**
oh-rioh-uo-io. oh-rioh-uo-io-ga oh-rioh-uo-io?
Difícil. ¿Es difícil pronunciar "difícil"?

Jessica: **ye, jaeussi gomawoyo.**
ye, che-u-shi, go-ma-uo-io.
Sí. Gracias, Jewu.

Palabras para recordar

beoseu	*boh-suh*	autobús
haembeogeo	*jem-boh-goh*	hamburguesa
hompeiji	*jom-pei-chi*	página de inicio
imeil	*i-meil*	e-mail
inteonet	*in-thoh-net*	internet
kamera	*ka-me-ra*	cámara
keopi	*kho-phi*	café
keompeuteo mauseu	*khom-phiu-thoh ma-u-su*	ratón (de ordenador)
nektai	*nek-tai*	corbata
radio	*ra-di-o*	radio
syeocheu	*sho-tsuh*	camiseta
tellebijyeon	*tel-le-bi-chon*	televisión

Lenguaje corporal

Si una imagen vale más que mil palabras, tu cuerpo debe transmitir la idea de respeto cuando estás en compañía de coreanos. Hoy en día, el repertorio coreano incluye abrazos y apretones de manos, además de la conocida reverencia, pero es la persona de mayor edad o rango quien inicia la acción. Hasta que esta persona no haga el ademán de dar un abrazo o un apretón de manos, lo mejor es escuchar con atención con las manos a ambos lados del cuerpo.

El lenguaje corporal que se usa entre gente de la misma edad es variado y se entiende sin problemas, pero hay que tener cuidado con algunos gestos. Antes de ponerlos en práctica, observa cómo los usan los coreanos e incluso estaría bien que les pidieras que te expliquen por qué hacen lo que hacen. Cuando entiendas el porqué, puedes usarlos: será una agradable sorpresa para quienes te rodeen.

Pedir a alguien que se acerque

Cuando los coreanos quieren que un amigo o compañero se acerque, usan un brazo y mueven toda la mano con los dedos juntos en la dirección que ha de seguir. Cuando se dirigen a un superior, usan ambos brazos, y sí, a veces parece que estén dando indicaciones a un avión en una pista de despegue.

Algo poco habitual y que hay que evitar es usar un dedo en vez de toda la mano. Se considera insultante y de mala educación. Si se te escapa, discúlpate de inmediato.

Reverencias

CULTURA GENERAL

En la cultura coreana, hay dos tipos de reverencia:

- » La reverencia informal, que es una pequeña inclinación de cabeza.
- » La reverencia formal, en la que se inclina todo el torso.

La reverencia informal se usa para saludar a compañeros de trabajo y conocidos. La reverencia formal se reserva para los jefes, las personas que conoces en un contexto formal o al dirigirte a alguien mayor que tú a quien respetes. Puedes saludar a tus amigos con la mano, usar la inclinación de cabeza o cualquier otro saludo que se te pase por la cabeza, desde chocar los cinco a marcarte un *air guitar*. Eso sí, no te sorprendas si te miran raro.

CONSEJO

Si has practicado taekwondo, tal vez te hayan enseñado que siempre hay que mirar a los pies de la otra persona. Esto no se aplica en el contexto social. De hecho, es mejor mirar un par de pasos delante de ti.

Asentir

Observarás que, cuando los coreanos escuchan a alguien mayor que ellos, mantienen los brazos a ambos lados del cuerpo, se inclinan ligeramente hacia delante y asienten diciendo **ye** (*ye*; sí) a intervalos adecuados. Cuanto más inmóvil sea la postura, mayor es el respeto mostrado a la persona que habla.

Pero, incluso en conversaciones entre amigos, verás a coreanos asentir y añadir un **geuraeyo** (*guh-re-io*; ¿Pasó eso?) o un **jeongmal** (*chohng-mal*; ¿De verdad?) para mostrar que prestan atención al hablante.

Dar la mano

Como comentaba en la introducción, la persona de mayor posición o edad inicia el apretón de manos. No hay diferencias respecto a la fuerza que usarías aquí, pero, si el saludo es en un contexto formal, se recomienda poner la mano izquierda bajo el codo derecho, como si estuvieras dándole un punto de apoyo a tu brazo. Ten en cuenta que, con excepciones, no se espera que las mujeres hagan este gesto extra de deferencia. De hecho, las mujeres solo dan la mano en contextos profesionales.

Juegos y ejercicios divertidos

Completa los espacios con el equivalente en coreano. Puedes mirar el Apéndice C para comprobar si tus respuestas son correctas.

1. Bicicleta

   ____

2. Cama

   ____

3. Saludos

   ____

4. Dar la mano

   ____

5. Cuerpo

   ____

6. Peligro

   ____

7. Amigo

   ____

8. Allí

   ____

9. Cepillo de dientes

   ____

10. Pan

   ____

EN ESTE CAPÍTULO

- **Reconoce las partes del lenguaje**
- **Aprende a hacer preguntas**
- **Entiende el uso de los números**

Capítulo 2

Entremos en materia: números y gramática básica coreana

Para la mayoría de los mortales, la gramática impone respeto e incluso puede quitarte las ganas de empezar a aprender una lengua nueva. Pero lo cierto es que, si estás leyendo este libro, es porque ya sabes un montón de gramática. Aunque no puedas definir qué reglas estás aplicando, sabes que "así suena bien".

En este capítulo te daré algunos truquillos para cocinar una frase usando los ingredientes que componen las oraciones en español:

sustantivos, verbos, adjetivos y adverbios. Usaré ejemplos concretos del día a día y te facilitaré la creación de tus propias frases en coreano usando esos modelos.

Paciencia. Léete el texto, revisa los diálogos y escucha los audios que acompañan al libro. Al final del capítulo, serás capaz de hilar y leer unas cuantas frases. Cuando quieras darte cuenta, entenderás a los que te rodean y podrás expresarte con clase.

Seamos formales

La formalidad en español está en vías de extinción. Generalmente, la usamos en situaciones que preferiríamos evitar, como entrevistas de trabajo, discursos o conversaciones con jueces y policías. Por el contrario, la formalidad en coreano está vivita y coleando. De hecho, las conversaciones tienen hasta cuatro niveles de formalidad: educado formal, educado informal, íntimo y neutro.

La cantidad de niveles de formalidad que existen en coreano indica la importancia de mostrar el nivel de respeto adecuado al interlocutor o a la persona de la que o con la que se habla. Mostrar demasiado respeto puede ser tan incómodo como mostrar demasiado poco, por eso, para dominar el coreano, es necesario que domines sus niveles de formalidad.

La buena noticia es que no hace falta entenderlos todos en profundidad para mantener una conversación normal. Cuando empiezas a aprender coreano, el nivel educado informal es suficiente, y, según vas mejorando, puedes centrarte en otros niveles de formalidad. Apunte gramatical para los que quieren saber más de este tema: el grado de formalidad se indica en la terminación del verbo o adjetivo que se sitúa al final de la frase. La tabla 2-1 muestra unas indicaciones generales:

TABLA 2-1 Estilos

Forma	Se usa con...
Educado formal	Alguien mayor que tú, tu jefe, tu profesor, tus clientes y, a veces, tus padres. Principalmente, gente de mayor rango o edad a quien quieres mostrar respeto

Forma	Se usa con...
Educado informal	Colegas, conocidos, vendedores o desconocidos (como gente con la que te cruzas en la calle, el autobús, el tren o en un parque). Especialmente, gente que no es de mayor rango o edad que tú, pero le quieres mostrar respeto
Íntimo	Buenos amigos, hermanos, hijos, alumnos. Principalmente, alguien cercano
Neutro	En artículos de revista y periódicos. Cuando no sabes quién es tu público

RECUERDA

En este libro, me centraré en el coreano educado informal. Es lo bastante educado para que no parezcas grosero y lo bastante informal para que lo puedas usar en muchas situaciones. Sin embargo, cuando sea necesario el coreano educado formal, incluiré ambas propuestas. Si dices **jeoneun hangungmareul baewoyo** (*choh-nuhn jan-gung-ma-ruhl be-u-uo-io*; Estoy aprendiendo coreano), estás usando coreano educado informal. Suficiente para el día a día.

CONSEJO

Recomiendo empezar con el coreano educado informal y luego seguir con otros niveles de formalidad según progreses en el uso de la lengua.

Partes básicas del discurso

Las frases en español se componen principalmente de sustantivos, verbos, adjetivos y adverbios. Lo mismo ocurre en coreano: no hay ningún concepto gramatical extravagante que debas aprender o dominar para esta lengua. Sin embargo, el orden de la frase es diferente. Aunque hay flexibilidad en español, el orden de la frase suele ser sujeto + verbo + complementos. En coreano, el orden es sujeto + complementos + verbo. Fíjate en estos ejemplos:

Español: Yo amo a Marisol.

Coreano: **naneun marisoreul saranghaeyo** [*na-nuhn ma-ri-so-ruhl sa-rang-je-io*; Amo a Marisol. (Literalmente, "Yo a Marisol amo".)]

Español: Yo como *kimchi*.

Coreano: **jeoneun gimchireul meogeoyo** [*choh-nuhn gim-tsi-ruhl mohg-o-io*; Como *kimchi*. (Literalmente, "Yo kimchi como".)]

Español: Yo estudio coreano.

Coreano: **jeoneun hangugeoreul gongbuhaeyo** [*choh-nuhn jan-gug-oh-ruhl gong-bu-je-io*; Estudio coreano. (Literalmente, "Yo coreano estudio".)]

Más cosas que molan del coreano:

- El sustantivo no tiene singular ni plural. Por ejemplo, en coreano, tanto *persona* como *personas* se dice **saram** (*sa-ram*; persona/s).
- No existe la concordancia entre el verbo y el sujeto (*soy*, *eres*, *es* se dice igual).
- Los tiempos verbales siguen un patrón muy regular.
- No hay que memorizar el género de los sustantivos: no hay masculino ni femenino.

Y todo esto facilita el camino de aprendizaje del coreano. No tardarás en dejar a tus amigos coreanos boquiabiertos con tu dominio de su lengua.

¿GRAMÁTICA FÁCIL, IDIOMA DIFÍCIL?

Supongo que la pregunta que sigue es: si la gramática coreana es tan fácil, ¿por qué se considera una lengua difícil? Buena pregunta. Probablemente, por los diferentes niveles de formalidad del coreano y porque las preposiciones, que nosotros escribimos separadas y antes de otras palabras, en coreano se añaden al final de los sustantivos. Además, según el nivel de formalidad, pueden cambiar. Pero no es tan malo como parece: en la sección de "Partículas", al final del capítulo, encontrarás ejemplos concretos.

Sustantivos

El coreano, igual que el español, tiene diferentes tipos de sustantivos:

- Nombres propios para cosas, lugares o personas específicas. Por ejemplo, **hanguk** (*jan-guk*; Corea), **hangugeo** (*jan-gug-oh*; coreano), **sokeurateseu** (*so-ku-ra-te-suh*; Sócrates) o **Seoul** (*soh-ul*; Seúl).
- Nombres comunes para cosas comunes. Por ejemplo, **jadongcha** (*cha-dong-tsa*; coche), **jip** (*chip*; casa), **saram** (*sa-ram*; persona/s), **gil** (*gil*; carretera, calle).

» Nombres abstractos para cosas como la **ideologi** (*i-dohl-lo-gi*; ideología) y la **jeongui** (*chohn-wi*; justicia).

» Nombres genéricos para cosas incontables como **mul** (*mul*; agua), **sul** (*sul*; alcohol) y **bul** (*bul*; fuego).

Algún amigo puede que te chive que a veces los nombres comunes tienen una versión más formal. Por ejemplo:

Comida: **jinji** (*chin-chi*) en vez de **bap** (*bap*).

Nombre: **seongham** (*sohng-jam*) o **jonham** (*chon-jam*) en vez de **ireum** (*i-ruhm*).

Casa (hogar): **daek** (*dek*) en vez de **jip** (*chip*).

Puedes usar la variedad más formal de estos sustantivos con la gente a la que quieras mostrar respeto, aunque podrás pasar sin ella. Te avisaré si hay alguna situación concreta en la que debas usar la forma honorífica de un sustantivo.

Pronombres

Los pronombres sustituyen a los sustantivos para reducir la repetición en una frase y son indispensables para hacer preguntas. A continuación tienes una lista con algunos ejemplos de pronombres interrogativos, demostrativos y personales y un par de indicaciones de uso.

Pronombres interrogativos

Como **nugu** (*nu-gu*; quién), **mwo** (*muo*; qué), **eoneu** (*oh-nuh*; cuál), **eotteon** (*oh-ttohn*; qué tipo de), **eonje** (*ohn-che*; cuándo), y **eodi** (*oh-di*; dónde).

Pronombres demostrativos

En coreano, como en castellano, se marca la distancia de un objeto o lugar respecto a los participantes de la conversación. Para que nos entendamos, *aquí* está más cerca del hablante que *ahí* o *allí*. En coreano, la palabra para *aquí* es **yeogi** (*ioh-gi*). Cuando algo se sitúa lejos del hablante y cerca del oyente, los coreanos usan **geogi** (*goh-gi*; ahí). Si está lejos de ambos, usamos **jeogi** (*choh-gi*; allí).

Pronombres personales

El coreano tiene pronombres personales, pero no se usan mucho. Uno de los que más se evita es el pronombre *tú*: lo más habitual y de buena educación es llamar a alguien por su nombre en vez de usar un pronombre. Si no sabes su nombre, puedes usar **jeogiyo** (*choh-gi-io*; ¡Eh, oye!) para llamar su atención.

Yo: jeo (*choh*; forma humilde de *yo*, que se usa con la gente a la que quieres mostrar respeto), **na** (*na*; forma de *yo* cuando hablas con amigos cercanos y miembros de la familia más jóvenes).

Tú: seonsaeng (*sohn-seng*; señor), **eoreusin** (*eo-ruh-shin*; para referirse a un anciano), **jane** (*chan-e*; para dirigirte a gente joven), **geudae** (*guh-de*; para llamar a tu pareja), **yeoreobun** (*ioh-roh-bun*; para dirigirse a grupos de gente), **neo** (*noh*; en situaciones informales entre colegas).

i (*i*; este), **geu** (*guh*; ese) y **jeo** (*choh*; aquel) se añaden antes de personas y cosas para convertirlos en pronombres.

Él: i namja (*i nam-cha*; este hombre), **geu namja** (*guh nam-cha*; ese hombre), **jeo namja** (*choh nam-cha*; aquel hombre).

Ella: i yeoja (*i yoh-cha*; esta mujer), **geu yeoja** (*guh yoh-cha*; esa mujer), **jeo yeoja** (*choh yoh-cha*; aquella mujer).

Sin embargo, usar **namja** (*nam-ja*; hombre/s) y **yeoja** (*yoh-cha*; mujer/es) para referirse a alguien no es de buena educación. Si quieres mostrar respeto por la persona a la que te refieres, sea hombre o mujer, usa **bun** (*bun*). **ibun** (*i-bun*; esta persona), **geubun** (*guh-bun*; esa persona) y **jeobun** (*choh-bun*; aquella persona) cuando te refieras a un extraño, una persona de mayor edad o rango que tú o en una situación formal. Usa **i saram** (*i sa-ram*; esta persona), **geu saram** (*guh sa-ram*; esa persona) y **jeo saram** (*choh sa-ram*; aquella persona) cuando hables en coreano educado informal.

Eso: Se crea junto a **geot** (*goht*; cosa) o su contracción **geo** (*goh*; cosas). Son intercambiables: elige uno y quédate con ese. Añade demostrativos para convertirlo en **i geot** (*i geot*; esto), **geu geot** (*guh goht*; eso), **jeo geot** (*choh goht*; aquello) o **i geo** (*i goh*; esto), **geu geo** (*guh goh*; eso), **jeo geo** (*choh goh*; aquello).

Nosotros: uri (*u-ri*; nosotros) se usa en una conversación informal y **jeohui** (*choh-jwi*; nosotros) se emplea ante una figura de autoridad o una multitud.

Ellos: i deul (*i duhl*; estos), **geu deul** (*guh duhl*; esos), **jeo deul** (*choh duhl*; aquellos) para hablar de otras personas de manera informal e **i bundeul** (*i bun-duhl*; estos), **geu bundeul** (*guh bun-duhl*; esos) y **jeobundeul** (*choh bun-duhl*; aquellos) para hablar de personas a las que quieres mostrar deferencia.

Según el contexto, la frase **geogi saram isseoyo** (*goh-gi sa-ram is-soh-io*) puede significar "hay gente allí" o "hay una persona allí". En la mayoría de los casos no es necesario indicar si hay más de una, pero, si quieres aclararlo, añade **deul** (*duhl*; sirve para formar el plural, sería como una *s*) tras un sustantivo para marcar que hay más de uno. Por ejemplo, **i bun** (*i bun*) sería la forma respetuosa para "esta persona" e **i bundeul** (*i bun-duhl*) sería la forma respetuosa para "estas personas". ¿A que es fácil?

TUYO, MÍO Y (NO NECESARIAMENTE) NUESTRO

Tal vez notes que, en coreano, se usan más las palabras **uri** (*u-ri*; nosotros/nuestro) y **jeohui** (*choh-jwi*; nosotros/nuestro, educado formal), especialmente para indicar la posesión de cosas "compartidas" con otras personas como familiares o compañeros de trabajo. Por tanto, cuando hablamos de nuestra casa o de lugares comunes en la oficina, usamos **uri jib** (*u-ri chip*; nuestra casa), **jeohui mitingnum** (*choh-jwi mi-thing-num*; nuestra sala de reuniones) o **uri dongne** (*u-ri dong-ne*; nuestro barrio) en vez de **nejib** (*ne-chip*; mi casa) o **ne dongne** (*ne dong-ne*; mi barrio).

Esto también se aplica en otras relaciones. Si formas parte de una empresa, será **uri hoesa** (*u-ri joe-sa*; nuestra empresa). Y no solo eso, sino que la descendencia es **uri ai** (*u-ri ai*; nuestro hijo) y, sí, para referirte a tu pareja se usa el término **uri nampyeon** (*u-ri nam-piohn*; nuestro marido) y **uri jibsaram** (*u-ri chip-sa-ram*; nuestra mujer). Así que no te confundas porque un coreano esté usando la palabra **uri** (*u-ri*; nuestro/a).

Pronombres posesivos

Es tan importante saber de quién es algo como saber qué es. Si quieres dejar claro que este libro, silla o mesa son tuyos, añade **ui** (*wi*; de) tras un nombre o pronombre. Por ejemplo: **igeoseun jeoui chaegieyo** (*i-goh-suhn choh-wi tseg-ie-io*; Ese es mi libro). Primero se indica el poseedor y después el objeto poseído.

Los coreanos a menudo omiten **ui** (*wi*; de) en las conversaciones. Así que dirán **uri hoesa** (*u-ri hoe-sa*; nuestra empresa), **uri giji** (*u-ri gi-chi*; nuestra base) y **jon eomma** (*chohn ohm-ma*; la madre de John) sin usar **ui**. Aun así, es importante saber que **ui** indica posesión.

Verbos

En español conjugamos los verbos según la persona y el número. En coreano, no. *Ser* o *tener* es igual tanto si se refiere a él (por ejemplo, Tom), ella (por ejemplo, Jane), tú o yo.

Pero eso no implica que con una forma verbal ya lo cubras todo: los verbos coreanos indican pasado, presente e intención futura y cuánto respetas al sujeto de la frase. Así que debes entender cómo usar los verbos para insultar a tus enemigos o impresionar a tus suegros.

Formas verbales básicas

Los verbos se conjugan en la frase según la forma del diccionario, la raíz y la forma educada formal.

- Forma del diccionario: Es lo que usas para buscar el verbo en el diccionario. Sería como un infinitivo: ver, comer... Las formas del diccionario acaban en **da** (*da*, –ar/–er/–ir). Por ejemplo, **boda** (*bo-da*; ver), **mannada** (*man-na-da*; conocer), **itda** (*it-da*; tener).
- Raíz: La raíz del verbo es la forma del diccionario sin **da.** Nunca aparece por sí sola. Las raíces de los ejemplos anteriores serían: **bo, manna** e **it.**
- Forma educada informal: Lo importante es saber que la versión educada informal acaba en **yo** (*io*). Por ejemplo, **bwayo** (*bua-io*; veo), **mannayo** (*man-na-io*; conozco) e **isseoyo** (*is-soh-io*; tengo). **Yo** al final de la frase muestra respeto hacia tu interlocutor. Lo vemos en la frase: **jeoneun chingureul mannayo** (*choh-nuhn tsin-gu-ruhl man-na-io*; He quedado con un amigo).

Cada vez que presento un verbo nuevo, indico la forma del diccionario y la educada informal. Recuerda que la forma del diccionario acaba en **da** y, la educada informal, en **yo**.

Conjugación de los verbos

La clave para conjugar los verbos está en la sílaba final de la raíz. En concreto, las conjugaciones regulares dependen de:

» Si la raíz acaba en vocal o consonante.

» Si la sílaba final contiene las vocales *a* u *o*, que en lingüística se conocen como vocales anteriores.

Por ejemplo, las raíces **meok** (*mohk*; comer), **nol** (*nol*; jugar) e **it** (*it*; tener) acaban en las vocales **eo**, **o** e **i.** Tal vez te extrañe que te enseñe a conjugar la forma educada informal cuando me he comprometido a indicar ambas formas, pero creo que si aprendes a conjugar los verbos te será más fácil entenderlos y memorizarlos, en especial los irregulares.

1. Primero, mira la raíz del verbo y comprueba si la vocal de la última sílaba es *a* u *o*.
2. Si es una de ellas, añade **ayo** (*a-io*) a la raíz. Para cualquier otra vocal, añade **eoyo** (*oh-io*).

Por ejemplo, las raíces de las formas del diccionario **alda** (*alda*; saber), **batda** (*bat-da*; recibir), **eopda** (*ohp-da*, no tener) e **itda** (tener) serían **al**, **bat**, **eop** e **it** respectivamente. La última vocal de estas raíces es **a**, **a**, **eo** e **i**. Por tanto, en educado informal tenemos **alayo** (*a-ra-yo*; saber), **badayo** (*ba-da-yo*; recibir), **eopseoyo** (*ohp-soh-io*; no tener) e **itseoyo** (*is-soh-io*; tener). Encontrarás más ejemplos en la tabla 2-2.

TABLA 2-2 **Conjugación verbal de la forma del diccionario**

Coreano	Pronunciación	Español
boda (diccionario)	*bo-da*	ver
bo (raíz)	*bo*	
bwayo (educada informal)	*bua-io*	
doeda (diccionario)	*doe-da*	convertirse
doe (raíz)	*doe*	
doeyo (educada informal)	*doe-io*	
hada (diccionario)	*ja-da*	hacer
ha (raíz)	*ja*	
haeyo (educada informal)	*je-io*	
itda (diccionario)	*it-da*	estar
it (raíz)	*it*	
itseoyo (educada informal)	*is-soh-io*	

Coreano	Pronunciación	Español
juda (diccionario)	*chu-da*	dar
ju (raíz)	*chu*	
jwoyo (educada informal)	*chuo-io*	

Marca el tiempo (pasado, presente, futuro)

Combinar verbos y sustantivos en español puede ser un reto, ya que tienes que prestar atención a la concordancia y al tiempo. En coreano, solo tienes que preocuparte del tiempo verbal.

En coreano, solo necesitas saber cómo decir cosas en tiempo pasado y presente. Piensa que puedes decir **oneul seoure dochakhaeyo** (*o-nuhl soh-u-re do-tsak-je-io*; Llego hoy a Seúl) y **naeil seoure dochakhayeo** (*ne-il soh-u-re do-tsak-je-io*; Mañana llego a Seúl) sin tener que preocuparte del verbo. El futuro verbal se usa cuando no sabes qué pasará o cuando quieres explicitar tu intención.

> **Futuro: jeoneun naeil mannal sarami itseoyo** (*choh-nuhn ne-il man-nal sa-ram-i is-soh-io*; Hay una persona a la que veré mañana).
>
> **Presente: jeoneun jigeum mannaneun sarami itseoyo** (*choh-nuhn ne-il man-na-nuhn sa-ram-i is-soh-io*; Hay una persona a la que veo hoy).
>
> **Pasado: jeoneun eoje mannan sarami itseoyo** (*choh-nuhn ne-il man-nan sa-ram-i is-soh-io*; Hay una persona a la que vi ayer).

En castellano, para que un verbo modifique un sustantivo, solemos construir una oración con "que" u otro pronombre relativo (el cual, quien, cuyo…). ¡En coreano es más fácil! No cuesta nada convertir un verbo en adjetivo y colocarlo antes del sustantivo que quieras modificar. Para convertir un verbo en un adjetivo, quédate con la raíz del verbo y añade la terminación adecuada, según si la raíz acaba en consonante o en vocal. No te agobies si el verbo que vas a convertir en adjetivo forma parte de una frase más larga, pero asegúrate de situarlo justo antes del sustantivo al que va a modificar.

Para verbos cuya acción ocurrirá en el futuro, añade **l** si la raíz acaba en vocal y **eul** si la raíz acaba en consonante.

> **chareul tal saram iseoyo?** (*tsa-ruhl thal sa-ram-is-soh-io?*; ¿Hay una persona que vaya a conducir el coche?).

gachi georeul saram iseoyo? (*ga-tsi goh-ruhl sa-ram-is-soh-io?*; ¿Hay alguien que vaya a caminar contigo?).

Para verbos cuya acción transcurre en el presente, añade **neun** a la raíz, sin diferenciar terminación.

ganeun saram iseoyo? (*ga-nuhn sa-ram-is-soh-io?*; ¿Alguien se va?).

gachi geonneun saram iseoyo? (*ga-tsi gohn-nuhn sa-ram-is-soh-io?*; ¿Alguien camina contigo?).

Para verbos cuya acción ocurrió en el pasado, añade **n** a la raíz si acaba en vocal y **eun** si acaba en consonante.

iyeonghwabonsaramiseoyo? (*i-iohng-jua-bon-sa-ram-is-soh-io?*; ¿Alguien ha visto esta película?).

noriteoeseo nold-eon saramiseoyo? (*no-ri-toh-e-soh nol-dohn-sa-ram-is-soh-io?*; ¿Había alguien jugando en el parque infantil?).

Convertir palabras inglesas en verbos coreanos

Muchos coreanos añadirán **haeyo** (*je-io*; hacer) a un verbo o adjetivo en inglés para usarlo como si fuera una palabra coreana. Fíjate en estas frases:

oh~ *dress*-**ga** *elegant*-**haeyo** (¡Oh! El vestido es elegante).

(Situación)-**ga** *dramatic*-**haeyo** [(La situación) es dramática].

plato-**ga** *gym*-**esu** *work-out*-**haeyo** (Platón hace ejercicio en el gimnasio).

jeo-neun *swimming pool*-**esu**, *warm-up*-**haeyo** (Yo caliento en la piscina).

De hecho, puedes convertir verbos y adjetivos del inglés al coreano. Si pones **haeyo** detrás de un verbo o adjetivo en inglés y lo incorporas a una frase en coreano, es probable que tus amigos te entiendan. Así que si dices algo del estilo de "John-**i** television-**eul** room-**esu** watch-**haeyo**" o "Meatlof-**ga** rock-hard **haeyo**", tus amigos continuarían la conversación sin problemas. Intenta practicar el uso de partículas, verbos y adjetivos de este modo y, cuando quieras darte cuenta, hablarás coreano.

Hablando se entiende la gente

ESCUCHA

Jason y Alice son amigos. Jason le pregunta a Alice si quiere ir al cine con él.

Jason: **aelliseussi, gachi yeonghwa bol saram iseoyo?**
el-li-suh-shi, ga-tsi ioohng-jua bol-sa-ram is-soh-io?
Alice, ¿tienes a alguien con quien ver películas?

Alice: **aniyo jeiseunssi gachi bolsarami eopseoyo.**
a-ni-yo, chei-suhn-shi. ga-tsi bol-sa-ram-i ohb-soh-io.
No, Jason. No tengo a nadie con quien ver películas.

Jason: **geureom jeorang gachi bosillaeyo.**
guh-rohm choh-rang ga-tsi bo-shil-le-io?
Entonces ¿te gustaría venir a ver una película conmigo?

Alice: **jeongmaryo? geureom jochyo.**
chohng-mar-rio? guh-rohm cho-tso.
¿De verdad? Me gustaría.

Jason: **geureom naeil 12sie yeonghwagwan apeseo mannayo.**
guh-r-ohm ne-il 12-shi-e iohng-jua-guan a-pe-soh man-na-io.
Entonces, nos encontramos delante del cine a las 12.

Alice: **gomawoyo jeiseunssi, naeil bwayo.**
go-ma-uo-io chei-sohn-shi, ne-il bua-io.
Gracias, Jason. Hasta mañana.

Palabras para recordar

ap	*ap*	delante de
eoje	*oh-che*	ayer
gachi	*ga-tsi*	juntos
jigeum	*chi-guhm*	mañana
pyo	*pio*	entrada
saram	*sa-ram*	persona/s

yeonghwa	*yohng-jua*	película
yeonghwagwan	*yohng-jua-guan*	cine

Adjetivos

Los adjetivos pueden acompañar a un sustantivo y modificarlo (como *bueno* en "un vino bueno") o funcionar como atributo cuando van detrás de un verbo copulativo (como *bueno* en "el vino está bueno"). En la siguiente sección veremos cómo usar los adjetivos en ambas situaciones.

Usar adjetivos como verbos

Como los verbos, los adjetivos coreanos tienen una forma del diccionario y una conjugada. Al principio, puede que se te haga raro usar adjetivos en coreano, ya que en muchas ocasiones actúan como los verbos.

aiga eoryeoyo (*ai-ga oh-rioh-io*; El niño es pequeño).

jeoneun bappayo (*choh-nuhn ba-ppa-io*; Estoy ocupado).

doni manayo (*don-i ma-na-io*; Hay mucho dinero).

hwajangpumi bissayo (*jua-chang-pum-i pis-sa-io*; El maquillaje es caro).

Fíjate en que solo hay dos palabras en coreano en cada frase: el sujeto y el adjetivo. No hay ningún verbo de unión como *ser*. Para usar un adjetivo, solo necesitas el sujeto y la forma conjugada del adjetivo al final de la frase. Para decir en coreano "la manzana es roja", basta decir **sagwaga ppalgaeyo** (*sa-gua-ga ppal-ge-io*), "manzana roja".

Sufijos

Expandir verbos y adjetivos con sufijos es como cambiar el tiempo verbal: se añade un sufijo a la forma del diccionario o a la educada informal. Si aprendes a usar los sufijos con los verbos, podrás aplicarlos a gran variedad de adjetivos, con lo que tu capacidad de expresión aumentará muy rápido.

En la tabla 2-2 he usado algunos sustantivos en inglés (véase "Convertir palabras inglesas en verbos coreanos"), y puedes centrarte en el empleo de los sufijos. Además, he escrito las terminaciones de los sufijos con la forma del diccionario para que puedes conjugarlos con el nivel de formalidad más adecuado. Si los sufijos necesitan alguna adaptación según si la raíz acaba en vocal o en consonante, he escrito primero la forma para la terminación en consonante y luego para la terminación en vocal.

Un recordatorio final: los sufijos se pueden "acumular". Por ejemplo, puedes juntar el sufijo **eul geosida** (*uhl-goh-shi-da*)/**reul geosida** (*ruhl-goh-shi-da*) "probablemente ser" y **eul suitda** (*uhl-su-it-da*)/ **reul suitda** (*ruhl-su-it-da*) "poder" con el verbo "comer" para crear **meogeulsu isseul geosida** (*moh-guhl-su-is-suhl-gohs-shi-da*), "posiblemente pueda comer". Si te da la sensación de que alguien está usando más de un sufijo, es probable que tengas razón.

Adverbios

Olvídate de conjugar adverbios y juguetear con raíces: los adverbios no se conjugan.

Hay dos grandes grupos de adverbios en coreano. El primer grupo son los que modifican toda la frase, como "en relación con", "también", "sin embargo", "además de" o "por tanto". Estos adverbios (o locuciones adverbiales) se sitúan al principio de la frase. El segundo grupo de adverbios son los que modifican palabras: adjetivos, verbos y otros adverbios o conjunciones adverbiales. Por ejemplo, tenemos "mucho", "más", "menos", "a veces" y "a menudo". Aunque estos adverbios pueden ir en cualquier lugar de la oración, el sitio más seguro para colocarlos es justo antes de la palabra que modifican.

Dos adverbios importantes son **mot** (*mot*; no poder) y **an** (*an*; no). **Mot** implica que el sujeto de la frase, generalmente quien habla, no puede hacer o ser algo. Tanto **mot** como **an** se sitúan justo antes del verbo o adjetivo que modifican y no pueden modificar otros adverbios.

> **Mot** solo se puede usar con verbos e implica que la persona que habla no puede hacer algo.
>
> Por ejemplo: **jeoneun gimchireul mot meogeoyo** (*choh-nuhn gim-tsi-ruhl mot moh-goh-io*; No puedo comer *kimchi*), **gimchi alleojiga iseoyo** (*gim-tsi al-loh-chi-ga is-soh-io*; Tengo alergia al **gimchi**).
>
> **An**, cuando se usa con verbo, significa que decides no hacer algo. Por ejemplo: **adamssineun gogireul an meogeoyo** (*a-dam-shi-nuhn go-gi-ruhl an moh-goh-io*; Adam no come carne), **chaesikjuuijaeyo** (*tse-shik-chu-wi-che-io*; Es vegetariano).

An puede usarse con adjetivos para indicar que aquello de lo que se habla no tiene la cualidad que indica el adjetivo. Por ejemplo: **gimchiga an maewoyo** (*gim-tsi-ga an me-uo-io*; El *kimchi* no pica).

Partículas

En coreano, el orden básico de la frase es sujeto-complementos-verbo (véase "Partes básicas del discurso", al principio de este capítulo), pero en la mayoría de los casos, y siempre que el verbo se quede al final, también vale complementos-sujeto-verbo. En coreano tanto decimos "Eric bebe zumo" como "Eric zumo bebe" o "Zumo Eric bebe". Esto hace necesario marcar de algún modo quién bebe y qué es bebido.

OMITAMOS LO QUE SE SOBREENTIENDE

Cuando hablamos, no decimos todas las palabras. Acortamos frases como "¿Vendrás a mi casa hoy?" para decir "Ven"; "¿Te vas ya de la oficina?" se queda en "¿Te vas?"; "¿Has participado en esto, Bruto?" se entiende con un "¿Bruto?". Es decir, podemos omitir gran parte de una frase y comunicarnos con éxito. Por supuesto, esto solo funciona cuando los participantes de la conversación pueden adivinar el significado completo por el contexto.

Los coreanos hacen lo mismo. En las conversaciones del día a día, a los coreanos les encanta pasar de los pronombres personales y de las palabras que saben que el que escucha va a sobreentender, como en los siguientes ejemplos.

- **manna seo bangawoyo** (*man-na-soh bang-a-uo-io*). (Yo estoy) encantado de conocer(te).
- **led zeppelinuen?** (*led zeppelin-uhn?*). ¿(Qué pasa con) Led Zeppelin?
- **charlesreul?** (*charles-ruhl*). ¿(Quién le ha hecho eso a/qué pasa con) Charles?
- **saranghaeyo** (*sa-rang-je-io*). (Alguien) ama (algo/alguien).

A lo mejor, tras estos ejemplos, empiezas a plantearte si los coreanos se pasan gran parte del día devanándose los sesos para entender lo que ha dicho la otra persona. Aunque la idea es divertida, lo cierto es que pasa pocas veces y, cuando ocurre, los coreanos no tardan en preguntar por la parte que se han perdido, así que no te dé vergüenza hacer preguntas.

El coreano lo soluciona añadiendo unas partículas al final del sustantivo que marcan o indican el rol de la palabra en la frase. La partícula que marca quién hace la acción es **-ga** (partícula de sujeto) y la que marca quién recibe la acción es -**reul** (partícula de complemento directo). Por tanto, las dos frases siguientes, en las que uso las palabras en español para que se vea claro, significan que Eric bebe zumo.

Eric-**ga** zumo-**reul** beber-**haeyo.**

zumo-**reul** Eric-**ga** beber-**haeyo.**

Partículas en la oración

No es fácil traducir las partículas, ya que, más que tener un significado concreto, marcan la función de las palabras en la oración. Por tanto, una misma partícula puede traducirse de varias maneras según el contexto. Por ejemplo, la partícula -**eseo** (*e-soh*) especifica cuándo o dónde ocurre una acción. Así, las partículas en "Eric bebe zumo en el mercado", "¡Oh! ¡El vestido es elegante!" y "Nado en la piscina" serían "Eric-**ga** zumo-**reul** mercado-**eseo** beber-**haeyo**", "Oh~ vestido-**ga** elegante-**haeyo**" y "jeo-**neun** piscina-**eseo** nadar-**haeyo**".

Partículas más comunes

Las partículas más comunes incluyen **i/ga** (partícula de sujeto), **eun/neun** (partícula de sujeto), **eul/reul** (partícula de objeto), **e/eseo** (de), **kkaji** (hasta), **euro** (hacia), **buteo** (desde) y **ui** (indica posesión). Esta lista de partículas no es exhaustiva, pero se pueden mantener largas conversaciones solo con estas. La función de la partícula depende en gran parte del tipo de frase en que se usa.

Preguntar

Para convertir una frase educada informal en una pregunta, basta con elevar el tono de voz al final de la frase. Piensa cómo conviertes la afirmación "Preguntar en coreano es fácil" en una pregunta. Una opción es poner "es fácil" al principio de la oración: "¿Es fácil preguntar en coreano?". Otra opción es cambiar la entonación y elevar la voz al final de la frase: "¿Preguntar en coreano es fácil?".

Así que, si tenemos una afirmación en coreano educado informal como **hangugeuro jilmuneul mandeuneun geosi swiwoyo** (*han-gu-*

guh-ro chil-mun-uhl man-duh-nuhn go-shi shi-uo-io; Preguntar en coreano es fácil), basta con leerla con la misma entonación con la que dirías "¿Preguntar en coreano es fácil?".

Hablando se entiende la gente

ESCUCHA

Chris y Jung están esperando su comida en el restaurante.

Jung: **kurisssineun eoneu nara saram iaeyo?**
ku-ri-sshi-nuhn ohn-oh na-ra sam-i-e-io?
¿De dónde eres, Chris?

Chris: **a, jeoneun miguk saramieaeyo.**
a, choh-nuhn mi-guk sa-ram-i-e-io.
Oh, soy americano.

Jung: **hangugeumsigi anmaewoyo?**
han-gug-uhm-sig-i an-me-uo-io?
¿No es muy picante la comida coreana?

Chris: **jogeum maewoyo.**
chog-uhm me-uo-io.
Es un poco picante.

Jung: **murihaji maseyo, pirohamyeon mul jom asyeoyo.**
mu-ri-ja-chi ma-se-io, pi-ro-ha-mion mul chom a-shoh-io.
Tómatelo con calma, bebe un poco de agua si lo necesitas.

Palabras para recordar

chaesik juuija	*tse-shik chu-wi-cha*	vegetariano
gogi	*go-gi*	carne
eumsik	*uhm-shik*	comida
jogeum	*choh-guhm*	un poco
nara	*na-ra*	país
saranghaeyo	*sa-rang-he-io*	Te quiero.

Contar al estilo coreano

Para presumir de saber contar en coreano, debes conocer dos sistemas de numeración diferentes. Uno es de origen coreano (números coreanos) y otro de origen chino (números sino-coreanos). Estos dos sistemas se usan para cosas diferentes y, por desgracia, se emplea uno u otro según lo que quieras contar. Empezaremos con los números coreanos y seguiremos con los sino-coreanos.

Números coreanos

Puedes usar los números coreanos para contar del 1 al 99 y de ahí en adelante usar los sino-coreanos. Aunque no es siempre la mejor opción: algunos coreanos usan los números sino-coreanos con cifras superiores a 20. La tabla 2-3 incluye los números coreanos.

TABLA 2-3. Números coreanos

Número	Nombre coreano (*Pronunciación*)
1	**hana** (*ha-na*) han (*han*)*
2	**dul** (*dul*) du (*du*)*
3	**set** (*set*) se (*se*)*
4	**net** (*net*) ne (*ne*)*
5	**daseot** (*da-soht*)
6	**yeoseot** (*yoh-soht*)
7	**ilgop** (*il-gop*)
8	**yeodeol** (*yoh-dohl*)
9	**ahop** (*a-hop*)
10	**yeol** (*yohl*)
20	**seumul** (*suh-mul*) seumu (*suh-mu*)*
30	**seoreun** (*soh-ruhn*)

* Sonido aproximado.

Número	Nombre coreano (*Pronunciación*)
40	**maheun** (*ma-juhn*)
50	**swin** (*suin*)
60	**yesun** (*ie-sun*)
70	**ilheun** (*il-jeun*)
80	**yeodeun** (*ioh-duhn*)
90	**aheun** (*a-juhn*)

Imaginemos que quieres usar un número mayor de 10 con números coreanos, pongamos el 22. En coreano dirías **seumul-dul** (*suh-mul-dul*; 22), porque, básicamente, lo que se dice es 20-2.

RECUERDA

Aunque elegir entre un tipo de números u otro depende del objeto que estés contando, a menudo, los números coreanos se usan para contar objetos uno a uno. Por ejemplo, usarás los números coreanos para las repeticiones de las abdominales y patadas que das en un **taekwondo dojang** (*the-kuon-do do-chang*, lugar donde aprendes taekwondo), las personas que conoces o las botellas de cerveza que bebes.

Tal vez te has fijado en que hay cinco números (busca los asteriscos en la tabla 2-3), **hana, dul, set, net** y **seumul**, que tienen una forma breve. Esta forma se usa combinada con los contadores de cosas. Por ejemplo, botellas se cuenta con **byeong** (*biong*, contador de botellas), hojas con **jang** (*chang*, contador de hojas), gente como **myeong** (*miong*, contador de personas) y animales con **mari** (*mari*, contador de animales). El resto de los números de la tabla 2-4 se pueden usar tal cual antes del contador. Así que sería **seumu myeong** (*suh-mu-miohng*) para 20 personas y **seumulne byeong** (*suh-mul-le-biohng*) para 24 botellas.

Números sino-coreanos

Los números sino-coreanos se usan tan a menudo como los números coreanos, así que debes conocer ambos tipos para dominar los números. La tabla 2-4 recoge los números sino-coreanos.

TABLA 2-4 **Números sino-coreanos**

Número	Nombre coreano (*Pronunciación*)
0	**yeong** (*iohng*)
1	**il** (*il*)
2	**i** (*i*)
3	**sam** (*sam*)
4	**sa** (*sa*)
5	**o** (*o*)
6	**yuk** (*iuk*)
7	**chil** (*tsil*)
8	**pal** (*pal*)
9	**gu** (*gu*)
10	**sip** (*ship*)
100	**baek** (*bek*)
1.000	**cheon** (*tsohn*)
10.000	**man** (*man*)
100.000	**shimman** (*shim-man*)
1.000.000	**baekman** (*beng-man*)
10.000.000	**cheonman** (*tsohn-man*)
100.000.000	**eok** (*ohk*)

Si bien los números sino-coreanos se construyen como los números en español, hay una pequeña diferencia. Hay que indicar explícitamente la decena (**sip**). Así que 17 sería **sipchil** (*ship-tsil*; diez siete) y 29 sería **isipgu** (*ip-shi-gu*; dos diez nueve).

Contadores

Para dar la hora, necesitas los números coreanos y los sino-coreanos. La hora, **si** (*shi*), se combina con números coreanos. Los minutos, **bun** (*bun*), con números sino-coreanos. Así que, en coreano, las 06:45 se lee **yeoseotsi sasibobun** (*ioh-sot-shi sa-shi-bo-bun*). Los contadores se añaden después de los números.

Cuando se usan números en una frase, el contador va justo después. Imagina que quieres decir "Voy a encontrarme con dos colegas". En coreano, dirías "Yo con colegas dos personas encontrarme": **jeoneun dongnyo dumyeongeul mannayo** (*choh-nuhn dong-ño du-miohng-uhl man-na-io*). Es decir, el orden es: aquello que cuentas, la cantidad y el contador.

¿Y qué determina el sistema numérico que debe emplearse? Pues el contador, ya sean platos de comida, bandadas de ocas o miembros de un equipo. Por desgracia, el coreano no tiene reglas claras para relacionar contadores y sistemas numéricos.

La tabla 2-5 recoge algunos contadores comunes que van con números coreanos y la tabla 2-6, contadores que suelen ir con números sino-coreanos.

TABLA 2-5 Contadores de números coreanos

Español	Coreano (*Pronunciación*)	Español	Coreano (*Pronunciación*)
cosas	**gae** (*ge*)	boles	**geureut** (*guh-ruht*)
gente (informal)	**saram** (*sa-ram*)	animales	**mari** (*ma-ri*)
gente (formal)	**myeong** (*miohng*)	libros	**gweon** (*guohn*)
partes	**bubun** (*bu-bun*)	folios	**jang** (*chang*)
botellas	**byeong** (*biohng*)	hora	**si** (*shi*)
vaso	**jan** (*chan*)	horas	**sigan** (*shi-gan*)
platos	**jeobsi** (*chohp-shi*)	años (edad)	**sal** (*sal*)

TABLA 2-6 Contadores de números sino-coreanos

Español	Coreano (*Pronunciación*)
moneda coreana	**won** (*uon*)
euro	**yuro** (*iu-ro*)
kilómetros	**kilometeo** (*khi-ro-me-thoh*)
millas	**mail** (*me-il*)
minutos	**bun** (*bun*)

Español	Coreano (*Pronunciación*)
días	**il** (*il*)
meses	**wol** (*uol*)
años	**nyeon** (*ñohn*)
kilogramos	**killo** (*kil-lo*)
pisos	**cheung** (*tsuhng*)

Juegos y ejercicios divertidos

Completa los espacios con la respuesta correcta en coreano o español. Puedes mirar el Apéndice C para comprobar si tus respuestas son correctas.

1. ¿Qué nivel de formalidad se usa en las conversaciones del día a día?

   ____

2. ¿Es muy importante el respeto en Corea?

   ____

3. ¿Cuántas formas de contar hay en coreano?

   ____

4. ¿Qué palabra se usa en coreano para contar botellas?

   ____

5. ¿Qué palabra se usa en coreano para contar animales?

   ____

EN ESTE CAPÍTULO

- Aprenderás a presentarte a ti y a tus amigos
- Podrás hablar de manera formal e informal
- Conocerás las normas de cortesía para ser educado
- Aprenderás a despedirte

Capítulo 3
Saludos y presentaciones

Un amable **insa** (*in-sa*; saludo) y una sólida **sogae** (*so-ge*; presentación) pueden crear una buena primera impresión. Si se hace bien, la presentación te ayudará a expresar tu sincero **hogam** (*jo-gam*; interés) no solo en la **saram** (*sa-ram*; persona) con la que hablas, sino también en la **hangugmal** (*jan-gug-mal*; lengua coreana) y su cultura. Aunque la mayor parte de la gente te entenderá aunque te presentes de forma chapucera, en algunos casos podrías molestar u ofender a quien quieres conocer. En esta sección te mostraré cómo empezar y acabar los primeros minutos de una **daehwa** (*de-jua*; conversación) como si fueras un experto.

Presentaciones

Si vas a relacionarte con otras personas, es probable que, en un momento u otro, tengas que presentarte o presentar a alguien. En coreano, la presentación depende de la persona a la que presentas y de a quién se la estás presentando.

En español, empezarías una presentación con el **ireum** (*i-ruhm*; nombre) y algo de información específica, como la profesión. "Este es mi amigo Huckleberry. Es jefe de equipo de Malos y Maleantes, S. A." En coreano, la presentación sería similar, y es importante dar información específica sobre la persona, como el cargo y **jikjang** (*chik-chang*; profesión) o decir quién es (amigo o familiar, por ejemplo), antes de su nombre. Las siguientes secciones te ofrecen el vocabulario necesario para lograrlo.

Saludos

Una presentación empieza con un **insa** (*in-sa*; saludo), generalmente un simple "hola". El coreano ofrece una amplia variedad de saludos, como:

- **Annyeonghaseyo** (*an-ñohng-ja-se-io*; Hola; educado informal). Si te han enseñado un saludo en coreano, posiblemente sea este. Originariamente no significaba 'hola', sino algo más cercano a "¿Estás bien?". Actualmente ha perdido su significado original y lo puedes usar como cualquier otro saludo. Tiene una versión más formal, pero **annyeonghaseyo** suele ser suficiente. Encontrarás más información en la sección "¿Nos ponemos formales o no?".
- **Cheoeumboepgetseumnida** (*tsoh-uhm-bohp-ges-sum-ni-da*; Es un placer verle por primera vez; educado formal). Utiliza esta expresión si acabas de conocer a alguien, por ejemplo, cuando conozcas a los padres de tus amigos coreanos o durante una entrevista de trabajo. No lo uses si has coincidido antes con tu interlocutor.
- **Mannaseobangapseumnida** (*man-na-soh-ban-gap-suhm-ni-da*; Es un placer conocerle; educado formal). Suele ir detrás del saludo anterior.

Si ya conoces a las personas que saludas, sea por trabajo u otros motivos, el coreano ofrece otros saludos que puedes poner en práctica:

- **Jal jinaeseoyo** [*chal chi-nes-soh-io*; ¿Qué tal estás? (Literalmente, "¿Has estado bien?".)] Se usa para preguntar por el bienestar de la otra persona, similar a "¿Cómo estás?".
- **Oraeganmanineyo** (*o-re-gan-man-i-e-io*; Cuánto tiempo sin verte). Se usa cuando no has visto a esa persona en mucho tiempo. No es de uso diario.
- **Siksa hasyeoseoyo?** (*shik-sa ja-shoh-soh-io?*; ¿Has comido ya?). Saludo habitual para intercambiar cerca de la hora de las comidas. ¡No te equivoques! No es una invitación a comer. Comprobar si la gente de tu alrededor ha disfrutado de una buena comida es parte de la cultura coreana.
- **Geudongan byeoril eobseusyosseumnikka?** (*guh-dong-an bioh-ril eob-suh-shos-suhm-ni-kka?*; ¿Está todo bien?; educado formal).
- **Geudongan byeoril eopseoseoyo?** [*guh-dong-an bioh-ril eob-soh-soh-io?*; ¿Está todo bien?; educado informal (literalmente, "No ha pasado nada malo, ¿verdad?")]. Se usa para comprobar que todo le va bien a la persona que saludas.

Si te hacen alguna pregunta de las anteriores, puedes contestar con un **ye** (*ye*; sí) o un **aniyo** (*a-ni-yo*; no).

¿Dar la mano o hacer una reverencia?

Los coreanos suelen saludarse con un apretón de manos en las presentaciones y cuando no se han visto en algún tiempo. Al dar la mano, inclínate ligeramente hacia delante y extiende tu mano derecha. La mano izquierda se sitúa debajo del codo o la muñeca, como si aguantara el brazo derecho. A veces, en vez de bajo el brazo, la mano se pone en el pecho o en el estómago.

La persona de más edad o rango será quien inicie el apretón de manos, pero el intercambio de reverencias lo puede iniciar el primero que vea a la otra persona. No olvides acompañar la reverencia con un saludo entusiasta (en la sección anterior tienes varias propuestas de saludos).

CULTURA GENERAL

Las reverencias son una parte **jungyohan** (*chung-io-jan*; importante) de la comunicación y **munhwa** (*mun-jua*; cultura) coreanas. Acompañan a los saludos, disculpas y agradecimientos, y también son una muestra de consideración y respeto. Inclina el cuerpo desde la **heori** (*jeo-ri*; cadera), pero solo un poco, y asegúrate de inclinar la cabeza. Si no lo has hecho antes, puede que cometas el **silsu** (*shil-su*; error) de inclinar demasiado el cuerpo o de mirar directamente a la cara o a los pies de otra persona o a los pies. Estos errores dan la sensación de que vayas a empezar un combate de taekwondo. Si puedes, observa cómo lo hacen los coreanos antes de hacerlo tú.

¿Nos ponemos formales o no?

La formalidad es muy importante en Corea. Cuando vayas a realizar las oportunas presentaciones, debes **ihae** (*i-je*; entender) qué nivel de formalidad usan contigo para elegir el nivel de formalidad que deberás usar con otros.

Para las presentaciones, necesitas conocer dos niveles de formalidad aceptables: coreano educado formal e informal. Ambos son apropiados y respetuosos y la diferencia entre ellos es sutil. Es como decidir si debes vestir más o menos formal en una situación concreta. Elegirás una indumentaria formal cuando quieras dar una **insang** (*in-sang*; impresión) profesional o de cortesía, mientras que la ropa informal será para situaciones más triviales y relajadas.

De la misma forma, puedes elegir la variedad de coreano que vas a utilizar en cada situación. Los **namja** (*nam-cha*; hombres) suelen usar un coreano más formal, mientras que las **yeoja** (*ioh-cha*; mujeres) emplean ambas formas, incluso mezcladas. Es aceptable que tanto hombres como mujeres usen coreano educado informal en el día a día.

La terminación al final de la frase marca el grado de formalidad. Deja que te ponga un ejemplo con **ida** (*i-da*; ser). Para aprender a conjugar los verbos, consulta el capítulo 2.

RECUERDA

Aunque la variedad educada informal se usa más a menudo en las conversaciones de **maeil** (*me-il*; diario), según con quién estés hablando (por ejemplo, alguien mayor que tú, tu profesor, tus suegros o la persona que te hace la entrevista de trabajo), deberás usar la variedad educada formal. Si esto es demasiado complicado para tu gusto, apuesta por la variedad educada informal. Deberías sobrevivir sin ofender a nadie.

Para la variedad educada formal, usa las siguientes terminaciones:

- **(palabra) imnida** (*im-ni-da*). Esta terminación se usa cuando te presentas o hablas sobre ti, tu familia o tus amigos. Se combina con terminaciones para raíz en vocal y, así, (palabra) **ida** pasa a ser (palabra) **imnida.** Se añade a las palabras que acaban en vocal, con excepciones que van más allá de lo que cubre este libro y que por eso no voy a comentar. Un ejemplo es **jeoneun inigo montoyaimnida** (*choh-nuhn iñigo montoya-im-ni-da*; Me llamo Íñigo Montoya).

» **(palabra) seumnida** (*suhm-ni-da*). Esta terminación se usa con palabras cuya raíz acaba en consonante. **Jotta** (*chot-ta*; ser bueno) se convierte en **josseumnida** (*chos-suhm-ni-da*; es bueno). Por ejemplo: **nalssiga joseeumnida** [*nal-shi-ga chos-suhm-ni-da*; Hace buen tiempo (literalmente, "El tiempo es bueno")].

» **(palabra) imnikka/(palabra) seumnikka** (*im-ni-kka/suhm-ni-kka*): estas terminaciones se usan para hacer preguntas con educación. Por ejemplo:

1. **Chinguga robeoteuimnikka**. (*tsin-gu-ga ro-boht-im-ni-kka*; ¿Su amigo es Robert?).
2. **Nalssiga josseumnikka** (*nal-shi-ga chos-sum-ni-kka*; ¿Hace buen tiempo?).

Debes usar diferentes terminaciones cuando hablas con tu jefe o con tus **bumo** (*bu-mo*; padres) o si hablas de ellos con tus amigos. Si quieres mostrar más respeto hacia tus padres o tu **sangsa** (*sang-sa*; jefe), añade **-ssi** después de su nombre. Por ejemplo, **jenipeossiimnida** (*che-ni-phoh-sshi-im-ni-da*; Esta es Jennifer). Añadir **-ssi** tras el nombre de una persona es un ejemplo del coreano honorífico. Así que, para presentar a alguien con la forma honorífica, **(palabra) ida** pasa a ser **(palabra) ishimnida/(palabra) ishimnikka** (*i-shim-ni-da/ i-shim-ni-kka*; ser; forma honorífica). No uses **-sshi** detrás de tu nombre o cuando hables de ti: parecerá que tienes un problema de ego.

Algunos ejemplos de la variedad honorífica son:

Ibuni eomeoniisimnikka (*i-bun-i oh-moh-ni-is-shim-ni-kka?*; ¿Esa persona es tu madre?).

Ibuneun jeoui abeojiisimnida (*i-bun-uhn choh-wi a-boh-chi-is-shim-ni-da*; Esta persona es mi padre).

Las siguientes son terminaciones educadas informales:

» **(palabra) ieyo** [(palabra) *i-e-io*; esto es (palabra)]: esta terminación se usa tanto para afirmaciones como para preguntas. En una afirmación, usa un tono plano; para preguntar, eleva la entonación al final de la frase, como en español.

» **(palabra) iseyo** [(palabra) *i-se-io*; esto es (palabra)]: **iseyo** se usa como **ieyo**. Se utiliza para mostrar más respeto a la persona con la que hablas o de la que hablas.

CONSEJO

Al hablar, los coreanos alternan entre terminaciones educadas formales e informales. En las conversaciones del día a día, no te preocupes mucho por el grado de formalidad. Con la variedad educada informal puedes salir del paso sin ofender a nadie. Intenta añadir algún –**ssi** tras el nombre de las personas que menciones para mostrar respeto.

CULTURA GENERAL

Los coreanos mantienen una estricta jerarquía social incluso con gente de **nai** (*na-i*; edad) similar. Verás que los **hubae** (*ju-be*; personas de menos edad o rango) se inclinan antes sus **seonbae** (*sohm-be*; personas de más edad o rango) y que una persona joven actuará más discretamente delante de alguien mayor. Si prestas atención, verás que el **hubae** usa una forma más respetuosa de coreano cuando habla con un **seonbae**. Esta jerarquía autoimpuesta es una norma social que procede del confucianismo y que aún desempeña un rol importante en la cultura coreana moderna. Ignorarla, especialmente la jerarquía de la edad, aunque la diferencia sea de un año, te puede meter en un buen lío.

No hay una norma definida para decidir el rango dentro de la jerarquía. Se trata de una combinación de edad y estatus dentro de una organización. Aunque inicialmente pueda parecer un concepto un poco controlador y restrictivo, los coreanos creen que esta jerarquía proporciona orden y sentido de comunidad. Los coreanos utilizan la expresión **wi areaga itda** (*wi-a-re-a-ga it-da*; tener parte de arriba y de abajo) para referirse a las comunidades que respetan los rangos.

Este sistema no funciona solo de abajo hacia arriba. Es decir, se espera que un **seonbae** aconseje y ayude a sus **hubae**. Tradicionalmente, la persona de mayor rango supervisa las reuniones, da consejos e incluso paga la cuenta. Los coreanos creen que esta tradición de cuidado y respeto permite a las personas crear estrechos vínculos personales.

Por todo esto, la mayoría de los coreanos apreciarán que adoptes el rol adecuado en tu relación con ellos. Eso sí, aunque seas el **hubae** o **seonbae** perfecto con una persona, perderás puntos si te ven levantando la **moksori** (*mok-so-ri*; voz) a tus padres, siendo poco respetuoso con tus mayores o cuidando mal de los que son más jóvenes que tú. En estas situaciones, tus amigos coreanos te reprocharán **wi areaga eopda** (*wi-a-re-a-ga-ohp-da*; no tener parte de arriba y abajo). Si alguien te dice esta expresión es porque cree que has sido maleducado y no has mostrado el debido respeto. Para convencer a los coreanos de que entiendes su cultura, empieza por aceptar el rol que se espera de ti con ellos y con la gente que te rodea.

Hablando se entiende la gente

ESCUCHA

Hyeonghuon So y Eric Choi trabajan en el mismo edificio. Se saludan así. Fíjate en cómo mezclan coreano formal e informal.

Hyeonghun So: **annyeonghaseyo ericsshi.** (ligera reverencia)
An-ñohng-ja-se-io e-rik-shi.
¿Todo bien, Eric?

Eric Choi: **a ye, geudongan byeoril eopseusyeoteyo?** (ligera reverencia y se acerca para dar la mano)
a-ie, guh-dong-an bio-ruhl ohb-suh-shoht-e-io?
¡Ah, sí! ¿Te ha ido todo bien?

Hyeonghun So: **byeoril eopseosseumnida, najunge hanbeon siksana gachi hapsida.**
byeo-ruhl ohp-seos-suhm-ni-da, na-chung-e jam-bohn-shiksa-na ga-tsi jap-shi-da.
No hay mucho que contar, ¿por qué no comemos juntos luego?

Eric Choi: **ye, ye, joayo.** (se dan un apretón de manos y vuelven a inclinar la cabeza)
ie, ie, cho-a-io.
Sí, sí, buena idea.

Palabras para recordar

daehwa	*de-jua*	conversación
insa	*in-sa*	saludo
najunge	*na-chung-e*	después
nalssi	*nal-shi*	tiempo (clima)

saram	*sa-ram*	persona
siksa	*shik-sa*	comida

Presentarte

No siempre puedes confiar en **dareunsaram** (*da-ruhn-sa-ram*; otras personas) para que te presenten. Presentarte es fácil: basta con decir tu nombre y cargo. Empieza la frase con una de estas expresiones educadas informales:

- **jeoneun (tu nombre) ieyo** [*choh-nuhn* (tu nombre) *i-e-io*; Yo soy (tu nombre)].
- **je ireumeun (tu nombre) ieyo** [*che-i-ruhm-uhn* (tu nombre) *i-e-io*; Mi nombre es (tu nombre)].
- **jeoneun (tu nombre) iragohaeyeo** [*choh-nuhn* (tu nombre) *i-ra-gu-he-io*; Me llaman (tu nombre)].

Los coreanos suelen indicar su cargo o profesión antes del nombre. Usan la expresión **(empresa) eseo geunmuhaneun** [(empresa) *e-soh guhn-mu-ha-nuhn*; Trabajo en (empresa)]. A veces, indican el nombre de su empresa y dicen su nombre en la frase siguiente. Fíjate en estos ejemplos:

jeoneun eunhaengeseo ilhaneun seuteisieyo; (*choh-nuhn uhn-jeng-e-soh il-ja-nuhn suh-tei-shi-e-io)*; Trabajo en el banco y me llamo Stacy.

jeoneun baekhwajeomaeseo geunmuhaneun allisseu haeri-seuirago haeyo; *(choh-nuhm-be-kua-chohm-e-soh guhn-mu-ha-nuhn al-li-suh he-ris-suh-i-ra-gu je-io);* Trabajo en los grandes almacenes y me llamo Alice Harris.

Hablando se entiende la gente

Jae Woo y Cristina se presentan en una fiesta.

Jae Woo: **yeoreobun annyeonghaseyo, jeoneun AIG hoesawon ijaewooibnida.** (hace una reverencia)
loh-roh-bun an-ñohng-ja-se-io, choh-nuhn AIG joe-sa-uon i-che-u-im-ni-da.
Hola a todos, me llamo Lee Jae Woo y soy trabajador de la empresa AIG.

Cristina: **yeoreobun annyeonghaseyo, jeoneun hanguk insamgonsa daeri keuriseutina rijiweiragohaeyo.** (hace una reverencia)

ioh-roh-bun an-ñohng-ja-se-io, choh-nuhn jan-guk-in-sam-gon-sa-de-ri guh-ri-suh-thi-na ri-chi-ue-i-ra-gu-je-io.

Hola a todos, me llamo Cristina Ridgeway y soy la representante de la compañía de Tabaco y Ginseng de Corea.

Palabras para recordar

baekhwajeom	*pek-hua-chohm*	centro comercial
eunhaeng	*uhn-jeng*	banco
ireum	*i-ruhm*	nombre
hoesawon	*joe-sa-uon*	trabajador de empresa
hubae	*hu-be*	júnior
jeoneun	*choh-nuhn*	Yo soy.
seonbae	*sohm-be*	sénior
sogae	*so-ge*	presentar
yoreobun	*yo-roh-bun*	todos

Presentar a un amigo o a un compañero

Para empezar la presentación, utiliza **je chingureul sogaehalkkeyo** (*che tsin-gu-ruhl so-ge-jal-kke-io*; Voy a presentarte a mi amigo). Puedes sustituir **chingu** (*tsin-gu*; amigo) por otra palabra, como **dongnyo** (*dong-ño*; compañero de trabajo).

A continuación, proporciona información específica sobre la persona que estás presentando. Por ejemplo, tal vez quieras indicar su cargo en la empresa y su nombre: **i sarameun byeonhosa haena aendeoseunimnida** (*i sa-ram-uhn bion-hos-sa he-na en-doh-suhn-im-ni-da*; Esta persona es Hannah Anderson, abogada). Aquí **i saram** (*i sa-ram*) significa 'esta persona', pero recuerda que, si no tienes confianza con ella o si quieres mostrar respeto, debes usar **i buneun** (*i bu-nuhn*), un término neutro que se traduciría por 'este señor' o 'esta señora'.

Si quieres indicar el cargo de la persona, recuerda que va de mayor a menor, al contrario que en español. Tal vez te cueste recordarlo, porque en español diríamos el nombre de la persona, su cargo y el nombre de la empresa. Es decir, "Esta es Hanna Handerson, gerente de Papelera, S. L.". En coreano, empezaríamos con el nombre de la empresa, luego el cargo y finalmente el nombre de la persona.

Fíjate en los siguientes ejemplos:

> **ibuneun uri daehakkyo beopdaee gyesin udeuro wilseunimnida** (*i-bu-nuhn u-ri de-hak-kio bohp-de-e gie-shin u-duh-ro wil-suhn-im-ni-da*; Este caballero pertenece al departamento de Derecho de nuestra universidad y se llama Woodrow Wilson).

> **i sarami je dongsaeng jeieyo** (*i sa-ram-i che dong-seng che-i-e-io*; Este es mi hermano menor, Jae).

> **i chinguneun samseong junja gwajang ijaeueyo** (*i tsin-gu-nuhn sam-sohng chun-cha gua-chang i-che-u-e-io*; Este es mi amigo, director del departamento financiero de Samsung Electronics, Lee Jae Woo).

Para dar la **juso** (*chu-so*; dirección) también se va de mayor a menor: en Corea se empieza con la provincia y se termina con el **beonho** (*bohn-jo*; número) de la casa.

RECUERDA

La formalidad de tu discurso la determina lo que quieras transmitir. Elige la variedad educada formal, educada informal o las formas honoríficas según el nivel de respeto que quieras mostrar a la persona de la que hablas.

Las siguientes personas estarían a tu nivel:

- **dongnyo** (*dong-ño*; colegas).
- **chingu** (*tsin-gu*; amigos).
- **jipsaram/anae** (*chip-sa-ram/a-ne*; tu mujer).
- **nampyeon** (*nam-piohn*; tu marido).
- **ttal** (*ttal*; hijas).
- **adeul** (*a-duhl*; hijos).
- **namjachingu** (*nam-cha-tsin-gu*; novios).
- **yeojachingu** (*ioh-cha-tsin-gu*; novias).
- **hubae** (*ju-be*; júniores).
- **dongsaeng** (*dong-seng*; hermano/a menor).

Presentar a alguien mayor o a tus padres

En la cultura coreana, cuando presentas a dos personas, empiezas por la más joven o de menor rango y luego presentas a la de más edad o rango. Recuerda usar los marcadores de respeto adecuados si esas personas son mayores que tú. Los siguientes ejemplos lo ilustran:

> **i buneun uri eomeoniseyo** [*i bun-uhn u-ri oh-moh-nis-se-io*; Esta persona es mi madre (literalmente, "Esta es nuestra madre")]. Para más información de por qué los coreanos usan *nuestro* en vez de *mi*, ve al capítulo 2.

> **i bunkkeseo siripdaehak gyosunimisin hong gyosunimisimnida.** (*i bun-kkes-seo shi-rip-de-hak gyo-su-nim-i-shin hong-gyo-su-nim-im-ni-da*; Esta persona es el profesor Hong de la Universidad Sirip).

CULTURA GENERAL

En coreano, llamas a tu madre **eomeoni** (*oh-moh-ni*; madre) y a tu padre **abeoji** (*a-boh-chi*; padre). Puedes dirigirte a los padres de tus amigos como **ajeossi** (*a-choh-ssi*; señor) y **ajumma** (*a-chum-ma*; señora), pero también puedes llamarles **eomeoni** y **abeoji**, como a tus padres. Llamarles así no inicia un proceso de adopción ni nada parecido, ¿eh? Sin embargo, cuando hay un grupo de padres, toca ser más específico. Por ejemplo, para hablar de los padres de tu amiga Lola, di **lola eomeonim** y **lola abeonim**. Añadir **nim** (*nim*; marcador de respeto) tras el nombre o la posición de alguien es una muestra de respeto. Si quieres sonar más formal, llámalos **lola ssi eomeonim** y **lola ssi abeonim**.

Cuando tus amigos te presenten a sus padres, no te dirán sus nombres. Les tendrás que llamar *papá* y *mamá*. Si los niños presentan a sus padres, abuelos a otras personas mayores, marcan cada sílaba del nombre. Así, si el nombre del padre es Choe Nam Hyun, diría **uri abeoji jonhameun choe ja, nam ja, hyun ja simnida** (*u-ri a-boh-chi con-ha-muhn tsoe-cha nam-cha jiohn-cha shim-ni-da*; El nombre de mi padre es la letra Choe, la letra Nam y la letra Hyun).

Hablando se entiende la gente

ESCUCHA

Jessica quiere presentar a su madre, Amanda, y a su novio, Eric.

Jessica: **eomeoni, je namjachingureul sogaehageseoyo.**
oh-moh-ni che nam-cha-tsin-gu-ruhl so-ge-ja-ge-soh-io.
Mamá, voy a presentarte a mi novio.

Amanda:	**o, geurae.** *o, guh-re.* Oh, claro.
Jessica:	**ireumeun erigieyo.** *i-ruhm-uhn e-rig-ie-io.* Se llama Eric.
Eric:	**annyeonghaseyo eomeonim, cheoeumboepgetseumnida.** *an-ñohng-ja-se-io oh-moh-nim, tsoh-uhm-boep-bet-sum-ni-da.* Hola, madre, es un placer conocerla.
Amanda:	**o, geure, erigeun mwohani?** o, *guh-re, e-rig-uhn muo-ja-ni?* Oh, claro, Eric, ¿a qué te dedicas?
Eric:	**a, ye, daehagwon gongbuhamnida.** *a, ie, de-ha-guon gong-bu-jam-ni-da.* Ah, sí, estudio en la universidad.

Palabras para recordar

abeoji	*a-boh-chi*	padre
ajeossi	*a-choh-ssi*	señor
ajumma	*a-chum-ma*	señora
bumo	*bu-mo*	padres
byeonhosa	*biohn-jo-sa*	abogado
daehagwon	*de-ja-guon*	universidad
eomeoni	*oh-moh-ni*	madre
gongbuk	*gong-buk*	estudiar
siheom	*shi-johm*	examen
yeonpil	*iohn-phil*	lápiz

Las siguientes personas tienen un mayor rango que tú:

- **sangsa** (*sang-sa*; tu jefe).
- **seonsaengnim** [*sohn-sen-ñim*; tu profesor (también se usa como "señor")].
- **gyosunim** (*gio-su-nim;* profesor universitario).
- **sonnim** (*son-nim*; un cliente).
- **sajangnim** [*sa-chang-nim;* dueño del negocio (es una forma respetuosa)].
- **hyeong** [*hiohng*; hermano mayor (úsalo si eres hombre)].
- **nuna** [*nu-na*; hermana mayor (úsalo si eres hombre)].
- **eoni** [*ohn-ni*; hermana mayor (úsalo si eres mujer)].
- **oppa** [*op-pa*; hermano mayor (úsalo si eres mujer)].

Preguntar el nombre

Antes de preguntar el nombre a alguien, rompe el hielo con un veloz **joesong- hamnida** (*choe-song jam-ni-da*; Perdone; educado formal) o **joesonghaeyo** (*choe-song-je-io*; Perdona; educado informal), **sillyehamnida** (*shil-le-jam-ni-da*; Disculpe; educado formal) o **sillyehaeyo** (*shil-le-je-io*; Disculpa; educado informal). A continuación, pregunta con educación **seonghami eotteoke doesimnikka?** (*sohng-ja-mi oht-to-ke doe-shim-ni-kka?*; ¿Cómo se llama?; educado formal) o **seonghami eotteoke doeseyo?** (*sohng-ja-mi oht-to-ke doe-se-io?*; ¿Cómo te llamas?; educado informal). Aunque se puede usar una variedad informal para preguntar el nombre, la mayoría de los coreanos usarían la variedad formal. Sin embargo, para el día a día, la forma educada informal basta. La variedad educada formal se usa en un contexto profesional o al hablar con completos desconocidos.

Puedes combinar tu intento de romper el hielo con un "pero" para sonar más natural. En este caso, dirías **joesonghamnidaman** (*choe-song-jam-ni-da-man*; Perdone, pero...) o **sillyehamnidaman** (*shil-le-jam-ni-da-man*; Disculpe, pero...). Ambas son de la variedad educada formal. Aunque existe una fórmula educada informal, en este caso es mejor quedarse con la formalidad.

Finalmente, para preguntar el nombre de alguien hay que saber usar **i** (*i*; este), **geu** (*guh*; ese) y **jeo** (*choh*; aquel). Como en español, **i** se refiere a alguien cercano a ti; **geu** a alguien cerca del que habla, pero no de la otra persona y también para gente que no está presente en ese momento. **Jeo** se refiere a personas que están lejos de los participantes en la conversación, pero a la vista. Fíjate en cómo se usan **i, jeo** y **geu** en los siguientes ejemplos:

- **i yeojabun** (*i ioh-cha-bun*; esta señora).
- **i namjabun** (*i nam-cha-bun*; este caballero).
- **i bun** (*i-bun*; esta persona).
- **jeo bun** (*choh-bun*; aquella persona).
- **jeo yeojabun** (*choh-ioh-cha-bun*, aquella señora).
- **jeo namjabun** (*choh-nam-cha-bun*, aquel caballero).
- **geu bun** (*guh-bun*; esa persona que no está presente).
- **geu yeojabun** (*guh-ioh-cha-bun*; esa señora que no está presente).
- **geu namjabun** (*guh-nam-cha-bun*; ese caballero que no está presente).

DESCRIPCIONES

Señalar es de mala educación en Corea, así que deberías aprender a describir a las personas. Puedes empezar con las siguientes características:

- **kiga jageun** (*khi-ga chag-uhn*; bajo).
- **kiga keun** (*khiga khuhn*; alto).
- **angyeongeul sseun** (*an-giohng-uhl suhn*; lleva gafas).
- **angyeongeul ansseun** (*an-giohng-uhl an-suhn*; no lleva gafas).
- **meoriga jjalbeun** (*moh-ri-ga cchal-buhn*; Tiene el pelo corto).
- **meoriga gin** (*moh-ri-ga gin*; Tiene el pelo largo).
- **___ oseul ibeun** (___ *o-suhl-i-buhn*; Lleva ropa ___). Indicar el color de la ropa en el espacio en blanco.
- **jeo saramieyo?** (*choh sa-ram-i-e-io*; ¿Esa persona?; educado informal).
- **ye, geu yeopsaram marieyo** (*ye, guh iohp-sa-ram ma-ri-e-yo*; Sí, esa persona que está junto a ti; educado informal).
- **aniyo, geu yeopsaram marieyo** (*a-ni-io, guh iohp-sa-ram ma-ri-e-yo*; No, esa persona que está junto a ti; educado informal).

Si quieres preguntar su nombre a alguien, añade **seonghami eotteoke doeseyo** (*sohng-ja-mi oht-to-kke doe-se-io*; ¿Cómo se llama?; educado formal). Usa esta forma cuando quieras mostrar respeto, es decir, al preguntarle el nombre a, por ejemplo, los padres de un amigo. Para las conversaciones del día a día, personas más jóvenes y, por ejemplo, el amigo de un amigo, puedes usar **ireumi mwoeyo** (*i-ruhm-i muo-e-io*; ¿Cómo te llamas?; educado informal).

Hablando se entiende la gente

ESCUCHA

June y Tim están en una reunión familiar. June no recuerda el nombre de un familiar y le pregunta a Tim.

June: **tim, jeobun ireumi mwoeyo?**
tim, joh-bun i-ruhm-i mo-e-io-yo?
Tim, ¿cómo se llama esa persona?

Tim: **jeo namja buniyo?**
joh nam-ja bun-i-io?
¿Ese?

June: **aniyo, geu yeopsaramiyo, meoriga gin yeojabuniyo.**
a-ni-yo. geu-yohp-sa-ram-i-io, moh-ri-ga gin ioh-cha-bun-i-yo.
No, la persona junto a él, la mujer de pelo largo.

Tim: **a, jeo buniyo? jeo bunui seonghami son jihiseyo.**
la, choh-bun-i-io? choh-bun-i sohng-ja-mi son chi-hi-se-io.
Ah, ¿esa persona? Se llama Jihi Son.

June: **tim, gomawoyo.**
tim, go-ma-uo-yo.
Gracias, Tim.

Hablando se entiende la gente

ESCUCHA

Jane y Alice tienen planeado un pícnic y están hablando del tiempo.

Jane:	**alice, pikkeunik ganeunnal nalssiga eotteoteyo?** *a-li-suh, pik-kuh-nik ga-nuhn-nal nal-sshi-ga oht-to-te-io?* Alice, ¿qué tal el tiempo para el día del pícnic?
Alice:	**eung, radioeseo deureonneunde biga ondaeyo.** *uhng, ra-di-o-e-soh duh-rohn-nuhn-de pi-ga on-de-io.* Sí, he oído en la radio que va a llover.
Jane:	**geureom eotteohajiyo?** *guh-rohm oht-toh-ja-chi-io?* ¿Qué hacemos entonces?
Alice:	**daeume nalssiga joeulttae gayo.** *da-uhm-e nal-shi-ga cho-ul-tte-ga-io.* Dejémoslo para cuando haga buen tiempo.
Jane:	**geuraeyo, geureoja.** *guh-re-io, guh-roh-cha.* De acuerdo.

Palabras para recordar

gajok	*ga-chok*	familia
gomo	*go-mo*	tía por parte de padre
imo	*i-mo*	tía por parte de madre
ki	*gi*	altura
meori	*moh-ri*	cabeza
nun	*nun*	ojo
samchon	*sam-tson*	tío

Dar las gracias y disculparse

Una **miso** (*mi-so*; sonrisa), una palabra de agradecimiento y una disculpa sincera pueden sacarte de casi cualquier aprieto y hacerte llegar muy lejos con gente de otra cultura. Posiblemente quieras tener las siguientes expresiones a mano:

» **gamsahamnida** (*gam-sa-jam-ni-da*; gracias; educado formal). Es la forma más habitual de dar las gracias. Si tienes que recordar solo una, con esta irás bien. Se suele usar cuando alguien te da algo o hace algo por ti.

» **gamsahaeyo** (*gam-sa-he-io*; gracias; educado informal). Se usa con amigos o con gente a la que ya conoces y con quien mantienes algún tipo de relación.

» **gomapseumnida** (*go-map-suhm-ni-da*; gracias; educado formal). Esta es la segunda expresión de agradecimiento más habitual. Se usa igual que **gamsahamnida**. Basta con utilizar una de las dos.

» **gomawoyo** (*go-ma-uo-io*; gracias; educado informal). Se suele usar si conoces a la persona con la que hablas, como **gamsahaeyo**.

CONSEJO

Aunque es correcto usar la forma educada informal, al dar las gracias en coreano es más habitual utilizar la forma educada formal. Tu interlocutor se sentirá más importante y respetado. Es correcto usar la variedad educada informal cuando ya os conocéis y con amigos o gente más joven que tú.

» **singyeong sseo jusyeoseo** (*sin-giohng-soh chu-sho-se-o*; por preocuparse; educado formal). Esta expresión se usa combinada con **gamsahamnida** o **gomapseumnida**, nunca sola. Se utiliza en un contexto formal.

» **jalhaejusyeoseo** (*chal-je-chu-sho-se-o*; por ser tan amable; educado formal). Esta expresión se usa combinada con **gamsahamnida** o **gomapseumnida**, nunca sola. Se utiliza en un contexto formal.

» **joesonghamnida** (*choe-song-jam-ni-da*; Lo siento; educado formal). Es la forma de disculparse con desconocidos o a quienes quieres mostrar respeto.

- **joesonghaeyo** (*choe-song-je-io*; Lo siento; educado informal). Es la forma de disculparse en el día a día con gente que ya conoces.
- **mianhamnida** (*mi-an-jam-ni-da*; Lo siento; educado formal). Es la forma de disculparse con desconocidos o a quienes quieres mostrar respeto.
- **mianhaeyo** (*mi-an-he-io*; Lo siento; educado informal). Es la forma de disculparse en el día a día con la gente que conoces.
- **pyekkichyeo deuryoseo mianhamnida** (*piek-ki-choh- duh-rio-soh mi-an-jam-ni-da*; perdón por causar molestias; educado formal). Se usa en contextos formales. Por ejemplo, en una reunión de trabajo al disculparse con alguien de mayor edad o rango. No se usa en su variedad informal.
- **pyekkichyeo deuryeoseo jowesonghamnida** (*piek-ki-choh-duh-rio-soh cho-ue-song-jam-ni-da*; perdón por las molestias; educado formal). Se usa en contextos formales. Por ejemplo, en una reunión de trabajo al disculparse con alguien de mayor edad o rango. No se usa en su variedad informal.

Despedirse

Despedirse en coreano varía según seas tú quien se queda o quien se va. Si, después de una **bam** (*bam*; noche) estupenda, acompañas al amigo que te visitó a la puerta, le despides con un "ve en paz" y tu amigo se despedirá con un "quédate en paz". El intercambio puede darse igual si transcurre en un restaurante o en cualquier otro lugar, sin necesidad de que sea tu casa o tu oficina.

A continuación indico las diferentes expresiones que se utilizan y cuándo usarlas:

- **annyeonghi gyeseyo** [*an-ñong-ji ge-se-io*; Adiós (cuando te vas tú; literalmente, "Quédate en paz")]. Usa esta expresión con amigos y gente de mayor edad o rango cuando tú te vayas y el otro se quede. Es la forma más habitual de decir *adiós* en coreano.
- **annyeonghi gaseyo** [*an-ñong-ji ga-se-io*; Adiós (cuando tú te quedas; literalmente, "Vete en paz")]. Usa esta expresión cuando tú te quedes y tu amigo se vaya. Es la forma más habitual de decir *adiós* en coreano.

- **jal isseyo** [*cha-ris-se-io*; Adiós (literalmente, "Quédate bien")]. Usa esta expresión con amigos y gente de menor edad o rango cuando tú te vayas y el otro se quede.
- **jal gaseyo** [*chal ga-se-io*; Adiós (literalmente, "Vete bien")]. Usa esta expresión cuando tu amigo o gente de menor edad o rango se vaya de un sitio y tú te quedes.

Hay otras formas de despedida que no tienen en cuenta quién se va y quién se queda. Puedes usar las siguientes expresiones en casi cualquier situación:

- **daeume tto bwayo** (*da-u-me tto bua-io*; hasta la próxima). Indicada si quieres volver a quedar con esa persona. Puede usarse con gente mayor y menor.
- **annyeonghi jumuseyo** [*an-ñohng-ji chu-mu-se-io*; (literalmente, "Duerme bien")]. Esta frase indica respeto y se usa cuando la persona a la que va dirigida dormirá bajo el mismo techo que tú o para acabar una conversación telefónica sobre la hora de acostarse. No se usa como despedida informal cuando es de noche. Se puede dirigir, por ejemplo, a tus padres o suegros.
- **jaljayo** [*chal-cha-io*; buenas noches (literalmente, "Duerme bien")]. Esta expresión se usa con personas más jóvenes que tú y, como antes, si vais a compartir techo o para acabar una conversación telefónica sobre la hora de acostarse. Puedes usarla con tu hijo o con tu nuera.
- **sugohaseyo** (*su-go-ja-se-io*; buen trabajo). Puedes animar a cualquiera en cualquier momento. Se usa con gente mayor y menor.

Hablando se entiende la gente

ESCUCHA

Danny se acerca a Megan en un bar, pero justo en ese momento Megan tiene que irse.

Danny:	**chum chusillaeyo?** *tsum tsu-shil-le-io?* ¿Quieres bailar?
Megan:	**joesonghaeyo. jigeum gayahaeyo.** *choe-song-je-io chi-guhm ga-ia-je-io.* Lo siento, ahora me tengo que ir.
Danny:	**geureom jeonhwabeonhorado?** *guh-rohm chohn-jua-bohn-o-ra-do?* Bueno, pues... ¿Cuál es tu número?
Megan:	**mianhaeyo, jeonbeonhoga eopseoyo.** *mi-an-je-io. chohn-jua-bohn-o-ga ohp-soh-io.* Lo siento, pero no tengo teléfono.
Danny:	**ye?** *ye?* ¿Eh? (literalmente, "¿sí?").
Megan:	**annyeonghi gaeseyo.** *An-ñohng-ji ge-se-io.* Buenas noches.

Palabras para recordar

bam	*bam*	noche
chum	*tsum*	un poco
daeume	*da-uhm-e*	la próxima
gidaryeoyo	*gi-da-rioh-io*	esperar
jam	*cham*	sueñecito
jeonhwabeonho	*cheohn-jua-bohn-o*	número de teléfono

jip	*chip*	*casa*
nat	*nat*	*día*

Juegos y ejercicios divertidos

Completa los espacios con el equivalente en español. Puedes mirar el Apéndice C para comprobar si tus respuestas son correctas.

1. **annyeonghaseyo** (*an-ñohng-ja-se-io*)

   ____

2. **gamsahamnida** (*gam-sa-jam-ni-da*)

   ____

3. **joesonghamnida** (*choe-song-jam-ni-da*)

   ____

4. **sillyehamnida** (*shil-le-jam-ni-da*)

   ____

5. **ireum** (*i-ruhm*)

   ____

6. **eomeoni** (*oh-moh-ni*)

   ____

7. **abeoji** (*a-boh-chi*)

   ____

8. **gajok** (*ga-chok*)

   ____

9. **seonsaengnim** (*sohn-seng-nim*)

   ____

10. **byeonhosa** (*byohn-jo-sa*)

   ____

2

Coreano cotidiano

EN ESTA PARTE . . .

De acuerdo, puedes aprender todo lo que hay que saber sobre conjugar verbos, diferenciar nombres de adverbios y sobre la construcción de frases en coreano, pero ¿qué hay de la vida cotidiana? ¿Cómo te comunicas con tus amigos coreanos o haces nuevos amigos? Echa un vistazo a esta parte para encontrar información y expresiones que puedas usar con ellos.

EN ESTE CAPÍTULO

- Conversarás sobre nacionalidades, idiomas y lugar de residencia
- Hablarás sobre el tiempo, el trabajo y la familia
- Darás y recibirás información de contacto

Capítulo 4
Conocer a gente: charlar de temas triviales

En cualquier idioma, romper el hielo con una pequeña **daehwa** (*de-hua*; conversación) te ayuda a conocer a la gente y es el **cheotgeoreum** (*tsot-goh-ruhm*; primer paso) para crear futuras amistades. Estas charlas sobre temas triviales son una buena forma de practicar la conversación, porque los intercambios son bastante predecibles. Si quieres saber cómo usar el coreano para averiguar de dónde es otra persona o para descubrir un poco más sobre su **gajok** (*ga-chok*; familia), sigue leyendo.

Si en el capítulo 3 te he enseñado a romper el **eoreum** (*oh-ruhm*; hielo) y presentarte, en este te enseñaré a llevar la conversación un poco más allá. Recuerda que, como norma general, utilizo el nivel educado informal del coreano, pero aquí habrá momentos en que la situación requiera usar el nivel educado formal. Espero que, gracias a este capítulo, te sientas más cómodo cuando hables en coreano.

Preguntar con palabras esenciales y usos formales

Hay ciertas palabras y preguntas esenciales para charlar en coreano, así que deberás familiarizarte con ellas para conversar de forma efectiva: **nugu?** (*nu-gu?*; ¿Quién?), **museun?** (*mu-suhn?*; ¿Qué?), **eonje?** (*ohn-che?*; ¿Cuándo?), **eodi?** (*oh-di?*; ¿Dónde?), **eotteoke?** (*oht-to-ke?*; ¿Cómo?). Tómate tu tiempo para acostumbrarte a las formas coreanas de estas palabras antes de lanzarte a charlar.

mueot (*mu-oht*; qué).

mwo (*muo*; qué). Una versión corta de **mueot**. Son intercambiables, aunque **mueot** suena más formal que **mwo**.

eolmadongan (*ohl-ma-don-gan*; cómo de largo; se usa para definir un periodo de tiempo).

eolmana (*ohl-ma-na*; cómo de largo). Una versión corta de **eolmadongan**. Son intercambiables, aunque **eolmadongan** suena más formal que **eolmana**.

Aquí van algunos ejemplos usando estas palabras para hacer preguntas básicas:

nuguseyo? (*nu-gu-se-io?*; ¿Quién eres?).

igeoseun mueosieyo? (*i-goh-suhn muo-shi-e-io?*; ¿Qué es esto?).

igeoseun mwoeyo? (*i-goh-suhn muo-e-io?*; ¿Qué es esto?).

myeot sieyo? (*mioht shi-e-io?*; ¿Qué hora es?).

eoneujjogeuro gaya haeyo? (*oh-nuh-cho-guh-ro ga-ia he-io?*; ¿Por dónde voy?).

eonje mannalkkayo? (*ohn-che man-nal-kka-io?*; ¿Cuándo quedamos?).

hwajangsiri eodieyo? (*jua-chang-shi-ri oh-di-io?*; ¿Dónde está el lavabo?).

agiga wae ureoyo? (*a-gi-ga ue u-roh-io?*; ¿Por qué llora el bebé?).

eolmadongan gidaryeoya haeyo? (*ohl-ma-dong-an gi-da-rioh-ia he-io?*; ¿Cuánto rato debo esperar?).

eolmana gidaryeoya haeyo? (*ohl-ma-na gi-da-rioh-ia he-io?*; ¿Cuánto rato debo esperar?).

geogireul eotteoke gayo? (*goh-gi-ruhl oht-toh-ke ga-io?*; ¿Cómo llego hasta allí?).

igeoseul eolmaeyo? (*i-goh-suhl ohl-ma-e-io?*; ¿Cuánto vale esto?).

Cuando hablas en coreano, es perfectamente correcto pedirle a la **hanguk saram** (*jan-guk sa-ram*; persona coreana) que **doepiri** (*doh-pi-ri*; repetir) lo que han dicho si no lo has **ihae** (*i-je*; entender), y estará encantada de ayudarte. Hay algunas frases muy útiles que pueden servirte para empezar a aprender coreano:

cheoncheonhi malsseumhae juseyo? (*tsohn-tsohn-i mal-suhm chu-se-io?*; ¿Podrías hablar más lento, por favor?).

hanbeonman deo malsseumhae juseyo? (*ham-bohn-man doh mal-suhm-je chu-se-io?*; ¿Podrías repetirlo, por favor?).

jal moreugeseoyo (*chal mo-ruh-ge-soh-io*; No estoy seguro/a).

mollayo (*mol-la-io*; No lo sé).

"¿De dónde eres?"

Tras **kkeunnae** (*kkuhn-ne*; terminar) de presentarte (ve al capítulo 3), lo habitual es preguntar de dónde es la gente, su **gukjeok** (*guk-chohk*; nacionalidad). ¿Eres de Corea? ¿De México? ¿De España?

Si quieres preguntar de dónde es otra persona, puedes hacerlo con esta oración:

eodieseo osyeoseoyo? (*oh-di-e-soh o-shoh-soh-io?*; ¿De dónde eres?).

La **daedap** (*de-dap*; respuesta) habitual es algo como:

jeuneun (lugar) eseo waseoyo [*cheo-nuhn* (lugar) *e-soh ua-soh-io*; Soy de (lugar)].

Si quieres preguntar concretamente por el **nara** (*na-ra*; país), puedes usar:

eoneu naraeseo osyeoseoyo? (*oh-nuh na-ra-e-soh o-shoh-soh-io?*; ¿De qué país eres?).

Cuando alguien te pregunta si eres de un país en concreto, puedes responder "Sí, soy de (país)" o "No, soy de (país)".

> **ye, jeoneun (país) eseo waseoyo** [*ie, choh-nuhn* (país) *e-soh ua-soh-io*; Sí, soy de (país)].

> **aniyo, jeoneun (país) eseo waseoyo** [*a-ni-io, choh-nuhn* (país) *e-soh ua-soh-io*; No, soy de (país)].

La tabla 4-1 contiene una pequeña lista de países y sus nombres en coreano.

TABLA 4-1 Nombres de países

Coreano (*Pronunciación*)	Español
areuhentina (*ar-jen-ti-na*)	Argentina
dogil (*do-gil*)	Alemania
dominika gonghwaguk (*do-mi-ni-kha gong-jua-gug*)	República Dominicana
hoju (*ho-chu*)	Australia
ilbon (*il-bon*)	Japón
indo (*in-do*)	India
itaeri (*i-the-ri*)	Italia
jungguk (*chung-guk*)	China
kaenada (*khe-na-da*)	Canadá
kollombia (*kol-lom-bi-a*)	Colombia
meksiko (*mek-shi-kho*)	México
miguk (*mi-guk*)	Estados Unidos
moroko (*mo-ro-kho*)	Marruecos
nyujillaend (*ni-u-tsil-len*)	Nueva Zelanda
peurangseu (*fuh-rang-suh*)	Francia
reosia (*roh-shi-a*)	Rusia
seupein (*suh-pe-in*)	España
sseuwiseu (*suh-wi-suh*)	Suiza
yeongguk (*iohng-guk*)	Inglaterra

Concretar dónde vives

¿De qué **sinae** (*shi-ne*; ciudad) o **dongne** (*dong-ne*; pueblo) eres? Es probable que la gente quiera saberlo, así que deberías saber decirlo. Primero, familiarízate con las palabras en coreano para este tipo de comunidades. En la siguiente tabla tienes una lista que te será muy útil.

TABLA 4-2 Comunidades

Coreano	*Pronunciación*	Español
do	(*do*)	provincia
dong	(*dong*)	barrio, zona
eup	(*uhp*)	pueblo, ciudad pequeña
gu	(*gu*)	distrito
gun	(*gun*)	condado
gwangyeoksi	(*guang-iohk-shi*)	área metropolitana
myeon	(*miohn*)	municipio
ri	(*ri*)	aldea
seoul teukbyeolsi	(*soh-ul tuh-biohl-shi*)	ciudad de Seúl (ejemplo)
si	(*shi*)	ciudad

Los coreanos **sijak** (*shi-chak*; empezar) por lo más grande y de ahí van hacia lo más pequeño, así que, si quieres ser específico y hablar sobre la ciudad de la que eres, primero deberías decir el país. Por ejemplo:

> **jeoneun supeine inneun santiagoeseo waseoyo** (*choh-nuhn s-pei-ne in-nuhn san-ti-a-go-e-soh ua-soh-io*; Soy de Santiago, en España).
>
> **jeoneun (país) e inneun (ciudad) eseo waseoyo** [*choh-nuhn* (país)-e *in-nuhn* (ciudad)-*e-soh ua-soh-io*; Soy de (ciudad), en (país)].

Si hablas de un sitio que no está en Corea, usa el nombre tal y como lo dices normalmente.

Si hablas de una ciudad o distrito en Corea, da el nombre del lugar mayor y luego el del menor. Por ejemplo, puedes decir "**gangnamgu** (*gang-nam-gu*; distrito de Gangnam), **sinsadong** (*shin-sa-dong*; barrio de Sinsa)", pero no al revés.

Si no sabes dónde está una ciudad, puedes preguntar "¿Dónde está ese lugar?". Fíjate en la diferencia entre **geogi** (*goh-gi*; eso), **geugot** (*guh-got*; ese lugar), **yeogi** (*ioh-gi*; esto) y **igot** (*i-got*; este lugar):

geogiga eodi iseoyo? (*goh-gi-ga oh-di i-soh-io?*; ¿Dónde está eso?).

geugosi eodieyo? (*guh-go-shi oh-di-e-io?*; ¿Dónde está ese lugar?).

yeogiga eodieyo? (*ioh-gi-ga oh-di-e-io?*; ¿Dónde está esto?).

igosi eodieyo (*i-go-shi oh-di-e-io?*; ¿Dónde está este lugar?).

La respuesta a estas preguntas siempre contiene **iseoyo** (*i-soh-io*; existir).

(lugar) e iseoyo [(lugar) *e i-soh-io*; Está en (lugar)].

Por ejemplo, puedes decir:

new york<u>i</u> boston <u>wie</u> iseoyo (*Niu io-ruk-i bo-su-ton wi-e i-soh-io*; Nueva York está encima de Boston).

Santiagog<u>a</u> Galicia<u>e</u> iseoyo (san-ti-a-go- *ga gal-li-shi-ae i-soh-io*; Santiago está en Galicia).

Recuerda que **-i** y **-ga** son partículas de sujeto y que debes añadir **i** tras el nombre de un lugar si este acaba en consonante y **ga** si acaba en vocal (en este caso, Boston acaba en consonante, pero Santiago acaba en vocal).

La tabla 4-3 contiene una lista de lugares y direcciones habituales.

TABLA 4-3 **Lugares y direcciones**

Coreano	*Pronunciación*	Español
bukjjok	(*buk-cchok*)	norte
dongjjok	(*dong-cchok*)	este
gakkai	(*gak-kai*)	cerca
geuncheo	(*guhn-tsoh*)	en las proximidades de
meolli	(*mohl-li*)	lejos
mit, area	(*mit*), (*a-re-a*), intercambiables	debajo de

Coreano	*Pronunciación*	Español
namjjok	(*nam-cchok*)	sur
seojjok	(*soh-cchok*)	oeste
wi	(*wi*)	encima de
yeop	(*iohp*)	junto a

Hablar sobre dónde vives

El lugar del que eres no tiene por qué ser el mismo que el lugar en el que vives, así que, si quieres preguntar a una persona dónde vive, puedes usar esta frase:

> **eodiseo saseyo?** (*oh-di-soh sa-se-io?*; ¿Dónde vives?).

Las respuestas a la pregunta "¿Dónde vives?" deberían parecerse a:

> **jeoneun (lugar) eseo sarayo** [*choh-nuhn* (lugar) *e-soh sa-ra-io*; Vivo en (lugar)].

También puedes responder a este tipo de preguntas con:

> **sigoreseo sarayo** (*shi-go-re-soh sa-ra-io*; Vivo en el campo).
>
> **sinaeeseo sarayo** (*shin-ne-soh sa-ra-io*; Vivo en la ciudad).
>
> **apateueseo sarayo** (*a-pa-tuh-e-soh sa-ra-io*; Vivo en un apartamento).

¿Y si conoces a alguien que está en la ciudad o en el país durante un tiempo por negocios? Si quieres preguntarle dónde está viviendo en este momento, puedes añadir **jigeum** (*chi-guhm*; ahora) delante de **eodiseo** (*oh-di-soh*; dónde).

Otras preguntas que podrías hacer son:

> **jusoga eodieyo?** (*chu-so-ga oh-di-e-io?*; ¿Cuál es tu dirección?).
>
> **jibi eodieyo?** (*chib-i oh-di-e-io?*; ¿Dónde está tu casa?).
>
> **jeonhwabeonhoga mwoeyo?** (*chohn-jua-bohn-jo-ga muo-e-io?*; ¿Cuál es tu número de teléfono?).

Hablar sobre etnias y ciudadanías

Hay gente que ha nacido en un país, pero tiene la **simingwon** (*shi-min-guon*; ciudadanía) de otro, por lo que decir que eres de tal país podría no ser suficiente para explicar quién eres. Te voy a enseñar otras expresiones sobre este tema.

En coreano, preguntarle a alguien por su nacionalidad puede ser un poco ambiguo, porque implica una sensación de etnicidad o de pertenencia a aquello con lo que te identificas. Y, aunque en coreano existe la palabra explícita **injong** (*in-chong*; raza), la gente sencillamente usa alguna de estas formas:

eodieseo waseoyo? (*oh-di-e-soh gua-soh-io?*; ¿De dónde eres?).

eoneunara saramieyo? (*oh-nuh-na-ra sa-ra-mi-e-io?*; ¿De qué nacionalidad eres?).

Y estas preguntas se responden:

jeoneun (lugar) eseo waseoyo [*choh-nuhn* (lugar) *e-soh gua-soh-io*; Soy de (lugar)].

jeoneun (nacionalidad) saramieyo (*chon-nuhn* (nacionalidad) *sa-ra-mi-e-io*; Soy (nacionalidad)].

CONSEJO

Este tipo de preguntas pueden tener dos clases de respuesta: 1) Puedes querer decir que eres del lugar donde naciste; 2) o que te sientes como si fueses de tal lugar, como cuando John F. Kennedy dijo que era de Berlín, en su famoso discurso de 1963. A muchos coreanos que viven en Estados Unidos les suelen preguntar "¿De dónde eres?", y los coreanos de segunda generación, nacidos en Estados Unidos, responden, por ejemplo, "Soy de Boston", o "Soy americano", pero entonces les suelen decir: "Me refiero a de dónde eres tú (o tus padres) originariamente". Podrías encontrarte con situaciones parecidas en Corea.

Supongamos que, al presentaros, la otra persona te dice que es coreana y quieres decirle que tú también lo eres. Puedes hacerlo sustituyendo el **neun** de **jeoneun** por **do** (*do*; también).

jeo<u>do</u> (lugar) eseo waseoyo [*choh-<u>do</u>* (lugar) *e-soh gua-seo-io*; Yo también soy de (lugar)].

jeo<u>do</u> (nacionalidad) saramieyo [*choh-<u>do</u>* (nacionalidad) *sa-ra-mi-e-io*; Yo también soy (nacionalidad)].

Hablando se entiende la gente

ESCUCHA

Grace está perdida por Seúl y le pregunta a Sung Jin dónde puede encontrar la estación de tren.

Grace: (con un mapa en las manos) **sillyehamnida, jeo jom doajusilsu iseuseyo?**
Shil-le-jam-ni-da, choh chom do-a-chu-shil-su-i-suh-se-io?
Disculpe, ¿podría ayudarme, por favor?

Sung Jin: **a, gireul ireo beorisyeotgunyo.**
A, gi-ruhl i-roh-boh-ris-ioht-gu-ño.
Ah, estás perdida.

Grace: **ye, gichayeogeul chatgo iseoyo.**
ie, gi-tsa-ioh-guhl tsat-go i-soh-io.
Sí, estoy buscando una estación de tren.

Sung Jin: **eotteon gichayeogeul chajeuseyo?**
oht-tohn gi-tsa-ioh-guhl tsa-chuh-se-io?
¿Qué estación de tren estás buscando?

Grace: **seoul yeogeul chatgo iseoyo.**
soh-ul io-guhl tsat-go i-soh-io.
Estoy buscando la estación de Seúl.

Sung Jin: **bukjjogeuro 15bunman gasimyeon doeyo.**
Buk-ccho-guh-ro shi-bo-bun-man ga-shi-mion doe-io.
Ve en dirección norte durante unos 15 minutos.

Grace: (haciendo una reverencia) **jeongmal gamsahamnida.**
chohng-mal gam-sa-jam-ni-da.
Muchas gracias.

Sung Jin: (haciendo una reverencia) **cheonmanhaeyo.**
chohn-man-je-io.
De nada.

Palabras para recordar

agi	*a-gi*	bebé
chatgo iseoyo	*tsat-go i-soh-io*	buscando
gichayeok	*gi-tsa-iok*	estación de tren
gyeongchalseo	*giong-tsal-soh*	comisaría
hotel	*jo-tel*	hotel
hwajangsil	*jua-chang-shil*	lavabo
injong	*in-chong*	carrera
ireobeorisyeotgunyo	*i-roh-boh-ri-yoht-gu-ño*	Estás perdido/a.
jeoncheoryeok	*chohn-tsoh-riohk*	metro
jeongmal	*chohng-mal*	de verdad
jeonhwabeonho	*chohng-jua-bohn-jo*	número de teléfono
juso	*chu-so*	dirección
nara	*na-ra*	país

El tiempo, las estaciones y demás

Hablar sobre el **nalssi** (*nal-shi*; tiempo) es un clásico de este tipo de charlas informales y, cuando acabas de conocer a alguien, puede que te pregunte acerca del tiempo en tu país (ve a la tabla 4-4 si quieres encontrar algunas ideas sobre qué decir acerca del tiempo). En esta sección trabajaremos algunas expresiones sobre el tiempo, para después **yeongyeol** (*iohn-giohl*; relacionarlas) en una conversación sobre el tiempo en tu lugar de procedencia. Para preguntar acerca del tiempo en general se dice:

nalssiga eottaeyo? (*nal-shi-ga oht-te-io?*; ¿Qué tiempo hace?).

A esta pregunta le puedes añadir **oneul** (*o-nuhl*; hoy), **naeil** (*ne-il*; mañana), **achim** (*a-tsim*; por la mañana), **jeonyeok** (*chohn-iok*; por la tarde) o **bam** (*bam*; por la noche). Por ejemplo: **oneul achim nalssiga**

eottaeyo? (*o-nuhl a-tsim nal-shi-ga ot-te-io?*; ¿Qué tiempo hace esta mañana?).

Y puedes responder a la pregunta con:

nalssiga (adjetivo) [*nal-shi-ga* (adjetivo); El tiempo es (adjetivo)].

Al final de esta oración puedes poner cualquiera de los adjetivos relacionados con el tiempo.

Por ejemplo:

nalssiga chuwoyo (*nal-shi-ga tsu-wo-io*; Hace frío; literalmente, "El tiempo es frío").

oneul jeonyeok nalssiga joayo (*o-nuhl chohn-iok nal-shi-ga cho-a-io*; Hace buen tiempo esta tarde; literalmente, "El tiempo esta tarde es bueno").

TABLA 4-4 ¿Qué tiempo hace?

Coreano	*Pronunciación*	Español
anjoayo	(*an-cho-a-io*)	No hace bueno.
chuwoyo	(*tsu-wo-io*)	frío
deowoyo	(*doh-wo-io*)	caluroso
geonjohaeyo	(*gohn-cho-je-io*)	seco
heuryeoyo	(*juh-rio-io*)	nublado
joayo	(*choa-io*)	bueno
malgayo	(*mal-ga-io*)	despejado
mudeowoyo	(*mu-doh-wo-io*)	caluroso y húmedo
nappayo	(*nap-pa-io*)	malo
seonseonhaeyo	(*sohn-sohn-je-io*)	refresca
seupaeyo	(*suh-pe-io*)	húmedo
siwonhaeyo	(*shi-won-je-io*)	fresco
ttatteutaeyo	(*ta-tuht-e-io*)	cálido

Si quieres hablar de precipitaciones, tienes que decir (tipo de precipitación) **i/ga** (dependiendo de si acaba en vocal o en consonante)

wayo (*wa-io*; llegar), o (tipo de precipitación) **i/ga naeryeoyo** (*i/ga ne-rio-io*; caer). **Wayo** y **naeryeoyo** son intercambiables, cualquiera es correcta. A los nombres de las precipitaciones les he añadido los correspondientes marcadores de sujeto, **i/ga** para hacerlo más cómodo (ve a la tabla 4-5 para ver más palabras relacionadas con el tiempo y las estaciones).

bi (*bi*; lluvia) o **biga** (*bi-ga*; lluvia).

nun (*nun*; nieve) o **nuni** (*nu-ni*; nieve).

ubak (*u-bak*; granizo) o **ubagi** (*u-ba-gi*; granizo).

Usando estas palabras, puedes decir cosas como: **biga wayo** (*bi-ga wa-io*; Está lloviendo) o **nuni naeryeoyo** (*nu-ni ne-rio-io*; Está nevando).

TABLA 4-5 **Estaciones y meses**

Coreano	*Pronunciación*	Español
bom	(*bom*)	primavera
yeoreum	(*ioh-ruhm*)	verano
gaeul	(*ga-uhl*)	otoño
gyeoul	(*gioh-ul*)	invierno
irwol	(*il-uol*)	enero
iwol	(*i-uol*)	febrero
samwol	(*sam-uol*)	marzo
sawol	(*sa-uol*)	abril
owol	(*o-uol*)	mayo
yuwol	(*iu-uol*)	junio
chirwol	(*tsil-uol*)	julio
parwol	(*pal-uol*)	agosto
guwol	(*gu-uol*)	septiembre
siwol	(*shi-uol*)	octubre
sibirwol	(*shi-bil-uol*)	noviembre
sibiwol	(*shi-bi-uol*)	diciembre

Probablemente te hayas dado cuenta de que todos los nombres de los meses acaban con la palabra **wol** (*uol*; mes); pues bien, en cada mes, esta palabra va precedida de un número sino-coreano, como **il** (*il*; uno), **i** (*i*; dos), **sam** (*sam*; tres) y así sucesivamente. Por tanto, lo que estás diciendo es, literalmente, "mes uno", "mes dos", "mes tres", etc. Fácil de recordar, ¿no?

RECUERDA

Los números sino-coreanos se combinan para indicar números de más de una cifra. Por ejemplo, **sibil** (*shi-bil*; once; literalmente, "diez uno"), **sibi** (*shi-bi*; doce; literalmente, "diez dos"), etc. Otro ejemplo podría ser **isipgu** (*i-ship-gu*; veintinueve; literalmente, "dos diez nueve"). Ve al capítulo 2 si buscas más información acerca de los números en coreano.

Volviendo al tema del tiempo, podemos explicar el que hace en nuestro lugar de procedencia comparándolo con el del lugar en el que estamos actualmente. Para eso, en coreano podríamos usar **biseuthada** (*bi-suh-ta-da*; parecido a aquí) o **deo deopda** (*doh dohp-da*; más caluroso que aquí). Por ejemplo: **nassilga yeogihago biseuthaeyo** (*nal-shi-ga io-gi-ja-go bi-suh-te-io*; El tiempo es parecido al de aquí).

Si quieres comparar dos cosas, usa la partícula **boda** (*bo-da*; que/comparado con). Se trata de una partícula muy peculiar, porque funciona de forma algo diferente a nuestro *que*. Cuando se usa al principio de una frase, se traduce como 'comparado con'. Fíjate en la diferencia en estos dos ejemplos:

> **virginiaboda hangugi deoweoyo** (*Virginia-bo-da jan-gu-gi do-uo-io*; Comparada con Virginia, Corea es más calurosa).
>
> **hangugi virginiaboda deoweoyo** (*jang-gu-gi Virginia-bo-da do-uo-io*; Corea es más calurosa que Virginia).

Sobre oficios y trabajos

Otro tema de conversación habitual es el **jigeop** (*chi-gohp*; trabajo): si quieres preguntar a alguien cómo se gana la vida, puedes empezar con esta pregunta:

> **museun ireul haseyo?** (*mu-suhn i-ruhl je-se-io?*; ¿A qué te dedicas?; literalmente, "¿Qué trabajo haces?").

La respuesta es muy sencilla:

> **jeoneun (oficio) eyo** [*choh-nuhn* (oficio) *e-io*; Soy (oficio)].

No tienes más que utilizar el nombre de tu oficio, como los que aparecen en la tabla 4-6.

TABLA 4-6 Oficios

Coreano	*Pronunciación*	Español
byeonhosa	*(bion-ho-sa)*	abogado/a
daehaksaeng	*(de-jak-seng)*	estudiante de universidad
daehakwonsaeng	*(de-ja-guon-seng)*	estudiante de posgrado
gija	*(gi-cha)*	periodista
gijang	*(gi-chang)*	piloto
godeunghaksaeng	*(go-duhng-jak-seng)*	estudiante de bachillerato
gongmuwon	*(gong-mu-guon)*	funcionario/a
gunin	*(gu-nin)*	soldado
gyosu	*(gyo-su)*	profesor/a
haksaeng	*(jak-seng)*	estudiante
hoegyesa	*(joe-ge-sa)*	contable
jakga	*(chak-ga)*	escritor/a
jubu	*(chu-bu)*	ama de casa
keonseolteonteu	*(khon-sohl-tohnt)*	consultor/a
mujik	*(mu-chik)*	parado/a
oegyogwan	*(ue-gio-guan)*	diplomático/a
peurogeuraemeo	*(puh-ro-gra-moh)*	programador/a
pyeounjipja	*(piohn-chip-cha)*	editor/a
seonsaeng	*(sohn-seng)*	maestro/a
seungmuwon	*(suhng-mu-guon)*	asistente de vuelo
uisa	*(wi-sa)*	médico
weiteo	*(uei-toh)*	camarero/a
yeonguwon	*(iohn-gu-guon)*	investigador/a
yorisa	*(yo-ri-sa)*	cocinero/a

Si quieres preguntar dónde trabaja una persona, puedes usar esta pregunta:

> **eodieseo ilhaseyo?** (*oh-di-e-soh il-je-se-io?*; ¿Dónde trabajas?).

La respuesta debería ser algo parecido a esto:

> **jeoneun (lugar/compañía/etc.) eseo ilhaeyo** [*choh-nuhn* (lugar/compañía/etc.) *e-soh il-je-io*; Trabajo en/para (lugar/compañía/etcétera)].

Fíjate en que **eseo** (*e-soh*) puede significar 'en' o 'para' cuando se usa en este contexto. Un ejemplo podría ser: **jeoneun seoul daehakgyoeseo ilhaeyo** (*choh-nuhn soh-ul de-hak-gio-e-soh il-je-io*; Trabajo en/para la Universidad Nacional de Seúl).

En la lista anterior hemos visto la palabra **haksaeng** (*jak-seng*; estudiante), pero, si quieres ser más específico y decirle a la gente dónde estudias, qué estudias o en qué curso estás, sigue leyendo.

Para saber dónde estudia otra persona, puedes preguntar:

> **eodieseo gongbuhaseyo?** (*oh-di-e-soh gong-bu-ha-se-io?*; ¿Dónde estudias?).

La respuesta será algo como:

> **jeoneun (universidad/colegio/etc.) eseo gongbuhaeyo** [*choh-nuhn* (universidad/colegio/etc.) *e-soh gong-bu-je-io*; Estudio en (universidad/colegio/etcétera)].

Si le quieres preguntar a alguien qué estudia, puedes usar:

> **museun gongbu hasaeyo?** (*mu-suhn gong-bu ha-se-io?*; ¿Qué estudias?).

Y la respuesta será algo como:

> **jeoneun (materia/carrera/etc.) gongbu haeyo** [*choh-nuhn* (materia/carrera/etc.) *gong-bu je-io*; Estudio (materia/carrera/etcétera)].

La tabla 4-7 contiene una lista de los grados o asignaturas que podrías estar estudiando.

TABLA 4-7 **Áreas de estudio**

Coreano	*Pronunciación*	Español
beopak	(*boh-pak*)	Derecho
cheolhak	(*tsohl-jak*)	Filosofía
gyeongjehak	(*giong-che-jak*)	Economía
gyeongyeonghak	(*gyong-yeong-jak*)	Dirección de empresas
illyuhak	(*il-liu-jak*)	Antropología
keompyuteo gonghak	(*kohm-piu-toh gong-jak*)	Informática
misulhak	(*mi-sul-jak*)	Historia del arte
mullihak	(*mul-li-jak*)	Física
munhak	(*mun-jak*)	Literatura
sahak	(*sa-jak*)	Historia
sahoehak	(*sa-hue-jak*)	Sociología
suhak	(*su-jak*)	Matemáticas
uihak	(*wi-jak*)	Medicina

Si quieres preguntar a alguien en qué curso de **hakgyo** (*jak-gio*; escuela) está, puedes usar:

> **myeot hangnyeoniseyo?** (*miot jang-ñon-i-se-io?*; ¿En qué curso estás?).

La respuesta debería ser algo como:

> **jeoneun (número de curso) hangnyeonieyo** [*chohn-nuhn* (número de curso) *jang-ñohn-i-e-io*; Estoy en (número de curso)].

Para hablar de los cursos escolares se usan números sino-coreanos. Consulta el capítulo 2 si necesitas más información acerca de cómo se cuenta en coreano. Desde primaria hasta la universidad, se usa el **hangyeon** (*jang-ñohn*; año) que llevas en esa institución. Aquí tienes algunos ejemplos:

> **jeoneun chodeunghakgyo sa hangnyeonieyo** (*choh-nuhn tso-du-hng-jak-gyo sa jang-ñoh-ni-e-io*; Estoy en cuarto año de primaria).

jeoneun junghakgyo i hangnyeonieyo (*choh-nuhn chung-jak-gyo i jang-ñoh-ni-e-io*; Estoy en segundo año de secundaria).

jeoneun godeunghakgyo sam hangnyeonieyo (*choh-nuhn go-duhng-jak-gyo sam jang-ñoh-ni-e-io*; Estoy en tercer año de bachillerato).

jeoneun daehakgyo il hangnyeonieyo (*choh-nuhn de-jak-gyo il jang-ñoh-ni-e-io*; Estoy en primer año de universidad).

CULTURA GENERAL

En Corea, los grupos de edad se incluyen en diferentes niveles de estudios, que serían más o menos equivalentes a primaria, secundaria y bachillerato. Primero hay seis años de **chodeunghakgyo** (*tso-duhng-jak-gio*; primaria; cursos de 1.º a 6.º), luego tres años de **junghakgyo** (*chung-jak-gio*; secundaria; cursos de 7.º a 9.º), después tres años de **godeunghakgyo** (*go-deung-jak-gio*; bachillerato; cursos de 10.º a 12.º) y, finalmente, cuatro años de **daehakgyo** (*de-jak-gio*; universidad). Así, si alguien te dice que está en su segundo año de secundaria, significa que está en 8.º curso, si está en tercer año de bachillerato, está en el 12.º curso y así sucesivamente.

hakbu (*jak-bu*; grado)

seoksagwajeong (*sohk-sa-gua-chohng*; máster)

baksagwajeong (*bak-sa-gua-chohng*; doctorado)

Puedes decir:

jeoneun hakbu il haknyeonieyo (*choh-nuhn jak-bu il jak-ño-ni-e-io*; Estoy en el primer año del grado).

jeoneun seoksagwajeong i haknyeonieyo (*choh-nuhn sohk-sa-gua-chohng i jak-ño-ni-e-io*; Estoy en el segundo año del máster).

jeoneun baksagwajeong sam haknyeonieyo (*choh-nuhn bak-sa-gua-chohng sam jak-ño-ni-e-io*; Estoy en el tercer año del doctorado).

CLASES DE PREPARACIÓN Y REFUERZO

En Corea hay muchas academias que imparten clases de preparación o de refuerzo. Después del colegio, muchos estudiantes coreanos van a estas academias a aprender sobre todo Matemáticas, Coreano e Inglés, las tres materias en las que suelen centrarse habitualmente. También hay clases de refuerzo o tutores privados para Ciencias sociales, Física, Química, Biología, Cálculo y otras materias. Las academias suelen contar con autobuses que pasan por casa de los estudiantes para recogerlos y llevarlos de vuelta, así que sus padres no tienen que acompañarlos. Los estudiantes coreanos suelen regresar a casa cuando ya ha anochecido, especialmente los estudiantes de **godeunghakgyo** (*go-duhng-jak-gio*; bachillerato), que suelen volver, tras muchas clases de refuerzo, hacia las once de la noche.

Describir a los miembros de tu familia

El uso de términos relativos al **chinjok** (*tsin-chok*; parentesco) es una parte fascinante de la **munhwa** (*mun-jua*; cultura) coreana, puesto que es muy **jungyohan** (*chun-gio-jan*; importante). Los coreanos tienen un montón de **daneo** (*dan-o*; vocabulario) para designar a los miembros de la familia, y muchas de esas palabras ni siquiera existen en español. Además, algunas de ellas tienen reglas que tampoco compartimos en español, como cuando a veces se elige una palabra dependiendo del **seongbyeol** (*sohng-biol*; género) propio o de si la persona de la que hablas es de tu familia o de la de otro. La tabla 4-8 incluye algunas palabras para la familia cercana, con las que es más difícil que te equivoques.

TABLA 4-8 **Miembros de la familia**

Coreano	Pronunciación	Español
gomo	*(go-mo)*	tía paterna (hermana de tu padre)
imo	*(i-mo)*	tía materna (hermana de tu madre)
hyeongje	*(jiohng-che)*	hermanos
janyeo	*(cha-ñoh)*	hijos
ttal	*(tal)*	hija
abeoji	*(a-boh-chi)*	padre
sonnyeo	*(son-ñoh)*	nieta
chinharabeoji	*(tsin-ja-ra-boh-chi)*	abuelo paterno
oeharabeoji	*(oe-ja-ra-boh-chi)*	abuelo materno
chinhalmeoni	*(tsin-jal-moh-ni)*	abuela paterna
oehalmeoni	*(oe-jal-moh-ni)*	abuela materna
jobumonim	*(cho-bu-mo-nim)*	abuelos
sonja	*(son-cha)*	nieto
nampyeon	*(nam-piohn)*	marido
bakkatyangban	*(bakk-at-iang-ban)*	marido (cuando una mujer se refiere a su marido; literalmente, "persona de fuera")
eomeoni	*(oh-moh-ni)*	madre
hyeong	*(jyeong)*	hermano mayor (usado solo por hombres)
oppa	*(op-pa)*	hermano mayor (usado solo por mujeres)
nuna	*(nu-na)*	hermana mayor (usado solo por hombres)
eonni	*(ohn-ni)*	hermana mayor (usado solo por mujeres)
bumonim	*(bu-mo-nim)*	padres
jamae	*(cha-me)*	hermanas
adeul	*(a-duhl)*	hijo
samchon	*(sam-tson)*	tío paterno (hermano de tu padre)
oesamchon	*(oe-sam-tson)*	tío materno (hermano de tu madre)
namdongsaeng	*(nam-dong-seng)*	hermano pequeño
dongsaeng	*(dong-seng)*	hermano pequeño (sea chico o chica)
yeodongsaeng	*(ioh-dong-seng)*	hermana pequeña

CULTURA GENERAL

En Corea, aunque no tengas una relación de parentesco, si ves a una persona mayor deberías llamarla **harabeoji** (*ja-ra-boh-chi*; abuelo) o **halmeoni** (*jal-moh-ni*; abuela). De la misma forma, hay muchos coreanos que usan **imo** (*i-mo*; tía materna) para las amigas de sus madres.

Ahora veremos algunas expresiones relacionadas con la familia, empezando por "¿Tienes (parentesco)?", que puede preguntarse de dos formas en coreano.

Una de ellas se usa si preguntas por gente de mayor edad que la persona con la que hablas, como padres, tíos o abuelos:

> **(parentesco) kkaeseo gyeseyo?** [(parentesco) *ke-soh ge-se-io?*; ¿Tienes (parentesco)?].
>
> **bumonimkkaeseo gyeseyo?** (*bu-mo-nim-ke-soh ge-se-io?*; ¿Tienes padres?).

La otra forma es para preguntar por personas de la misma generación o más jóvenes que la persona con la que hablas, como hermanos o hijos:

> **(parentesco) i/ga iseoyo?** [(parentesco) *i/ga i-soh-io?*; ¿Tienes? (parentesco)].
>
> **eonniga iseoyo?** [*ohn-ni-ga i-soh-io?*; ¿Tienes hermana mayor?; solo si hablas con una mujer, porque la palabra **eonni** (*ohn-ni*; hermana mayor) solo la usan las mujeres].

Las respuestas a la pregunta sobre los padres o abuelos serán más o menos así:

> **ye, bumonimi gyeseyo** (*ie, bu-mo-ni-mi ge-se-io*; Sí, tengo padres).
>
> **aniyo, bumonimi <u>an</u>gyeseyo** (*a-ni-o, bu-mon-ni-mi <u>an</u>-ge-se-io*; No, no tengo padres).

Y las respuestas a la pregunta sobre los hermanos o hijos serán algo así:

> **ye, eonniga itseoyo** (*ie, ohn-ni-ga i-soh-io*; Sí, tengo una hermana mayor).
>
> **aniyo, eonniga eobseoyo** (*a-ni-o, ohn-ni-ga ohb-soh-io*; No, no tengo ninguna hermana mayor).

Hablando se entiende la gente

ESCUCHA

Hong Ser queda para salir con Matt y le pregunta acerca de su familia.

Hong Ser: **hyeongje jamaega iseoyo?**
jiohng-che cha-me-ga i-soh-io?
¿Tienes hermanos o hermanas?

Matt: **ne, hyeongi han myeong.**
ne, jiohn-gi jan miohng.
Sí, tengo un hermano mayor.

Hong Ser: **hyeongnimeun myeot sarieyo?**
jiohng-ni-muhn mio-sa-ri-e-io?
¿Qué edad tiene tu hermano mayor?

Matt: **hyeongeun 32 sarieyo.**
jiohng-uhn sam-shi-bi-sa-ri-e-io.
Mi hermano mayor tiene treinta y dos años.

Hong Ser: **bumonimeun mwohaseyo?**
bu-mo-ni-muhn muo-ja-se-io?
¿Qué hacen tus padres?

Matt: **bumonimeun seonsaengnimiseyo.**
bu-mo-ni-muhn sohn-sen-ñi-mi-se-io.
Mis padres son maestros.

Hong Ser: **a, geuraeyo cham jaldoenneyo.**
a,guh-re-io tsam chal-doen-ne-io.
Ah, eso es genial.

Palabras para recordar

cham	*tsam*	realmente
deiteu	*dei-tuh*	cita
jeonyeok	*choh-ñohk*	cena
jeorang sagwillaeyo?	*cho-rang sa-wil-le-io?*	¿Quieres salir conmigo?
mwohasaeyo?	*Muo-ja-se-io?*	¿Qué haces/hacen?

Intercambiar información de contacto

Dar y recibir información de contacto es importante si quieres mantenerte en contacto con alguien. Podrías necesitar su **imeil juso** (*i-me-il chu-so*; dirección de *e-mail*), su **jeonhwabeonho** (*chohn-jua-bohn-jo*; número de teléfono), su **paekseubeonho** (*pfek-suh-bohn-jo*; número de fax) o su **juso** (*chu-so*; dirección). Y si crees que esa persona podría formar parte de tu vida social o profesional, asegúrate de darle tu **myeongham** (*miohng-jam*; tarjeta de visita). En coreano, cuando acabas de conocer a una persona y le pides información de contacto, tienes que hacerlo con el nivel educado formal, pero, si lo haces con alguien que ya conocías, basta con el educado informal.

Educado formal: **yeollakcheoga eotteoke doesimnikka?** (*iohl-lak-tsoh-ga oht-toh-ke doe-shim-ni-ka?*; ¿Cuál es su información de contacto?). Puedes sustituir **yeollakcheo** (*iohl-lak-tsoh-ga*; información de contacto) por **jeonhwabeonho** (*chohn-jua-bon-ho*; número de teléfono) o cualquier otra forma de contacto concreta.

Educado informal: **yeollakcheoga eotteoke dwaeyo?** (*iohl-lak-tsoh-ga oht-to-ke dua-io?*; ¿Cuáles son tus datos de contacto?).

Educado formal: **hoksi myeongham hanjang iseumnikka?** (*hok-shi mionhg-jam jan-chang i-suhm-ni-ka?*; ¿Tiene tarjeta de visita?).

Educado informal: **hoksi myeongham hanjang iseoyo?** (*hok-shi mionhg-jam jan-chang i-soh-io?*; ¿Tienes tarjeta de visita?).

Algunas de las respuestas a estas preguntas podrían incluir:

Educado formal: **je myeonghamimnida** (*che miohng-ja-mim-ni-da*; Aquí tiene mi tarjeta de visita).

Educado informal: **je myeonghamieyo** (*che miohng-ja-mi-e-io*; Aquí tienes mi tarjeta de visita).

Educado formal: **kkok yeollakhaejusipsio** (*kok iohl-lak-je-chu-ship-shi-o*; Por favor, contácteme).

Educado informal: **kkok yeollakhaejuseyo** (*kok iohl-lak-je-chu-se-io*; Por favor, contáctame).

Educado formal: **kkok yeollakhagetseumnida** (*kok iohl-lak-ja-ge-sum-ni-da*; Le contactaré sin falta).

Educado informal: **kkok yeollakhalkkaeyo** (*kok iohl-lak-jal-ke-io*; Te contactaré sin falta).

Usa las respuestas con nivel educado formal si acabas de conocer a la otra persona. El educado informal puede usarse en las demás ocasiones.

El coreano formal es adecuado en situaciones profesionales, pero, para una conversación en una fiesta o en un bar, resulta demasiado serio, así que, si quieres pedirle a alguien su número de teléfono o e-mail en estos sitios, mejor usa alguna de estas frases a nivel informal:

yeollakcheoga mwoeyo? (*iohl-lak-tsoh-ga muo-e-io?*; ¿Cuál es tu información de contacto?).

imeil jusoga mwoeyo? (*i-me-il chu-so-ga muo-e-io?*; ¿Cuál es tu dirección de e-mail?).

jeonhwabeonhoga mwoeyo? (*chohn-jua-bohn-jo-ga muo-e-io?*; ¿Cuál es tu número de teléfono?).

kkok yeollakhaeyo (*kok iohl-lak-je-io*; Contáctame, por favor).

Juegos y ejercicios divertidos

Completa los espacios con el equivalente en coreano o en español, según corresponda. Puedes mirar el Apéndice C para comprobar si tus respuestas son correctas.

1. Hermana mayor (para una mujer)

   ____

2. Hermano menor

   ____

3. Abuelo materno

   ____

4. Tía paterna

   ____

5. **Oppa**

   ____

6. **Eomoni**

   ____

7. **Samchon**

   ____

8. **Yeodongsaeng**

   ____

EN ESTE CAPÍTULO

- Descubrirás comida coreana
- Practicarás buenos modales en la mesa
- Pedirás comida y conversarás en un restaurante

Capítulo 5
Comer y beber

La gastronomía, la historia y las tradiciones coreanas son muy antiguas, anteriores a la refrigeración y a la electricidad. Explorar una cultura a través de su tradición gastronómica es una estupenda y deliciosa manera de conocerla . Todo el mundo puede encontrar algo que comer en una mesa coreana, ya que la variedad de su comida va de verduras frescas mezcladas con aceite de sésamo, salsa de soja y vinagre a —para los prudentes— sabrosas carnes a la parrilla envueltas en vegetales o —para los valientes— pulpitos bañados en pasta de guindilla.

Este capítulo trata de la experiencia culinaria coreana y de cómo difiere de la occidental. Además, te ayudará a comunicarte cuando tengas hambre o sed o bien, cuando te sientes a comer, te enseñará buenos modales en la mesa, a pedir en un restaurante, a comprar comida y los protocolos que debes respetar al comer o beber. Por otra parte, algunas recetas coreanas pueden elaborarse con productos disponibles en la mayoría de las tiendas de alimentación.

¡Al ataque, a comer!

La variedad de acompañamientos proporcionan a cada comida coreana un sutil contraste como experiencia gastronómica. La principal diferencia está, obviamente, en el plato principal, que varía y es compartido por todo el mundo en la mesa. Con independencia de cómo se disponga la mesa, encontrarás muchos motivos para hablar sobre comida, y las secciones que vienen a continuación te enseñarán a decir a los demás que tienes hambre y a usar diferentes palabras y frases relacionadas con la cocina, así como los modales que deberías cuidar en la mesa.

Hablemos de las comidas

La palabra coreana para *comida* es **bap** (*bap*; comida, arroz). En un sentido amplio, significa sencillamente 'alimento', pero los coreanos habitualmente usan **bap** para referirse a un bol de arroz hervido. Cuando te sientas a comer, cada comensal recibe uno de estos boles de arroz, y entonces comparten entre todos un montón de platos de acompañamiento, lo que potencia el sentido de comunidad y familia. Estos platos de acompañamiento se conocen genéricamente como **banchan** (*ban-tsan*), y la variedad de los mismos forma la inacabable diversidad de una mesa coreana. La comida en sí, es decir, el **bap** y los **banchan**, recibe también el nombre de **bap**.

El verbo *comer* es **meokda** (*mohk-da*), y la frase **bap meogeoseoyo?** (*bap moh-goh-soh-io?*; ¿Has comido comida?) es un saludo habitual entre amigos y familiares. Si quieres preguntar a alguien si quiere comer contigo, deberás decir **jeorang gachi bap meogeullaeyo?** (*choh-rang ga-tsi bap moh-guhl-le-io?*; ¿Quieres comer conmigo?).

Otro verbo que también significa 'comer' es **deusida** (*duh-shi-da*), que suele utilizase con una variante más formal de la palabra *comida* **jinji** (*chin-chi*). Así, puedes usar la oración **jinji deuseyo** (*chin-chi duh-se-io*; Por favor, coma su comida) con alguna persona importante, o con tus mayores, para pedirles que coman. Además, si les quieres preguntar si ya han comido, puedes usar la frase **jinji deusyeoseoyo?** (*chin-chi duh-shoh-soh-io?*; ¿Ha comido?).

Otras veces, nos referimos a la comida según el momento del día. Así, encontramos **achim** (*a-tsim*; mañana, desayuno), **jeomsim** (*cho-hm-shim*; almuerzo) y **jeonyeok** (*choh-ñok*; noche, cena), y podemos usarlas para sustituir a **bap** en las frases que ya hemos visto. Por ejemplo, **achim meogeotseoyo?** (*a-chim moh-goh-soh-io?*; ¿Has desayunado?), **jeomsim deusyeosseoyo?** (*chohm-shim duh-sho-soh-io?*; ¿Ha almorzado?) o **jeonyeok deuseyo** (*choh-ñok duh-se-io*; Vamos a cenar).

CONSEJO

Otra palabra para *comida* aún más respetuosa, es **siksa** (*shik-sa*; comida), que se usa en situaciones formales, como cuando te diriges a tus mayores o a gente que no conoces. Así, **siksa hasyeosseoyo?** (*shik-sa ja-shoh-soh-io?;* ¿Ha comido?) es una forma más educada de decir "¿Has comido?". Suele usarse cuando se lo preguntas a tus padres, suegros, profesores o compañeros de trabajo. De la misma forma, **siksa haseoyo** (*shik-sa ja-soh-io*; Por favor, coma) es la manera adecuada de pedir que coma a alguna de estas personas.

Mata el gusanillo

Si **gopayo** (*go-pha-io*) significa 'ansiar' o 'anhelar', entonces **bae gopayo** (*be go-pha-io*) significa 'Tengo hambre'. Cuidado, porque, en este caso, la inflexión puede cambiar el significado de la frase, es decir, si dices **bae gopayo?** (*be go-pha-io?*) con entonación de pregunta, estás diciendo "¿Tienes hambre?", pero si dices **bae gopayo** (*be go-pha-io*), dices que eres tú quien tiene hambre. Por otro lado, si dices **bae gopuseyo?** (*be go-phu-se-io?*), preguntas lo mismo de una forma respetuosa.

Preguntarle a una persona si ha comido o no es más que un simple saludo en Corea: demuestra consideración hacia los demás y es una cualidad muy apreciada por los coreanos. Recuerda la frase **siksa hasyeosseoyo?** (*sik-sa ja-shoh-soh-io?*; ¿Ha comido?), pues te será de mucha utilidad si quieres que una persona coreana te lleve a comer.

Tu **mok** (*mok*) es tu 'cuello' o 'garganta' y **mallayo** (*mal-la-io*) significa 'seco'. Cuando las combinas, **mok mallayo** (*mok-mal-la-io*), y dices literalmente que "tu cuello está seco", lo que realmente estás indicando es "Tengo sed".

Añadamos que, en coreano, tu **bae** (*be*) es tu estómago y podremos hacer distintas combinaciones muy útiles para sugerir que queremos ir a comer algo. Por ejemplo, podrías decir **bae gopayo, bap meogeureo gayo** (*be go-pha-io, bap moho-guh-re-o ga-io*; Tengo hambre, vamos a comer). Una variación más formal sería **bae gopayo, siksa hareo gasijyo** (*be go-pha-io, shik-sa ha-re-o ga-shi-cho*; Tengo hambre, vamos a comer).

CULTURA GENERAL

Unje (*un-che*) significa 'en algún momento', **hanbeon** (*jam-bohn*) significa 'una vez', **hapsida** (*jap-shi-da*) significa 'vamos a' y **gachi**

(*ga-tsi*) es 'juntos'. Con todo esto y **siksa**, podemos formar la oración **unje hanbeon gachi siksa habsida!** (*un-je jam-bohn ga-tsi shik-sa jap-shi-da!*), que literalmente significaría algo así como '¡Vamos a comer juntos algún día!'. En un uso informal del coreano, es una expresión utilizada para estar en contacto con tus conocidos sin comprometerte a nada concreto. Si eliminamos **unje**, **hanbeon** y **gachi**, la frase **siksa hapsida** (*shik-sa jap-shi-da*) se convierte en una petición.

Sentados a la mesa

Lo primero que te llamará la atención de una mesa coreana es que estará un poco abarrotada. Tendrás un bol de arroz delante de ti, posiblemente otro pequeño bol con sopa y un par de palillos y una cuchara a tu derecha. Alrededor de tus boles de arroz y sopa tendrás todos estos platitos con verduras variadas, carnes y huevos que llamamos **banchan** (*ban-chan*; platos de acompañamiento). Un **banchan** básico de la cocina coreana es el **gimchi** (*gim-tsi*), col encurtida; de hecho, para la mayoría de los coreanos, es inconcebible una comida sin **gimchi**.

Si vas a un restaurante coreano con un amigo, cada uno tendréis vuestro bol de arroz y de sopa, y los platos principales, rodeados de los acompañamientos, estarán dispuestos en el centro, para compartir. Es diferente a lo que se suele hacer en Occidente, donde cada uno tiene su comida y come solo de su plato. Esta costumbre de compartir comida y mezclar utensilios podría quitar las ganas de comer a algunos occidentales demasiado preocupados por los gérmenes.

En las casas coreanas, sin embargo, toda la familia comparte las comidas a diario, e incluso en restaurantes occidentales podrás ver a coreanos compartiendo comidas, intercambiando la mitad de sus platos, porque compartir la comida es importante en la cultura culinaria coreana.

CULTURA GENERAL

Sutgarak (*sut-ga-rak*), **sutgal** (*sut-gal*) y **sujeo** (*su-choh*) significan 'cuchara' y **jeotgarak** (*choht-ga-rak*) significa 'palillos'. Estos dos utensilios son todo lo que necesitarás para comer comida coreana, pero, si no estás acostumbrado a usar palillos, no tengas reparos en pedir cuchillo y tenedor; en la mayoría de los restaurantes estarán encantados de traértelos.

En la tabla 5-1 he incluido vocabulario para que te familiarices con varios términos coreanos utilizados en la cocina.

TABLA 5-1 Términos culinarios

Coreano	*Pronunciación*	Español
beurokeolli	(*buh-ro-kohl-li*)	brócoli
chamgireum	(*tsam-gi-ruhm*)	aceite de sésamo
dakgogi	(*dak-go-gi*)	pollo
danggeun	(*dang-guhn*)	zanahoria
dubu	(*du-bu*)	tofu
dwaejigogi	(*doe-chi-go-gi*)	cerdo
gamja	(*gam-cha*)	patata
gogi	(*go-gi*)	carne
gonggi	(*gong-gi*)	bol
gyeran	(*ge-ran*)	huevo
huchu	(*ju-tsu*)	pimienta negra
jaengban	(*cheng-ban*)	bandeja
jeopshi	(*chohp-shi*)	plato
keop	(*gohp*)	vaso
mandu	(*man-du*)	empanadilla
maneul	(*ma-nuhl*)	ajo
orenji	(*o-ren-chi*)	naranja
pa	(*pha*)	cebolleta
pija	(*pi-cha*)	*pizza*
ppang	(*ppang*)	pan
saelleodeu	(*sel-le-duh*)	ensalada
saendeuwichi	(*sen-dwi-tsi*)	sándwich
saengseon	(*seng-sohn*)	pescado
sagwa	(*sa-gwa*)	manzana
seoltang	(*sohl-thang*)	azúcar
seupageti	(*suh-pha-ge-thi*)	espaguetis
seuteikeu	(*suh-tei-kuh*)	bistec

Coreano	*Pronunciación*	Español
sikcho	(*shik-tso*)	vinagre
sogeum	(*so-guhm*)	sal
sogogi	(*so-go-gi*)	ternera
subak	(*su-bak*)	sandía
tomato	(*to-ma-to*)	tomate
yangbaechu	(*yang-be-tsu*)	col
yangpa	(*iang-pha*)	cebolla

En la cocina coreana no hay mucha diferencia entre el desayuno, el almuerzo y la cena, y casi todos los coreanos comen un bol de arroz en cada una de estas tres comidas. La diferencia está en que el desayuno suele ser algo ligero, la sopa es solo un caldo y quizás haya algo de pescado. El almuerzo es más contundente, con gran variedad de opciones, y la cena suele consistir en un plato principal de pescado o de carne. Para muchos coreanos, es difícil resistirse a ir a tomar algo con los compañeros de trabajo al acabar la jornada laboral y, durante estas cenas, suele aparecer el licor en la mesa. Es una buena forma de construir relaciones entre los compañeros (ve a la sección "Beber al estilo coreano", más adelante en este capítulo, si buscas más información acerca de beber alcohol).

Buenos modales en la mesa

Debido a su historia y a su contexto confuciano, honrar a los mayores es una parte importante de la cultura coreana, lo que se puede apreciar incluso en los hábitos relacionados con comer. De hecho, en Corea, los siguientes gestos y costumbres demostrarán a la gente con la que comes que te has tomado la molestia de aprender la etiqueta adecuada y los dejarás impresionados.

- Nunca hay que coger la cuchara hasta que no lo haga la persona de mayor edad de la mesa.
- No hables alto ni hagas ruidos sorbiendo o masticando.
- Cuando acabes, debes poner la cuchara y los palillos en su sitio, no dejarlos en el bol.
- No debes levantarte de la mesa antes de que los demás acaben de comer.

» Antes de comer, debes dar las gracias al anfitrión diciendo **jal meokgetseumnida** (*chal moh-ge-suhm-ni-da*; Comeré bien).

» Después de comer, se acostumbra a felicitar al cocinero o al anfitrión, a menudo diciendo **jal meogeotseumnida** (*chal moh-goh-suhm-ni-da*; He comido bien).

» Siempre debes ofrecerte a servir la bebida a los mayores, y hacerlo con la mano derecha. La mano izquierda debe estar bajo la muñeca derecha.

» Cuando otra persona te sirve una bebida, debes adoptar la misma postura, aguantando el vaso con la mano derecha y sujetando esa muñeca con la mano izquierda; además, debes bajar ligeramente la cabeza.

Sobre la cocina coreana

CULTURA GENERAL

Como el país está en una península, en Corea se come mucho marisco. Aunque sus ingredientes principales son el arroz y las verduras, también se disfruta con moderación de carnes, aves y pescados, cocinados con verduras de temporada. La historia culinaria coreana es anterior al uso de la electricidad y la refrigeración, así que, si alguna vez viajas por las zonas rurales de Corea, todavía podrías ver cómo se guardaba la comida antes de la llegada de la electricidad. Delante de muchas casas de estas zonas se pueden ver filas de anchas vasijas de cerámica sobre unos soportes muy bonitos y bien ventilados. Estas vasijas contienen de todo: salsa de soja, pasta de pimiento picante, pasta de judías de soja, diferentes tipos de **gimchi** o, normalmente en la más ancha, arroz.

Platos populares

No se puede hablar de la cocina coreana sin mencionar el **gimchi**, y el motivo es el siguiente: aunque el término se suele usar para describir el **tongbaechu gimchi** (*dong-be-tsu gim-tsi*; *kimchi* de col china), la realidad es que el **gimchi** se prepara con muchos vegetales distintos y varía en cada región. Por ejemplo, para el **chonggak gimchi** (*tsong-gak gim-tsi*; *kimchi* de nabo), se usa una fermentación parecida, pero con pequeños nabos en lugar de col. Otros tipos de **gimchi** son el **oi sobaegi** (*o-i-so-be-gi*; *kimchi* de pepino), el **baek gimchi** (*bek gim-tsi*; *kimchi* blanco, sin copos de guindilla), el **mul gimchi** (*mul-gim-tsi*; *kimchi* de agua, con un caldo refrescante), el **dongchimi** (*dong-tsi-mi*;

kimchi de rábano), el **bossam gimchi** (*bo-sam-gim-tsi*; *kimchi* envuelto) o el **kkakdugi** (*kak-du-gi*; *kimchi* de dados de rábano), y solo estamos nombrando algunos. Popularmente, se le asocian propiedades curativas: se cree que ayuda a hacer la digestión e incluso hay quien cree que previene ciertos tipos de cáncer. El **gimchi**, igual que la **doenjang** (*doen-chang*; pasta de judías de soja), la **ganjang** (*gan-chang*; salsa de soja) y la **gochujang** (*go-tsu-chang*; pasta de pimiento rojo), se guarda en vasijas o jarras de cerámica para que la col pueda fermentar y respirar a través de la jarra, además de para mantener alejados a los insectos.

CULTURA GENERAL

Estas vasijas de cerámica en las que se guardan el **gimchi** y otras comidas y salsas ayudan al proceso de fermentación natural de la comida, ya que mantienen una temperatura constante y absorben toxinas inocuas para el ser humano. Para mantener las vasijas a una temperatura constante, suelen guardarse en cuevas o arroyos durante el verano y enterrarse durante el invierno para que no se congelen. A veces hacen falta meses o años para que el contenido de las vasijas se cure adecuadamente, y cuidarlas requiere muchas horas de dedicación. De hecho, los secretos de cocina —como los métodos de conservación de la comida— se transmiten de generación en generación. El espíritu de la cultura coreana está integrado en el **gimchi**, y el cuidado y la devoción necesarios para elaborar este sabroso plato son la encarnación del alma de Corea. Incluso en las ciudades, muchas familias tienen una **gimchi naengjanggo** (*gim-tsi-neng-chang-go*), una nevera especial para conservar el **gimchi** casero en los pisos.

Pero dejemos ya el **gimchi**... ¡Hay muchas más cosas que probar en la cocina coreana, aparte de vegetales encurtidos! Otro plato muy popular en Corea es la **bulgogi** (*bul-go-gi*; ternera marinada), que literalmente significa 'carne de fuego'. Normalmente son tiras de ternera marinadas en varias salsas y hechas a la parrilla sobre una llama viva. También están el **dwaeji bulgogi** (*doe-chi bul-go-gi*; cerdo marinado) y el **dak bulgogi** (*dak bul-go-gi*; pollo marinado). El adobo es diferente según el tipo de carne. El que se usa con el cerdo y el pollo suele ser un poco más picante, mientras que el de la versión tradicional, el de ternera, es dulce y sabroso.

A los coreanos también les van mucho las sopas, que normalmente son de uno de estos dos tipos:

» **guk** (*gui*; sopa): Suele ser ligera y con caldo muy claro.

» **jjigye** (*cchi-ge*; estofado): Una sopa rica y de sabor fuerte, más espesa y consistente.

No es habitual que ambos tipos de sopa estén a la vez en una mesa, e incluso se sirven de forma diferente: la **guk** va en un bol pequeño, junto al bol de arroz, y el **jjigye** va en un bol grande que se coloca en el centro de la mesa y se comparte entre todos. Además, te doy un pequeño truco para diferenciarlos: si ves que la gente se echa cucharadas de sopa en su bol de arroz, es probable que sea **jjigye**, mientras que si ves que alguien vuelca su bol de arroz en la sopa, seguramente es **guk**.

A tiempo para comer

Cuando quedes a una hora para comer, se considera de mala educación llegar tarde, especialmente si la otra persona es mayor que tú, porque se espera que tú ya estés en el lugar desde antes para darle la bienvenida cuando llegue. De hecho, se considera de buena educación llegar antes de tiempo, sin importar tu edad. Si cuando llegues la otra persona ya está allí, puedes decir **oraetdongan gidarisyeosseoyo?** (*o-re-ton-gan gi-da-ri-shoh-soh-io?*; ¿Has esperado mucho?), a lo que normalmente te responderán **aniyo, onji eolma andoeyo** (*a-ni-o, on-chi ohl-ma-na an-doe-io*; No, acabo de llegar), incluso aunque lleven ahí un rato. También puedes decir **neujeoseo joesonghaeyo** (*neuh-choh-soh choe-song-je-io*; Siento llegar tarde) y acompañarlo de una reverencia, si llegas tarde. Pero deberías llegar a tiempo a cada cita, porque la puntualidad es señal de consideración hacia los demás, por lo que es muy apreciada entre los coreanos.

Adjetivos para lo que te gusta y lo que no

¿Te gusta lo que estás comiendo? Pues, si quieres decírselo a alguien, echa un vistazo a la tabla 5-2.

TABLA 5-2 Adjetivos para la comida

Coreano	*Pronunciación*	Español
aju	(*a-chu*)	muy
mat	(*mat*)	sabor
darayo	(*da-ra-io*)	dulce
aju darayo	(*a-ju- da-ra-io*)	muy dulce

Coreano	*Pronunciación*	Español
aju mat iseoyo	*(a-ju mat i-soh-io)*	sabroso
eopseoyo	*(ohp-soh-io)*	No hay/no tengo...
iseoyo	*(i-soh-io)*	Hay/tengo...
jjayo	*(ccha-io)*	salado
mat eopseoyo	*(mad ohp-soh-io)*	insípido
neomu	*(noh-mu)*	realmente
neomu jjayo	*(noh-mu ccha-io)*	muy salado
syeoyo	*(shoh-io)*	ácido

Comer fuera de casa

La mentalidad de servicio en la restauración coreana es insuperable. Puedes llamar a los camareros solo mirándoles, pero también puedes decir **yeogiyo** (*yoh-gi-io*; aquí) o **sillye hamnida** (*shil-le-jam-ni-da*; disculpe). **Jumun badajuseyo** (*chu-mun ba-da-chu-se-io*) significa 'Por favor, tome nota' o 'Estamos listos para pedir', y **gyesan haejuseyo** (*ge-san-je-chu-se-io*) quiere decir 'La cuenta, por favor'.

Las siguientes secciones te ofrecen la información necesaria para apañártelas en restaurantes coreanos.

¿Qué hay en la carta?

En la mayoría de los restaurantes hay una versión en inglés de la carta, pero, si solo está en coreano, no dudes en preguntar a tu acompañante o a los camareros y estarán encantados de ayudarte. Recuerda que, en la comida coreana, no hay primer y segundo plato, sino que es un proceso continuo que empieza con el plato principal y termina con una fruta o una bebida dulce. Se considera de mala educación dejarse arroz en el bol, así que procura terminártelo. Quizá sea buena idea echar un vistazo por el restaurante para ver qué comen en las otras mesas y, si te atreves, siempre puedes señalar a una de ellas y decir **jeogeo juseyo** (*choh-goh chu-se-io*; Dame eso/Eso, por favor) o **jeobuni deusineungeo juseyo** (*choh-bu-ni duh-shi-nuhn-go chu-se-io*; Tomaré lo mismo que esa persona).

Puede que te sientas perdido al mirar la carta en un restaurante coreano, porque todo suena un poco extraño, pero no temas hacer preguntas. Los coreanos suelen estar muy orgullosos de su comida y sus recetas, así que no tendrán problema en explicarte con detalle lo que quieras saber sobre la comida que vas a pedir. Si eres un poco curioso y atrevido, seguro que encuentran algo que te guste. Por ejemplo, puedes preguntar al camarero, mientras señalas algún plato de la carta, **igeoneun eottaeyo?** (*i-goh-nuhn oht-te-io?*; ¿Qué tal esto?), o **eotteon eumsigi masiseoyo?** (*oht-tohn uhm-shi-gi ma-shi-soh-io?*; ¿Qué comida está buena aquí?).

Pedir en un restaurante

La palabra **juseyo** (*chu-se-io*) significa algo así como 'Por favor, dame', así que puedes usarla para pedir todo tipo de cosas, no solo en un restaurante. Para empezar, podrías decir **mul hanjanman juseyo** (*mul jan-chan-man-chu-se-io*; Por favor, dame un vaso de agua) o **bap hangongi deo juseyo** (*bap jan-gon-gi doh chu-se-io*; Por favor, dame otro bol de arroz). En la tabla 5-3 tienes otras palabras que podrías necesitar en un restaurante.

TABLA 5-3 **Palabras en un restaurante**

Coreano	*Pronunciación*	Español
bap	(*bap*)	arroz
deo	(*doh*)	más cantidad
gongi y **geureut**	(*gon-gi*) y (*guh-ruht*)	bol o recipiente
han para **hangongi** y **hangeureut**	(*jan*)	un/o/a
juseyo	(*chu-se-io*)	Por favor, dame/trae...
jusillaeyo?	(*¿chu-shil-le-io?*)	¿Podrías darme/ traerme...?

Hay muchas otras cosas que podrías querer cuando estés en un restaurante coreano, para lo cual podrías decir, por ejemplo, **keopi hanjanman jusillaeyo?** (*kho-phi jan-chang-man chu-shil-le-io?*; ¿Podrías darme una taza de café?), o **yeogi banchan jom deo juseyo** (*ioh-gi ban-tsan chom doh chu-se-io*; Por favor, trae más platos de acompañamiento). Una forma sencilla de pedir cosas es **igeo jusillaeyo?** (*i-goh chu-sil-le-io?*; ¿Me das esto, por favor?) o **jeogeot jom deo ju-**

sillaeyo? (*choh-goht chom doh chu-shil-le-io?*; ¿Puedes darme un poco más de esto, por favor?).

Cuando te traigan lo que hayas pedido, siempre deberías decir **gamsahamnida** (*gam-sa-jam-ni-da*; gracias), pero también puedes dar las gracias diciendo **gomapseumnida** (*go-map-suhm-ni-da*), pues ambas formas son correctas, aunque **gamsahamnida** es más formal.

RECUERDA

En la cultura coreana, fumar delante de una persona mayor antes de que ella haya empezado a hacerlo se considera un gran error. Si esa persona no fuma, tú tampoco deberías hacerlo en su presencia, y, si lo hace, deberías esperar a que se haya encendido su cigarrillo, y no fumar de cara a ella, asegurándote de que tu humo no vaya en su dirección. Obviamente, echar el humo a la cara de otra persona se considera de mala educación en cualquier cultura, pero es especialmente irrespetuoso si se lo haces a una persona mayor en Corea.

Pedir comida en un puesto callejero

Las calles de Corea están llenas de estos pequeños tenderetes callejeros en los que se vende de todo, desde *snacks* de arroz inflado a *ramen*, pastelillos dulces o cualquier tipo de comida que se te ocurra. A veces se los llama **pojang macha** (*bo-chang ma-tsa*), que significa 'carreta cubierta', y muchos están abiertos hasta tarde, así que la gente los visita al salir de un bar o un club a altas horas de la noche. Normalmente son bastante específicos en cuanto a lo que venden y no hay mucho donde elegir: un **pojang macha** puede estar especializado en *ramen* o en pasteles de arroz. Como son tan pequeños, no suelen tener mucha variedad de menú, solo uno o dos tipos de comida. Dependiendo de lo que te apetezca en cada momento, puedes buscar un **pojang macha** que sirva lo que quieras. Normalmente están aparcados unos al lado de otros, así que no tendrás que caminar demasiado para encontrar lo que buscas.

Cuando llegues al que quieres, normalmente te encontrarás con un banco largo y una mesa enfrente del dueño. Solo tienes que pedir lo que te apetezca, añadiendo **juseyo**, y estarán encantados de servírtelo. Por ejemplo, **tteokbokgi juseyo** (*tohk-bog-gi chu-se-io*; Por favor, dame pasteles de arroz con salsa de pimiento rojo) o **odeng juseyo** (*o-deng chu-se-io*; Por favor, dame pastelillos de pescado). Recuerda darle las gracias al dueño cuando te sirva la comida, y también decir **jal meogeotseumnida** (*chal moh-goh-suhm-ni-da*; He comido bien) cuando termines. Al finalizar este gratificante tentempié nocturno, puedes decir **gyesan haejuseyo** (*ge-san je-chu-se-io*; La cuenta, por favor), y el dueño te dirá cuánto tienes que pagar.

Cuando te vayas del puesto, o de cualquier restaurante, puedes decir **annyeonghi gyeseyo** (*an-ñohn-gi-ge-se-io*; ¡Adiós!; literalmente, "Quedad en paz") o **sugo haseyo** (*su-go-ja-se-io*; ¡Que tenga un buen día!; literalmente, "Que trabajéis bien"); ambas son formas correctas de despedirte al irte de un sitio.

La primera se puede usar con cualquier persona cuando te marchas, mientras que la segunda se le suele decir a gente que está trabajando, como los camareros, el cocinero, el dueño del restaurante, etc.; de hecho, también la puedes usar con peluqueros, sastres, abogados o quien sea que esté trabajando. Seguramente te respondan diciendo **annyeonghi gaseyo** (*an-ñon-gi ga-se-io*; ¡Adiós!; literalmente, "Ve en paz").

Hablando se entiende la gente

James y Peter se encuentran por la calle y deciden ir a comer algo.

James: **piteo ssi! oraenmanieyo!**
pi-toh-shi! o-ren-ma-ni-e-io!
¡Peter! ¡Cuánto tiempo sin vernos!

Peter: **jeimseu ssi! jal iseoseoyo?**
chei-muh-shii! chal i-soh-soh-io?
¡James! ¿Todo bien?

James: **ne, ne, siksa hasyeoseoyo?**
ne, ne, shik-sa ja-shoh-soh-io?
Sí, sí. ¿Has comido?

Peter: **aniyo, ajik an meogeoseoyo. gachi siksa halleyo?**
a-ni-o, a-chik, an-moh-goh-soh-io. ga-tsi shik-sa hal-le-io?
No, aún no he comido. ¿Comemos juntos?

James: **joayo, eodiro gasillaeyo? jungguk sikdang? miguk eumsik?**
cho-a-io, oh-di-ro ga-shil-le-io? chung-guk shik-dang? mi-guk-uhm-shik?
Vale. ¿Adónde vamos? ¿A un restaurante chino? ¿Comida americana?

Peter:	**miguk sigdangeuro gayo, yeogi geuncheoe manninneun daega iseoyo.**	
	mi-guk shik-dang-uh-ro ga-io, ioh-gi guhn-tsoh-e man-ni-nuhn de-ga i-soh-io.	
	Vamos a un restaurante americano, hay uno bueno aquí cerca.	
James:	**hanguk eumsigeun eottaeyo? yeogi geunchoe bulgogi jipi hana inneundae, mannitge jalhaeyo.**	
	jan-guk uhm-shik oh-te-io? loh-gi guhn-tsoh bul-go-goi chi-pi ja-na in-nuhn-de man-nit-ke chal-je-io.	
	¿Y qué tal comida coreana? Hay un sitio de *bulgogi* cerca, son muy buenos.	
Peter:	**joayo! gasijyo!**	
	cho-a-io! ga-shi-cho!	
	¡Vale! ¡Vamos!	

Palabras para recordar

ajik	*a-chik*	aún no
bulgogijip	*bul-go-gi-chip*	restaurante de *bulgogi*
gachi	*ga-chi*	juntos
geuncheo	*guhn-choh*	cercano
jal iseoseoyo	*chal i-soh-soh-io*	¿Todo bien?
jeotgarak, jeotgal	*choht-ga-rak, choht-gal*	palillos
kal	*khal*	cuchillo
maseobneun	*ma-dob-suhn*	no sabroso
masitneun	*ma-shi-nuhn*	bueno, sabroso
miguk sikdang	*mi-guk-shik-dang*	restaurante americano
oraenmanineyo	*o-ren-ma-ni-e-io*	¡Cuánto tiempo sin vernos!
pokeu	*pho-kuh*	tenedor
sikdang	*shik-dang*	restaurante
siksa	*shik-sa*	comida
sutgarak, sutgal, sujeo	*sut-ga-rak, sut-gal, su-choh*	cuchara

Conversaciones con los camareros

Una pregunta muy útil cuando pides en un restaurante coreano podría ser **ige mwoeyo?** (*i-ge muo-e-io?*; ¿Qué es esto?), mientras señalas algún plato de la carta. La mayoría de las veces el camarero te explicará qué ingredientes lleva y cómo está preparado. Hay más preguntas útiles, como **igeoneunyo?** (*i-goh-nuh-ño?*; ¿Qué tal este?), **yeogi mwoga masisseoyo?** (*ioh-gi muo-ga ma-shi-soh-io?*; ¿Qué comida está buena aquí?) o **yeogi jeonmuni mwoeyo?** (*ioh-gi chohn-mu-ni, muo-e-io?*; ¿Cuál es la especialidad de aquí?). También puede que el camarero te pregunte **mwo deusillaeyo?** (*muo du-shil-le-io?*; ¿Qué quiere usted comer?) o **jumun hasillaeyo?** (*chu-mun ha-shil-le-io?*; ¿Está listo para pedir?).

Muchos coreanos estarán encantados con recomendarte algún plato, pero siempre deberías saber con antelación qué vas a comer y preguntar qué lleva antes de zambullirte en una experiencia gastronómica desconocida. Podrías salir del restaurante con la lengua ardiendo por el picante o mirando un plato lleno de pescado crudo y preguntándote qué has hecho mal.

Si necesitas ir al lavabo

La palabra coreana para baño o lavabo es **hwajangsil** (*jua-chang-shil*. **eodieyo?** (*oh-di-io?*) o **eodi iseoyo?** (*oh-di i-soh-io?*) son dos variantes de la pregunta "¿Dónde está (lugar)?". Así que, si quieres preguntar por el lavabo, solo tienes que decir **hwajangsiri eodieyo?** (*jua-chang-shil oh-di-io?*). Por supuesto, nunca deberías acercarte a un extraño y soltarle "¿Dónde está el lavabo?", así que es mejor empezar diciendo **sillyehamnida** (*shil-le-jam-ni-da*), "Disculpe". En resumen, debes decir **sillyehamnida, hwajangsiri eodi iseoyo?** (*shil-le-jam-ni-da, jua-chang-shil oh-di i-soh-io?*; Disculpe, ¿dónde está el lavabo?). Esta pregunta puede hacerse en cualquier sitio público en el que haya lavabos, no solo en restaurantes. Recuerda decir **gamsahamnida** (*gam-sa-jam-ni-da*; gracias) cuando te indiquen el camino.

La cuenta del restaurante

CULTURA GENERAL

Si vas con alguien, deberías ofrecerte a pagar la cuenta, aunque normalmente te encontrarás con una feroz resistencia. Invitar a los demás no solo demuestra tu generosidad, también supondrá un avance en tu relación con esa persona, porque la siguiente vez seguramente sea ella quien invite. Así pues, pagar la comida de otra persona te garantiza la continuidad de esa relación, porque se sentirá en deuda con tu generosidad e intentará devolverte el gesto.

La frase que debes decir para pedir la cuenta es **yeogi gyesan haejuseyo** (*ioh-gi ge-san je-chu-se-io*; Oiga, la cuenta por favor) o **yeogi eolmaeyo?** (*ioh-gi ¿ohl-ma-ioh?*; Oiga, ¿cuánto es?). Los coreanos suelen usar la palabra **yeogi** (*ioh-gi*; aquí) para llamar la atención sobre sí mismos.

Beber al estilo coreano

Cuando un amigo te ofrezca ir de bares, a una discoteca o cuando estés pasando el rato con un compañero del trabajo, habrá situaciones en la que haya bebidas alcohólicas de por medio. Habitualmente, los coreanos levantan sus vasos y dicen **geonbae** (*gohm-be*) para brindar. Recuerda estos trucos relacionados con la etiqueta en esos momentos:

» Lo normal es que los jóvenes sirvan la bebida a los mayores.

» Hay normas para servir la bebida. Si eres el más joven, coge la botella con la mano derecha mientras te sujetas la muñeca de esa mano con la izquierda.

» El más joven no debe beber hasta que empiece a hacerlo el de mayor edad. Normalmente gira la cabeza para beber y sujeta el vaso con las dos manos.

Los coreanos no tendrán en cuenta los errores de etiqueta si eres extranjero, ya que no esperan que sepas lo que hay que hacer, pero entre coreanos suelen seguirse estas normas. Así que, si las sigues, impresionarás a los coreanos con los que estés tomando algo y supondrá un gran paso para consolidar tu relación con ellos.

TABLA 5-4 Bebidas

Coreano	*Pronunciación*	Español
bodeuka	(*bo-d-ka*)	vodka
cha	(*tsa*)	té
insamcha	(*in-sam-tsa*)	té de *ginseng*
juseu	(*chu-suh*)	zumo
keopi	(*kho-phi*)	café
maekju	(*mek-chu*)	cerveza
mul	(*mul*)	agua
nokcha	(*nok-tsa*)	té verde
orenji juseu	(*o-ren-chi chu-suh*)	zumo de naranja
sagwa juseu	(*sa-gua chu-suh*)	zumo de manzana
soju	(*so-chu*)	vino de arroz destilado coreano
sul	(*sul*)	bebida alcohólica
uyu	(*u-yu*)	leche
wain	(*ua-in*)	vino
wiseuki	(*ui-suh-ki*)	*whisky*
yangju	(*yang-chu*)	bebidas alcohólicas extranjeras en general (*whisky*, vodka, etcétera.)

Juegos y ejercicios divertidos

Identifica estas frutas y verduras y escribe debajo su nombre en coreano. Puedes mirar el Apéndice C para comprobar si tus respuestas son correctas.

A. 
B. 
C. 
D. 
E. 
F. 
G. 

A. ______________________________

B. ______________________________

C. ______________________________

D. ______________________________

E. ______________________________

F. ______________________________

G. ______________________________

EN ESTE CAPÍTULO

- **Irás de tiendas**
- **Adquirirás productos**
- **Comprarás ropa y comida**
- **Identificarás gangas y regatearás**

Capítulo 6

De compras

En la duodécima economía del mundo, la República de Corea (del tamaño de Cuba), puedes encontrar todo lo que busques, o casi. Tanto si quieres productos importados como electrónica, sabores locales o todo tipo de tesoros, en Corea hay algo para cada persona. Este capítulo te ayudará a encontrar los productos que buscas, a moverte tanto por tiendas pequeñas como por grandes almacenes y a desenvolverte entre precios, colores y cantidades. Además, te enseñará a conseguir el mejor precio, si se da la situación.

En Corea del Sur encontrarás muchas áreas comerciales enfocadas a los turistas en las que hay grandes almacenes bien iluminados donde no solo se venden auténticos productos coreanos, sino que te será fácil encontrar todo tipo de mercancías occidentales. Tanto si buscas recuerdos del estilo de un par de **jangseung** (*chang-suhng*; guardianes de madera protectores de los pueblos) como un bonito **yangbok** (*yang-bok*; traje occidental), este capítulo te enseñará a elegir la mejor opción y a regatear el precio.

De tiendas

Si estás en Seúl y tienes ganas de ir de compras, hay un montón de sitios a los que podrías acercarte. En la zona de las cuatro puertas principales, encontrarás el **myeongdong** (*miohng-dong*; barrio de Myeongdong), el **dongdaemun sijang** (*dong-de-mun shi-chang*; mercado de la Puerta Este) y el **namdaemun sijang** (*nam-de-mun shi-chang*; mercado de la Puerta Sur). Las ocho puertas de Seúl son ocho puertas históricas que se encuentran en la Pared de la Fortaleza de Seúl, que rodeaba la ciudad en la Dinastía Joseon. Se construyeron originalmente entre 1396 y 1398, y actualmente solo quedan seis.

También puedes acercarte al **itaewon** (*i-te-won*; barrio de Itaewon), un distrito de compras y restaurantes muy popular entre los extranjeros, donde encontrarás gangas interesantes. Las siguientes secciones te contarán todo lo que debes saber sobre los comercios coreanos y cómo comprar en ellos.

Grandes superficies, mercados y tiendecitas

Independientemente de la provincia de Corea en la que estés, podrás encontrar una zona comercial. Los **baekhwajeom** (*be-kua-chohm*; centros comerciales) están por todas partes en las áreas urbanas y ofrecen su selección de productos de todo el mundo. Cerca de las atracciones turísticas, siempre hay algún centro comercial a pocos metros de distancia. Tanto si quieres un **hyangsu** (*jiang-su*; perfume), **hwajangpum** (*jua-chang-pum*; cosméticos), **ot** (*ot*; ropa) o **jangnangam** (*chang-nan-gam*; juguetes), los encontrarás en un **baekhwajeom**.

Aunque estas grandes superficies suelen ser los mejores lugares para encontrar lo que estés buscando, si tienes un poco de espíritu aventurero y te apetece sumergirte en el ambiente local, siempre puedes salir por la ciudad y visitar alguna pequeña **gage** (*ga-ge*; tienda). Las tienes por todos lados, con los escaparates de cara a la calle en los que muestran sus productos. Aunque la variedad es limitada por su pequeño tamaño, es más probable que puedas encontrar algo auténtico o genuinamente coreano ahí que en los grandes centros comerciales.

Si lo que te apetece es el ajetreo y bullicio de un mercado, puedes buscar un **sijang** (*shi-chang*; mercado) o un **byeoruk sijang** (*bio-ruhk shi-chang*; mercadillo). Estos últimos se montan en sitios concretos, normalmente durante el fin de semana, y suelen durar un día. En ellos, un montón de gente vende y promociona sus mercancías, y hay quien ha encontrado allí la ganga de su vida. Los **sijang** son mercados al aire libre donde se venden alimentos frescos y productos agrícolas dentro de un ambiente lleno de vida.

El bullicio de estos mercados es increíble y, busques lo que busques, desde tejidos a libros usados, desde pescado seco a utensilios de cocina, desde relojes y equipos electrónicos a ropa, siempre encontrarás un mercado para lo que tengas en mente. Si lo que buscas es una de esas gangas que se ven una vez en la vida, estos mercados son el lugar donde descubrirla y en los que encontrarás objetos de lo más inusual. Por ejemplo, **dongdaemun sijang** (*dong-de-mun shi-chang*; el mercado de la Puerta Este) es el gran bazar de Seúl. Allí hay de todo: libros, discos, herramientas, zapatos, ropa, instrumentos musicales, antigüedades, etcétera.

En general, puedes tocar los objetos que están a la venta sin que los amables vendedores se molesten por ello, y es el mejor sitio donde regatear y negociar, porque los precios varían de puesto a puesto.

CULTURA GENERAL

A los vendedores no les hará gracia que fotografíes su mercancía, y a algunos tampoco les gustará que toques sus productos, especialmente si después no los compras, pero depende de cada vendedor.

Hablando se entiende la gente

Jane y Mona van a pasar el día de compras y tienen que decidir adónde irán.

Jane: **jeo oneul sijange gayadoeyo.**
choh o-nuhl shi-chan-ge ga-ia-doe-io.
Hoy tengo que ir al mercado.

Mona: **jeoduoyo, gachi gallaeyo?**
choh-do-io, ga-tsi gal-le-io?
Yo también. ¿Vamos juntas?

Jane: **joayo, uri sijange gatdaga baekhwajeomdo gayo, jega hwajangpumi piryohaeyo.**
cho-a-io, u-ri shi-chan-ge gat-da-ga be-kua-chohm-do ga-io, che-ga jua-chang-pu-mi pi-rio-je-io.
Vale, vayamos al centro comercial después de ir al mercado, necesito algo de maquillaje.

Mona:	**geuraeyo, jeodo ot hanbeol saibeullyeoguyo.** *guh-re-io, choh-do ot jam-bohl sa-buhl-lioh-gu-io.* Hagámoslo así, quiero comprar ropa nueva.
Jane:	**ppalli gayo, sijange ppalli gaya baekhwajeome gajyo.** *pal-li ga-io, si-chang-e pal-li ga-ia be-kua-choh-me ga-cho.* Démonos prisa. Cuanto antes vayamos al mercado, antes podremos ir al centro comercial.

Palabras para recordar

baekhwajeom	*be-kua-chohm*	centro comercial
baji	*ba-chi*	pantalones
banji	*ban-chi*	anillo
boseok	*bo-sohk*	joyería
byeoruk sijang	*bioh-ruk shi-chang*	mercadillo
chaek	*tsek*	libro
chima	*tsi-ma*	falda
eumban	*uhm-ban*	disco
hanbok	*jam-bok*	ropa tradicional coreana
jangnangam	*chang-nang-man*	juguete
mokgeori	*mok-goh-ri*	collar
ot		ropa
seonmul	*sohn-mul*	regalo
sijang	*shi-chang*	mercado
sinbal	*shim-bal*	zapatos
undonghwa	*un-dong-jua*	calzado deportivo
yangbok	*yang-bok*	traje de estilo occidental

Echa un vistazo

Cuando estés en una tienda, el dueño o algún empleado vendrá a preguntarte si necesitas ayuda. En los centros comerciales suele haber alguien que habla inglés, pero en establecimientos más pequeños e incluso familiares puede que no. Habitualmente, el dueño o empleado te preguntará **mueoseul chajeuseyo?** (*mu-oh-suhl tsa-chuh-se-io?*; ¿Qué está buscando?) o **eotteoke dowadeurilkkayo?** (*oh-toh-ke do-ua-duh-ril-ka-io?*; ¿En qué puedo ayudarle?). Si solo estás echando un vistazo, di **gugyeonghareo wasseoyo** (*gu-giong-ha-roh ua-so-io*; Solo estoy mirando), y lo más probable es que te dejen seguir a lo tuyo en paz.

Si necesitas ayuda

Si necesitas ayuda, siempre puedes llamar la atención de un empleado con un sencillo **sillyehamnida** (*shil-le-jam-ni-da*; Disculpe) y preguntarle por el objeto que estás buscando con **eodi itjyo?** (*oh-di-i-cho?*) o **eodi isseoyo?** (*oh-di-i-soh-io?*): ambas significan '¿Dónde está?'. Solo tienes que añadir delante el nombre del producto que quieras, por ejemplo, si buscas juguetes, deberás decir **jangnangami eodi itjyo?** (*chang-nang-mi oh-di-i-cho?*; ¿Dónde están los juguetes?), si lo que quieres es un traje, **yangbogi eodi isseoyo?** (*yang-bon-gi oh-di i-soh-io?*), y si quieres comprar un *souvenir*, **ginyeompumi eodi isseoyo?** (*gi-ñohm-pu-mi oh-di i-soh-io*). Otra frase útil es **jeojom dowajusillaeyo?** (*choh-chom do-wa-chu-shil-le-io?*; ¿Puede ayudarme, por favor?).

Hablando se entiende la gente

ESCUCHA

Jane pide ayuda a una dependienta en un centro comercial.

Jane: **sillyehamnida, jeo jom dowajusillaeyo?**
shi-le-jam-ni-da, choh chom do-wa-chu-shil-le-io?
Disculpe, ¿puede ayudarme?

Dependienta: **ye sonnim, eotteoke dowadeurilkkayo?**
ye, son-nim, oh-toh-ke do-wa-duh-ril-ka-io?
Sí, señora (clienta), ¿en qué puedo ayudarla?

Jane: **yeoja ot hago hyangsuga eodi itjyo?**
ioh-cha ot ja-go jiang-su-ga oh-di i-cho?
¿Dónde están la ropa de mujer y los perfumes?

Dependienta:	**ye, samcheunge itseumnida.** *ye, sam-chuhn-ge i-suhm-ni-da.* Sí, están en el tercer piso.
Jane:	**gomawoyo, aideul jangnangameun eodi itjyo?** *go-ma-wo-yo, ai-duhl chang-nang-muhn oh-di i-cho?* Gracias. ¿Y dónde están los juguetes para niños?
Dependienta:	**ye, jangnangameun sacheunge itseumnida.** *ye, chang-nang-muhn sa-tsuhn-ge i-suhm-ni-da.* Sí, los juguetes están en el cuarto piso.
Jane:	**gomawoyo.** *go-ma-uo-io.* Gracias.

Palabras para recordar

sonnim	*son-nim*	cliente/invitado/a
jiha	*chi-ja*	sótano
ilcheung	*il-tsuhng*	primer piso
icheung	*i-tsuhng*	segundo piso
samcheung	*sam-chuhng*	tercer piso
sacheung	*sa-chuhng*	cuarto piso
itseumnida	*i-suhm-ni-da*	Está en...
eotteoke	*oh-to-ke*	cómo
eodi	*oh-di*	dónde

Comparar diferentes productos

Para comparar un producto con otro, tendrás que familiarizarte con algunas palabras. Por ejemplo, **ige** (*i-ge*) e **igeo** (*i-goh*) significan 'este' y **jeoge** (*choh-ge*) y **jeogeo** (*choh-goh*) significan 'ese'. Si **joayo** (*cho-a-io*) quiere decir 'bueno' o 'me gusta', al añadirle el prefijo **an-** el significado cambia a 'no bueno' o 'no me gusta': **anjoayo** (*an-cho-*

a-io). Otras dos palabras útiles podrían ser **ssada** (*sa-da*; barato, ganga) y **bissada** (*pi-sa-da*; caro).

CULTURA GENERAL

La palabra coreana para *malo* es **nappayo** (*na-pa-io*), pero nunca debería utilizarse para comparar productos. Los coreanos suelen usar **anjoayo** (*an-cho-a-io*), es decir, "no bueno" en lugar de malo. Insinuar que la mercancía de un vendedor es **nappayo** podría ser insultante, así que lo que debes hacer es decir lo que prefieres, o lo que te gustaría, y no lo que no te gusta o consideras malo.

Comparar varios productos

Cuando encuentres ese producto que te gusta entre muchos otros, puedes señalarlo y decir **igeotdeul junge, jeil joayo** (*i-goh-duhl chung-e che-il cho-a-io*; De todos esos, es el que más me gusta). Si quieres saber qué producto es el más barato entre dos que te interesen, puedes preguntar **igeorang igeo saie eotteonge deo ssayo?** (*i-goh-rang i-goh sa-i-e oh-tohn-ge doh sa-io?*; Entre este y este, ¿cuál es el más barato?), y, si ni así te decides, puedes preguntar **eotteonge deo joayo?** (*oh-tohn-ge doh cho-a-io?*; ¿Cuál es mejor?).

¡Decidido!

Cuando tengas claro lo que quieres, puedes decir **igeo hana juseyo** (*i-goh ja-na- chu-seo-io*; Por favor, deme uno de estos) o **ige jeil joayo** (*i-ge che-iel cho-a-io*; Este es el que más me gusta), porque **jeil** (*che-il*) significa 'el mejor' o 'el número uno' y **joayo** (*cho-a-io*) significa tanto 'bueno' como 'me gusta', así que, cuando expresas **jeoge jeil joayo** (*choh-ge che-il cho-a-io*), estás diciendo "Este es el que más me gusta". Cuando compres ropa, puedes utilizar las palabras **ippeoyo** (*i-poh-io*; bonito) y **meosisseoyo** (*moh-shi-soh-io*; con clase/a la moda) en lugar de **joayo**. El primero suele usarse para ropa femenina o de niños y el segundo, para cualquier tipo de ropa.

Vamos a comprar ropa

Las zonas comerciales de Corea están plagadas de tiendas de moda. La calle Rodeo Street del barrio de **mokdong** (*mok-dong*), por ejemplo, tiene más de ciento cincuenta tiendas en las que venden ropa de marcas nacionales e internacionales con descuento, mientras que la Fashion Street de **munjeongdong** (*mun-chohn-dong*) tiene más de doscientas tiendas que venden todo tipo de ropa, desde formal a deportiva. También tienes el Fashion Valley de **guro** (*gu-ro*), otra área conocida por la variedad de ropa que se puede encontrar allí. En estas zonas hay muchas tiendas orientadas al público masculino, mientras que otras se dirigen al mundo femenino o infantil. Las hay especializadas en ropa occidental y otras que solo venden ropa tradicional coreana. También puedes visitar **itaewon** (*i-te-uon*) si buscas tiendas de marcas occidentales, o los mercados **namdaemun sijang** (*nam-de-mun shi-chang*; mercado de la Puerta Sur) y **dongdaemun sijang** (*dong-de-mun shi-change*; mercado de la Puerta Este), donde encontrarás precios increíblemente asequibles. En cualquier caso, debes familiarizarte con los términos que te enseñaré en las siguientes secciones, como los relacionados con las tallas y los colores, para tener la seguridad de llevarte lo que andabas buscando.

Las tallas

Muchas tiendas de ropa formal tendrán un sastre que te tomará medidas y te hará un traje o un vestido, pero, cuando busques ropa en estantes de otro tipo de tiendas, es aconsejable conocer algunas palabras y frases que te ayuden a aclararte con las tallas. Puedes preguntar a algún dependiente **igeoboda han ssaijeu deo keungeo isseoyo?** (*i-goh-bo-da jan sai-chu doh kun-goh i-soh-io?*; ¿Tenéis alguno de una talla más grande que este?) o, si que el que tienes es demasiado grande, **igeoboda han ssaijeu deo jageungeo isseoyo?** (*i-goh-bo-da jan sa-i-chu doh cha-gun-goh i-soh-io?*; ¿Tenéis alguno de una talla más pequeña que este?).

En Corea, las unidades y tallas son muy diferentes de las españolas. Por ejemplo, para los zapatos, los coreanos usan los centímetros que mide el pie de largo, y para las partes de abajo (pantalones, faldas, etcétera), emplean la medida de la cintura. Así que te recomiendo que te midas la cintura antes de ir a comprar ropa en Corea. Aquí va una lista comparativa de tallas en varias prendas de ropa de mujer.

- Ropa interior:

  Corea: 75A/75B/80A/80B/85A/85B
  España: 90A/90B/95A/95B/100A/100B

- Partes superiores: según la talla para ropa de vestir (1) o el contorno del pecho en cm (2) para ropa deportiva:

  Corea (1): 44/55/66/77
  Corea (2): 85/90/95/100
  España (1): /34/36/38/40
  España (2): XS/S/M/L

- Partes inferiores: según la talla (1) o el contorno de la cintura en pulgadas (2):

  Corea (1): 44/55/66/77
  Corea (2): 23-24/25-26/27-29/30-32
  España: 34/36-38/38-40/40-421

- Zapatos: medida del pie en milímetros:

  Corea: 230/235/240/250/260

  España : 35,5/36/37/38/39

Preguntar por colores

Si encuentras una camisa que te gusta, pero la prefieres en color azul, puedes pedirle al dependiente **igeorang gateungeo paransaegeuro isseoyo** (*i-goh-rang ga-tuhn-goh pa-ran-se-gur-roh i-soh-io?*; ¿Tenéis la misma pero en color azul?), y si la quieres de color verde, **igeo choroksaek isseoyo?** (*i-goh tso-rok-sek i-soh-io?*; ¿Tenéis esta en verde?). En coreano, *color* se dice **saek** (*sek*), o **saekgal** (*sek-kal*), así que, si sabes qué color buscas, puedes añadirle **isseoyo?** (*i-soh-io?*; ¿Lo tienes?) y decir, por ejemplo, **norangsaek isseoyo?** (*no-rang-sek i-soh-io?*; ¿Lo tenéis en amarillo?). Echa un vistazo a la tabla 6-1 para saber cómo se dice tu color favorito en coreano.

TABLA 6-1 **Colores**

Coreano	*Pronunciación*	Español
bamsaek	*(bam-sek)*	marrón
borasaek	*(bo-ra-sek)*	morado
choroksaek	*(cho-rok-sek)*	verde
geomjeong	*(gohm-chohng)*	negro
hayansaek	*(ja-yang-sek)*	blanco
hoesaek	*(hoe-sek)*	gris
juhwangsaek	*(cho-juang-sek)*	naranja
noransaek	*(no-ran-sek)*	amarillo
parangsaek	*(pa-rang-sek)*	azul
ppalgansaek	*(pal-gan-sek)*	rojo

En el probador

Cuando te pruebes una prenda, puedes preguntar al dependiente, o a la persona con la que vayas, **eottaeyo?** (*oh-te-io?*), que significa '¿Qué tal?' o '¿Qué crees?'. Por educación, lo más probable es que te respondan, **meosisseoyo** (*moh-shi-soh-io*), que en la práctica quiere decir que te queda bien, aunque literalmente el significado es algo distinto, porque **meot** (*moht*) puede significar muchas cosas, como 'sofisticación', 'gusto' o 'clase'. Por su parte, **isseoyo** (*i-soh-io*) significa 'ser' o 'estar presente', así que, cuando alguien dice **meosisseoyo** (*moh-shi-soh-io*) quiere decir 'se te ve bien' o 'tiene estilo' etcétera.

Hablando se entiende la gente

ESCUCHA

Natalie y Kate están comprando ropa en un centro comercial.

Natalie: **yeogiyo, jeohui jom dowajuseyo.**
ioh-gi-io , choh-iwi chom do-gua chu-se-io.
Disculpe, ayúdenos, por favor.

Dependiente: **ne, mueoseul chajeuseyo?**
ne, mu-oh-suhl tsa-chuh-se-io?
Sí, ¿qué están buscando?

Kate: **yeoja bajirang chimaga eodi itjyo?**
ioh-cha ba-chi-rang tsi-ma-ga oh-di i-cho?
¿Dónde están los pantalones y faldas de mujer?

Dependiente: **ye, boyeodeurilkkaeyo? jeoreul ttaraoseyo.**
ie, bo-ioh-duh-ril-ke-io? choh-ruhl ta-ra-o-se-io.
Sí, ¿quieren que se lo enseñe? Síganme, por favor.

Natalie: (con una falda en la mano) **igeoneun eottaeyo?**
i-goh-nuhn oh-te-io?
¿Qué tal esta?

Kate: **meosisseoyo. paransaegeun innayo?**
moh-shi-soh-io. pa-ran-se-guhn in-na-io?
Es bonita. ¿La tienen en azul?

Dependiente: **ye, jamsiman gidariseyo, jega gatda deurilkkeyo.**
ie. cham-shi-man gi-da-ri-se-io, che-ga gat-da duh-ril-ke-io.
Sí, esperen aquí un momento, se la traeré.

Palabras para recordar

yeogiyo	*ioh-gi-o*	¡Oiga!/Aquí, por favor.
chajeusaeyo	*tsa-chuh-se-io*	buscar
boyeodeurilkkaeyo?	*bo-ioh-duh-ril-ke-io?*	¿Le gustaría verlo?
meosisseoyo	*moh-shi-soh-io*	quedar bien/ser bonito
jamsiman	*cham-shi-man*	un momento
gidariseyo	*gi-da-ri-se-io*	Por favor, espere.
paransaek	*pa-ran-sek*	color azul
saek	*sek*	color
boseoksang	*bo-sohk-sang*	joyería
kkotgagye	*kot-ga-ge*	floristería
supeomaket	*su-pho-ma-ket*	supermercado
yakguk	*iak-guk*	farmacia

Si buscas algo concreto

Corea es muy conocida por su industria textil, pero tiene más productos populares, como sus artículos de cuero o piel, las antigüedades y réplicas, los aparatos electrónicos, la joyería, el *ginseng*, la artesanía popular, los licores y tés tradicionales o el **gimchi** (*gim-tsi*) y otros productos de alimentación. Muchos de ellos están disponibles en tiendas *duty-free* y en centros comerciales, pero hay algunos tesoros que deberás buscar concienzudamente para encontrarlos. Hay que andarse con cuidado con las antigüedades, porque cualquier objeto de más de cincuenta años, incluyendo cofres y obras de caligrafía y alfarería, no puede sacarse del país. Así que, en caso de duda, deberías comprobarlo en la Art and Antiques Assessment Office (Oficina de Asesoramiento en Arte y Antigüedades).

Tiendas de alimentación

Si echas de menos la comida de tu país, en muchas tiendas de grandes cadenas de alimentación venden comida internacional y también hay muchos restaurantes de cocina occidental. Pero si buscas una experiencia auténticamente coreana, deberías visitar un **sijang** (*shi-chang*; mercado): allí encontrarás muchas variedades de **gimchi** dispuestas en grandes cubas y estarán encantados de que las pruebes. En las grandes tiendas de alimentación, los productos llevan una etiqueta con el precio, pero en estos mercados puedes regatear con el vendedor. A los coreanos les gustan los productos frescos, así que aquí podrás encontrar pescado vivo y verduras recién cogidas.

Siempre que no sepas el precio de un producto, puedes preguntar **igeo eolmajyo?** (*i-goh ohl-ma-cho?*) o **igeo eolmaeyo?** (*i-goh ohl-ma-e-io?*): ambas frases significan '¿Cuánto vale esto?' y las aceptan por igual. La palabra coreana para *precio* es **gagyeok** (*ga-giohk*), así que, si quieres, puedes decir **igeo gagyeogi eolmaeyo?** (*i-goh ga-gioh-gi ohl-ma-eo?*) y preguntarás "¿Cuál es el precio de este producto?".

Electrónica

Un par de buenos lugares donde encontrar equipos electrónicos de última generación son el centro comercial COEX y el Techno Mart. El primero es un enorme laberinto subterráneo de tiendas, con toda clase de instalaciones y servicios, incluidos un cine y un acuario con más de cuarenta mil peces de seiscientas especies y docenas de grandes tiburones. Techno Mart está en un edificio con un cine de once salas, salas de juegos, restaurantes y cientos de tiendas especializadas en electrónica e informática.

Antigüedades y recuerdos

Cuando hablamos de antigüedades y recuerdos, Corea es famosa por sus muñecas con espléndidos vestidos tradicionales, abanicos, máscaras de madera, delicados y coloridos bordados, patos de boda pintados, cometas, piezas lacadas con nácar y objetos de cerámica, como porcelana blanca o de color azul jade. Todos estos objetos se pueden encontrar en tiendas de regalos o en el *duty-free*. Pero si buscas algo más auténtico, deberías echar un vistazo en el mercado de antigüedades de **janghanpyeong** (*chang-jan-pyohng*), Cultural Property Artisans Hall, la tienda de la sede de la Organización de Turismo de Corea, o la tienda de artesanía de la Korea Cultural House. Muchas de estas tiendas venden productos que no pueden encontrarse en otro lugar.

Todo sobre las compras: precios, gangas, devolución...

Cuando encuentras el objeto que andabas buscando y ya sabes cuánto cuesta, puedes empezar a regatear. Como he dicho, probablemente tengas más suerte negociando el precio de un producto en uno de esos mercados al aire libre que en una tienda de un centro comercial, donde los precios suelen ser fijos. Tiene lógica, porque los tenderetes del mercado pertenecen a un único individuo y, cuando regateas allí, lo más probable es que estés hablando con el dueño. En cambio, en las grandes tiendas de los centros comerciales seguramente trates con uno de sus muchos empleados, y estos no tienen demasiado control sobre los precios de los productos. Así, si estás en un mercado, puedes empezar diciéndole al dueño **neomu bissayo** (*noh-mu bi-sa-io*; Es demasiado caro) y añadir **jom kkakkajuseyo** (*chom ka-ka-chu-seo-io*), lo que significa 'Baje un poco el precio', aunque literalmente estarás diciendo 'Aféitelo un poco'.

Una vez hayáis acordado un precio, ya puedes pagar. Si decides que no quieres el producto después de comprarlo, devuélvelo en la tienda y di **banhwan haejuseyo** (*ban-juan he-chu-se-io*; Por favor, hágame una devolución), y puedes añadir **igeo jega eoje satgeodeunyo, yeongsujeung yeogi isseoyo** (*i-goh che-ga oh-che sa-goh-duh-ño, io-hng-su-juhng ioh-gi i-soh-io*; Compré este producto ayer, aquí tiene el recibo). En tiendas de centros comerciales no deberías tener problema para que te devuelvan el dinero, pero, en los mercados al aire libre, será más complicado que encuentres a alguien que acceda a ello. Es uno de los riesgos que conlleva salir a buscar gangas: aunque puede que en estos mercados encuentres productos por un precio inferior, conseguir que te devuelvan el dinero puede ser más difícil que si hubieses comprado en una reputada tienda de un centro comercial.

Juegos y ejercicios divertidos

Relaciona los productos dibujados con el tipo de tienda en la que los encontrarías. Puedes mirar el Apéndice C para comprobar si tus respuestas son correctas.

A. 

B. 

C. 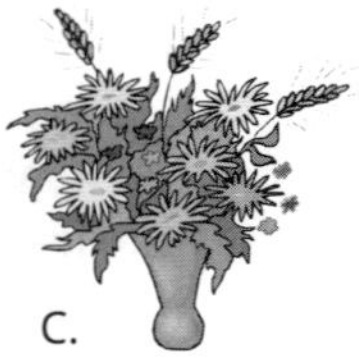

D. 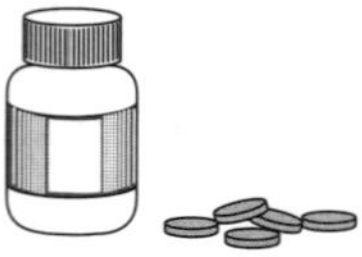

E. 

A. **kkotgagye** ______________________

B. **munbanggu** ______________________

C. **supeomaket** ______________________

D. **boseoksang** ______________________

E. **yakguk** ______________________

EN ESTE CAPÍTULO

Capítulo 7
Explorar la ciudad

En lugar de quedarte encerrado en tu hotel durante un bonito día, ¿no sería mejor salir a visitar la ciudad? ¿No preferirías ir a un **bakmulgwan** (*bang-mul-guan*; museo) y aprender acerca de la cultura y la historia de Corea o ir a ver una **yeonghwa** (*yohng-jua*; película)? Quizá te gustaría asistir a un recital de **gugag** (*gu-gak*; música tradicional coreana), **jungak** (*chun-gak*; música de la corte), **nongak** (*non-gak*; música folk) o **pansori** (*pan-so-ri*; canto narrativo). Y si quieres ir a alguno de estos espectáculos, tendrás que saber dónde y cuándo se celebrarán, claro. Así pues, necesitarás saber leer un **jido** (*chi-do*; mapa), parar un **taeksi** (*tek-shi*; taxi) o tomar un **beoseu** (*boh-suh*; bus), un **gicha** (*ki-cha*; tren) o el **jihacheol** (*chi-ja-chohl*; metro). También deberás conocer la **naljja** (*nal-ccha*; fecha) y la **sigan** (*shi-gan*; hora) para llegar a tiempo. Si echas un vistazo a las secciones de este capítulo, encontrarás todo lo necesario para concretar una cita y llegar a ella.

Fecha y hora

La palabra coreana para "día de la semana" es **yoil** (*yo-il*), y el prefijo que le añadas determina de qué día de la semana estás hablando. Así, **mogyoil** (*mo-gio-il*) significa 'jueves', **toyoil** (*to-io-il*) significa 'sábado', **woryoil** (*uo-rio-il*) significa 'lunes', etc., todos con la palabra **yoil** incluida. Por otro lado, tenemos **si** (*shi*; hora) y **boon** (*bun*; minuto). De esta forma, si alguien te pide que os encontréis en el **geukjang** (*guhk-chang*; cine) el **suyoil** (*su-yo-il*; miércoles) a las **neshi** (*ne-shi*; cuatro horas) y **sibobun** (*shi-bo-bun*; quince minutos) de la **ohoo** (*o-hu*; tarde), tendrás que estar en el teatro el miércoles a las cuatro y cuarto de la tarde. En esta sección te enseñaré a decir el día de la semana, el mes y las horas del día en coreano.

Días, semanas, meses

En coreano, *semana* se dice **ju** (*chu*), mientras que **juil** (*chu-il*) es 'día entre semana' y **jumal** (*chu-mal*) significa 'fin de semana'. La semana coreana empieza el lunes y termina el domingo, los **juil** van de lunes a viernes y **jumal** se refiere a sábado y domingo. Para los que viven esperando el fin de semana, **jumal** es el momento en que tiene lugar toda la diversión, porque son los días en los que uno va de bares o a ver una película. Puedes hablar de lo que sucedió **jeobeonju** (*choh-bohn-chu*; la semana pasada) o **jinanju** (*chi-nan-chu*; una semana que ya ha pasado), o quizá **jeobeonjumal** (*choh-bohn-chu-mal*; el pasado fin de semana) o **jinanjumal** (*chi-nan-chu-mal*; un fin de semana que ya ha pasado). También puedes hacer planes para **daeumju** (*da-uhm-chu*; la próxima semana), pero, si es un plan que no puede esperar, tendrás que ponerlo en práctica **ibeonju** (*i-bohn-chu*; esta semana). Observa la tabla 7-1 para aprenderte los días de la semana.

TABLA 7-1 **Días de la semana**

Coreano	*Pronunciación*	Español
woryoil	(*wo-rio-il*)	lunes
hwayoil	(*jua-yo-il*)	martes
suyoil	(*su-yo-il*)	miércoles
mogyoil	(*mo-gyo-il*)	jueves
geumyoil	(*guh-mio-il*)	viernes

Coreano	*Pronunciación*	Español
toyoil	*(to-io-il)*	sábado
iryoil	*(i-rio-il)*	domingo

Las horas

Cuando te hayas familiarizado con los números en coreano, decir las horas no será un problema para ti. Lo único que tienes que recordar es **si** (*shi*; hora), **boon** (*bun*; minuto) y **cho** (*cho*; segundo), y también resultaría práctico conocer **ojeon** (*o-chohn*; mañana) y **ohu** (*o-hu*; tarde). Así, si tienes una reunión importante a las **ojeon ahopsi** (*o-chohn a-hop-shi*), sabrás que empieza a las nueve de la mañana, pero si es a las **ojeon ahopsi ban** (*o-chohn-a-hop-shi ban*), quiere decir que empieza a las nueve y media de la mañana, porque **ban** (*ban*) significa 'mitad', así que traducido literalmente sería "nueve horas y una mitad". Y recuerda: la puntualidad es una cualidad que se valora mucho en Corea, por lo que, si quieres causar una buena impresión, llega a tu reunión un poco antes de la hora. Para asegurarte de que no llegas tarde, echa un vistazo a la tabla 7-2.

TABLA 7-2 Horas del día

Coreano	*Pronunciación*	Español
hansi	*(jan-shi)*	1:00
dusi	*(du-shi)*	2:00
sesi	*(se-shi)*	3:00
nesi	*(ne-shi)*	4:00
daseotsi	*(da-soht-shi)*	5:00
yeoseotsi	*(yoh-soht-shi)*	6:00
ilgopsi	*(il-gop-shi)*	7:00
yeodeolsi	*(yoh-dohl-shi)*	8:00
ahopsi	*(a-hop-shi)*	9:00
yeolsi	*(yohl-shi)*	10:00
yeolhansi	*(yohl-han-shi)*	11:00

Coreano	*Pronunciación*	Español
yeoldusi	(*yohl-du-shi*)	12:00
ojeon	(*o-chohn*)	mañana
ohu	(*o-hu*)	tarde

El tiempo con relación al momento presente

En coreano, *hoy* se dice **oneul** (*o-nuhl*), *ayer* es **eoje** (*oh-che*) y *mañana* se dice **naeil** (*ne-il*), mientras que **jigeum** (*chi-guhm*) significa 'ahora' y **najunge** (*na-chung-e*) significa 'luego'. Así pues, no hay que dejar para **naeil** lo que pueda hacerse **oneul**, ¿no? Aunque es más fácil decir **najunge**, también se puede usar **jom itdaga** (*chom it-da-ga*; un poco más tarde). Por lo tanto, si **eonje** (*ohn-che*) quiere decir 'cuándo', a la pregunta **eonje hasilgeoeyo?** (*ohn-che ja-shil-goh-io?*; ¿Cuándo lo harás?), se puede responder **oneul halkkeoeyo** (*oh-nuhl hal-koh-io*; Lo haré hoy).

Otros ejemplos de formas de usar estas palabras son **naeil halkkeoeyo** (*ne-il hal-koh-io*; Lo haré mañana), **jigeum halkkayo?** (*chi-guhm hal-ka-io?*; ¿Debería hacerlo ahora?), **najunge galkkeyo** (*na-chung-e gal-ke-io*; Lo haré luego) o **jom itdaga jeonhwa haseyo** (*chom it-da-ga chohn-jua ha-se-io*; Por favor, llama un poco más tarde). Si ya lo has hecho, di **eoje haeseoyo** (*oh-che he-soh-io*; Lo hice ayer). También puede que vuelvas a necesitar los meses del año para explicar cuándo has hecho o tienes planeado hacer algo.

Saber cómo se dicen las estaciones del año puede ir bien para hacer planes o hablar sobre algo que has hecho. Puedes usar la tabla 7-3 como guía.

TABLA 7-3 Estaciones del año

Coreano	*Pronunciación*	Español
gyejeol	(*ge-chohl*)	las estaciones
bom	(*bom*)	primavera
yeoreum	(*ioh-ruhm*)	verano

Coreano	*Pronunciación*	Español
gaeul	(*ga-uhl*)	otoño
gyeoul	(*gioh-ul*)	invierno

Hablando se entiende la gente

Sara le pregunta a Tom por su cumpleaños.

Sara: **tomssi, saengiri eonjeeyo?**
tom-shi, sen-gil ohn-che-e-io?
Tom, ¿cuándo es tu cumpleaños?

Tom: **je saengilreun samwol isipsamirieyo. sarassi saengireun eonjeeyo?**
che sen-gi-ruhn sam-guol i-ship-sa-mi-ri-e-io. sa-ra-shi, sen-gi-ruhn ohn-che-e-io?
Mi cumpleaños es el 23 de marzo. ¿Cuándo es tu cumpleaños, Sara?

Sara: **je saengireun sawol siboirieyo.**
che sen-gi-ruhn sa-wol shi-bo-i-ri-e-io.
Mi cumpleaños es el 15 de abril.

Tom: **jinanjuyeonaeyo? neujeotjiman saengil chukhahaeyo! jal bonaeseoyo?**
chi-nan-chu-yoh-ne-io? nuh-choh-chi-man sen-gil tsu-ka-he-io! chal bo-ne-soh-io?
¿La semana pasada? ¡Felicidades con retraso!
¿Lo pasaste bien?

Sara: **ne, gajogirang gachi bonaeseoyo, jeonyeok gachi meogeoseoyo.**
ne, ga-cho-gi-rang ga-tsi bo-ne-soh-io, choh-ñok ga-tsi moh-goh-soh-io.
Sí, lo pasé con mi familia, comimos juntos.

Palabras para recordar

Meses del año y términos relacionados

irwol	*(il-uol)*	enero
iwol	*(i-uol)*	febrero
samwol	*(sam-uol)*	marzo
sawol	*(sa-uol)*	abril
owol	*(o-uol)*	mayo
yuwol	*(iu-uol)*	junio
chirwol	*(tsil-uol)*	julio
parwol	*(pal-uol)*	agosto
guwol	*(gu-uol)*	septiembre
siwol	*(shi-uol)*	octubre
sibirwol	*(shi-bil-uol)*	noviembre
sibiwol	*(shi-bi-uol)*	diciembre
daeumdal	*(da-uhm-dal*	el mes que viene
ibeondal	*(i-bohn-dal)*	este mes
jeobeondal	*(choh-bohn-dal)*	el mes pasado
saengil	*(sen-gil)*	cumpleaños
seollal	*(sohl-lal)*	Año Nuevo (lunar)

Sitios divertidos

Desde actividades culturales a discotecas, Corea tiene una gran variedad de oferta de ocio nocturno. Las siguientes secciones no solo te presentarán estos lugares, sino que te enseñarán a desenvolverte en ellos.

Museos y galerías

Corea se enorgullece de su historia y tiene gran cantidad de museos, no solo en Seúl, sino también en otras ciudades y zonas. Por ejemplo, en la zona de **gyeongju** (*gyohng-chu*), en la punta sureste de la península, hay muchos lugares históricos y museos que puedes visitar. También puedes aprender un montón de historia coreana en muchos de los templos budistas que hay por todas las zonas rurales del país. El mejor ejemplo es el **haeinsa** (*je-in-sa*; templo Haein), considerado Patrimonio de la Humanidad por la UNESCO, hogar de la Tripitaka coreana y el **palmandaejanggyeong** (*pal-man-de-chang-gyohng*), el canon budista más antiguo y completo del mundo, grabado en bloques de madera alrededor del siglo XIII. Esto supone que es la imprenta más antigua del mundo, anterior en casi cuatrocientos años a la de Gutenberg.

Aparte de templos y museos, podría interesarte visitar uno de los muchos palacios aún existentes de las antiguas dinastías: muchos de ellos han sido renovados como parques y lugares históricos y ofrecen visitas guiadas. Por ejemplo, el palacio de **changdeokgung** (*chang-dohk-gung*), construido en 1405, nos permite contemplar la belleza de la arquitectura y el paisaje tradicional de Corea.

Conciertos, cines y espectáculos

Corea ofrece mucho más dentro del ámbito de la cultura. La industria del entretenimiento y la cultura pop coreana han sido exportadas a muchos países del mundo, fenómeno que ha dado pie al nacimiento de un término llamado **hallyu** (*jal-liu*), que significa 'la ola coreana'. Series de televisión y películas se han exportado y traducido a un montón de idiomas, y la música coreana y sus artistas han sido muy bien recibidos en otros países asiáticos. Existen muchos lugares especializados en música y espectáculos tradicionales coreanos, pero la mayoría de las salas programan espectáculos modernos, cuyas entradas se compran en la taquilla o en páginas web. En la recepción de tu hotel, o llamando a cualquier oficina de turismo, podrán ayudarte a experimentar "la ola coreana".

Cine coreano

Gran parte de esta **hallyu** (*jal-liu*) tiene que ver con la industria cinematográfica. En los últimos años, son varias las películas coreanas que han destacado en festivales internacionales de cine, y algunas incluso han llegado hasta Hollywood como *remakes*. Por ejemplo, *La casa del lago* (2006), protagonizada por Keanu Reeves y Sandra Bullock, es un *remake* de una película coreana. Internacionalmente se tituló *Il Mare*, el nombre del edificio donde vive la protagonista, pero en Corea se llamó *Siwore*, que significa 'en octubre'. En cuanto a festivales, por ejemplo, en 2002 la película *Chihwaseon* (*tsi-jua-sohn, Ebrio de mujeres y pintura*) recibió el premio al mejor director en el Festival de Cannes. Dos años más tarde, en este mismo certamen, se otorgó el Grand Prix al filme *Old Boy*. Por su parte, la película *Primavera, verano, otoño, invierno y... primavera* ganó tres premios en el Festival Internacional de Cine de Locarno en 2003, y tanto el filme como más recientemente *The Host*, se estrenaron en todo el mundo y fueron muy bien recibidos por la crítica. En 2019, la película *Parásitos* ganó la Palma de Oro por unanimidad y en 2020 se convirtió en el primer filme coreano en ganar un Globo de Oro y los premios Óscar a la Mejor película y a la Mejor película internacional, entre otros muchos galardones.

Hablando se entiende la gente

ESCUCHA

Peter y Janet deciden ir juntos a ver una película.

Peter: **oneul jeonyeoge yeonghwa boreo gallaeyo?**
o-nuhl choh-ñoh-ge iohng-jua bo-roh ga-le-io?
¿Quieres ir a ver una película esta noche?

Janet: **geuraeyo, museun yeonghwa bollaeyo?**
guh-re-io, mu-suhn iohng-jua bol-le-io?
Claro, ¿qué tipo de película podríamos ver?

Peter: **gongpoyeonghwaneun eottaeyo?**
gong-po-yohng-jua-nuhn o-te-io?
¿Qué tal una película de terror?

Janet:	**museoun yeonghwaneun sireoyo, jaemiinneun yeonghwaga bogosipeoyo.** *mu-soh-un iohng-jua-nuhn shi-roh-io, che-mi-in-nuhn iohng-jua-ga bo-go-shi-poh-io.* No me gustan las pelis de miedo, quiero ver una película divertida.
Peter:	**joayo, uri gachi komedireul boreogayo.** *cho-a-io, u-ri ka-tsi ko-me-di-ruhl bo-roh-ga-io.* Vale, vayamos a ver una comedia.

Palabras para recordar

bakmulgwan	*bang-mul-guan*	museo
bogosipeoyo	*po-go-shi-poh-io*	Quiero ver…
eottaeyo	*oh-te-io*	¿Qué tal...?
eumak	*uh-mak*	música
gachi	*ga-tsi*	juntos
geukjang	*guhk-chang*	cine
gongpoyeonghwa	*gong-po-iohng-jua*	película de terror
gongweon	*gon-guohn*	parque
jaemiinneun	*che-mi-in-nuhn*	divertido
jeol	*chohl*	templo
jeonyeoge	*choh-ñoh-ge*	esta noche
komedi	*ko-me-di*	comedia
misul	*mi-sul*	arte
museoun	*mu-soh-un*	de miedo
sireoyo	*shi-roh-io*	No me gusta. / No quiero.
uri	*u-ri*	nosotros

El *noraebang*

Traducido literalmente, **noraebang** (*no-re-bang*) significa 'sala de canciones', es decir, karaoke, uno de los pasatiempos favoritos de los coreanos de todas las edades. A diferencia de los karaokes occidentales, donde la máquina de karaoke está en algún sitio donde tiene lugar otra actividad, normalmente en un bar, el **noraebang** es una sala diseñada específicamente para el karaoke. A los coreanos les gusta ir al **noraebang** a relajarse después de una semana de trabajo duro y estresante. Hay zonas en las que verás uno en cada esquina.

CULTURA GENERAL

Cuando un coreano te sugiera esta actividad, que no te dé vergüenza, aunque no se te dé bien cantar. Puede resultar potencialmente embarazoso para ambos, pero también podría ser una experiencia que os acerque más como amigos o compañeros.

Hablando se entiende la gente

María, Katherine y Adam hacen planes para esta noche.

María: **simsimhaeyo, uri gachi nagaseo norayo.**
shim-shim-je-io, u-ri ga-tsi na-ga-soh no-ra-io.
Me aburro, salgamos a divertirnos.

Katherine: **geuraeyo, jeodo simsimhaeyo, mwol hallaeyo?**
guh-re-io, choh-do shim-shim-je-io muol hal-le-io?
Vamos, yo también me aburro. ¿Qué podemos hacer?

Adam: **noraebange gayo!**
no-re-ban-ge ga-io!
¡Vamos al karaoke!

María: **geukjange aju jaemiinneun yeonghwa haneunde, geugeo boreo gaji aneullaeyo?**
geuk-chang-e a-chu che-mi-in-nuhn iohng-jua ja-nuhn-de, guh-goh bo-roh ga-chi a-nuhl-le-io?
Hay una buena película en el cine, ¿no os gustaría ir a verla?

Katherine: **yeonghwaneun ibeonjumalkkaji hajiman noraebangeun eonjena galsu iseunikka yeonghwaboreo gayo.**

iohng-jua-nuhn i-bohn-chu-mal-ka-chi ja-chi-man no-re-ban-guhn ohn-che-na gal-su i-suh-ni-ka iohng-jua-bo-roh ga-io.

La película solo estará hasta este fin de semana y el karaoke siempre está abierto... Vayamos a ver la película.

Adam: **geuraeyo, yeonghwa boreo gayo, yeonghwa bogijeone siksa halkkayo?**

geu-re-io, iohng-jua bo-roh ga-io, iohng-jua bo-gi-choh-ne shik-sa jal-ka-io?

Vale, vamos a ver la película. ¿Deberíamos comer antes?

Katherine: **jeon jigeum bae gopayo, jigeumgaseo jeomsim meokgo yeonghwa boreo gayo.**

chohn chig-geum be go-pa-io, chi-guhm-ga-soh chom-shim mohk-go iohng-jua bo-roh ga-io

Tengo hambre. Vamos a comer y luego vamos a ver la película.

María: **joayo, gasijyo.**

cho-a-io, ga-shi-cho.

Vale, vamos.

Palabras para recordar

bae gopayo	*be go-pa-io*	Tengo hambre.
boreogayo	*bo-roh-ga-io*	Vamos a verlo.
eonjena	*ohn-che-na*	siempre
geuraeyo	*guh-re-io*	vale, de acuerdo
ibeonjumal	*i-bohn-chu-mal*	este fin de semana
jigeum	*chi-guhm*	ahora
noraebang	*no-re-bang*	karaoke
norayo	*no-ra-io*	Vamos a divertirnos.
siksa	*shik-sa*	comida
simsimhaeyo	*shim-shim-je-io*	Estoy aburrido.

Bares y discotecas

En Corea hay muchos "fiesteros de fin de semana" que disfrutan yendo de un bar a otro hasta que sale el sol. Podrías empezar la ruta en la zona de **itaewon** (*i-te-guon*), un área comercial muy popular entre los extranjeros, y acabar por la zona de la estación de **gangnam** (*gang-nam*), famosa por sus bares y discotecas. Pero si quieres probar la verdadera noche coreana, deberías ir por **sinchon** (*shin-tson*) un sábado por la noche, un área de compras y entretenimiento muy popular entre la gente joven, llena de cafeterías, discotecas y cervecerías. Gracias a su popularidad entre los jóvenes, tampoco tendrás problemas para encontrar a gente que hable inglés.

Invitaciones

La educación y las buenas maneras son muy importantes en Corea y, por supuesto, parte de estas buenas maneras pasan por saber cómo debes invitar a otras personas, así como por aceptar invitaciones. También deberías saber cómo rechazar una invitación de forma educada si no vas a ir. Para desenvolverte en esta clase de situaciones sociales, las siguientes secciones incluyen todo lo que hay que saber acerca de las invitaciones, tanto para hacerlas como para aceptarlas.

CULTURA GENERAL

Un coreano, normalmente, te invitará más de una vez a ir a algún sitio, incluso aunque declines la invitación. Esta naturaleza generosa puede interpretarse como persistencia a ojos de un occidental, y suele ser buena idea aceptar la invitación, a no ser que realmente no puedas. Si, finalmente, decides rechazarla, procura hacerlo con firmeza, porque se considera de muy mala educación decir que irás y no aparecer.

Toma la iniciativa

Para sugerir hacer algo puedes usar **eottaeyo?** (*oh-te-io?*; ¿Qué tal si...?). Te será útil cuando quieras proponer un plan o pedirle a alguien su opinión sobre algo. Así, por ejemplo, podrías decir **nesie mannayo, eottaeyo?** (*ne-shi-e man-na-io, oh-te-io?*; ¿Qué tal si quedamos a las cuatro?; literalmente, "Quedemos a las cuatro, ¿qué tal?") o sostener una camisa o un vestido delante de ti y preguntar **eottaeyo?** para preguntarle a alguien si le gusta o si te queda bien. Si quieres usarlo para sugerir hacer algo, podrías decir una frase como **uri noraebange gachi gayo, eottaeyo?** (*u-ri no-re-ban-ge ga-tsi, oh-*

te-io?; ¿Qué tal si vamos a un karaoke? (literalmente, "Vayamos a un karaoke, ¿qué tal?").

Si quieres mostrar que estás de acuerdo en hacer algo que te proponen, puedes responder **joayo** (*cho-a-io*; de acuerdo). También puedes usarlo cuando algo te guste mucho, por ejemplo, si das un trago de tu vaso y dices **joayo!**, se entenderá que lo encuentras muy bueno. Si te invitan a hacer algo y te gusta la idea, además de **joayo** puedes añadir **gasijyo** (*ga-shi-cho*) o **gayo** (*ga-io*), que significan 'vamos'; la primera es un poco más educada que la segunda, por lo que deberías utilizarla en situaciones más formales o cuando hables con personas mayores. Una frase bastante habitual es **gachi gayo** (*ga-tsi ga-io*), o **gachi gasijyo** (*ga-tsi ga-shi-cho*), que significa 'vamos juntos'. Con todo esto, podrías construir la frase **uri yeonghwa boreo gachi gayo** (*u-ri iohng-jua bo-roh ga-tsi ga-io*), es decir, "Vamos a ver una película juntos, ¿qué tal?".

Invita a tus amigos a tu casa

La palabra coreana para decir *casa* es **jip** (*chip*), aunque se usa más a menudo diciendo **uri jip** (*u-ri chip*, nuestra casa) o, si quieres ser más formal, **jeohui jip** (*choh-jwi chip*), por lo que deberías usar esta versión cuando hables con personas mayores o con tu jefe como muestra de respeto. Si quieres invitar a alguien a ir a tu casa, puedes decir **uri jibe nolleo oseyo** (*u-ri chi-be nol-loh o-se-io*), que significa 'Por favor, ven a mi casa', aunque literalmente sería "Ven a jugar a nuestra casa". Si la invitación es para comer, deberías decir **uri jibe siksahareo oseyo** (*u-ri-chi-be shik-sa-ha-roh o-se-io*).

Si una persona te invita, puedes responder **joayo, jigeum gasijyo** (*cho-a-io, chi-guhm ga-si-cho*; Vale, vamos ya) o **joayo, eonje galkkayo?** (*cho-a-io, ohn-che gal-ka-io?*; Vale, ¿cuándo voy?).

Hablando se entiende la gente

Tony invita a Samantha a comer en su casa.

Tony:	**samantassi, eonje urijibe waseo jeoyeok gachi meogeoyo, eottaeyo?** *sa-man-ta-shi, ohn-che u-ri-chi-be gua-soh choh-iohk ga-tsi moh-goh-io oh-te-io?* Samantha, ven algún día a cenar a mi casa, ¿te apetece?

Samantha:	**eonjeyo? mwol mandeusilkkeoeyo?** *ohn-che-io? muol man-duh-shil-koh-io?* ¿Cuándo? ¿Qué harás?
Tony:	**geulsseyo, ajik gyeoljeongeun anhaenneundeyo, eotteon eumsigeul joahaseyo?** *guhl-se-io, a-chik giohl-chohn-guhn an-jen-nuhn-de-io, o-tohn uhm-shi-guhl cho-a-ha-se-io?* Bueno, aún no lo he decidido. ¿Qué tipo de comida te gusta?
Samantha:	**jeoneun hanguk eumsigi jeil joayo, doenjang jjigye, bibimbap, tteokbokgi gateungeo.** *choh-nuhn jan-guk uhm-shi-gi che-il cho-a-io, doen-chang chi-ge, bi-bim-bap tohk-bok-gi ga-tuhn-goh.* Lo que más me gusta es la comida coreana: sopa de *doenjang*, arroz con verduras, pastelillos de arroz, etcétera.
Tony:	**geureomyeon, naeil jeoe jibe oseyo, yeoseotsi jjeume, jega doenjang jjigyerang tteokbokgi masitge mandeureo deurilkkeyo.** *guh-roh-miohn, ne-il choh-e chi-be o-se-io, ioh-soh-shi chuhm-e, che-ga doen-chang chi-ge-rang tohk-bok-gi ma-shit-ge man-duh-roh duh-ril-ke-io.* En ese caso, ven a mi casa mañana alrededor de las seis de la tarde. Haré una deliciosa sopa *doenjang* y pastelillos de arroz.

Palabras para recordar

bibimbap	*bi-bim-bap*	arroz mezclado con verduras
doenjangjjigye	*doen-chang-cchi-ge*	sopa de pasta de soja con verduras
eottaeyo?	*oh-te-io?*	¿Qué tal si...?
eumsik	*uhm-shik*	comida
geulsseyo	*guhl-se-io*	bien/bueno/mmm...
uri jip	*u-ri-chip*	nuestra casa
jeohui jip	*choh-hwi-chip*	nuestra casa (más formal)

jjeume	*cchuhm-e*	sobre/alrededor de
masitge	*ma-shit-ge*	delicioso
oseyo	*o-se-io*	Por favor, ven.
tteokbokgi	*tohk-bok-gi*	pastelillo de arroz con pasta picante

Juegos y ejercicios divertidos

Une con una línea las palabras en español con sus equivalentes en coreano. Puedes mirar el Apéndice C para comprobar si tus respuestas son correctas.

La semana que viene	**ojeon yeolsiban**
10:30 de la mañana	**jumal**
Tarde	**ohu**
El mes pasado	**jinandal**
Lunes	**ohu ahopsi**
Fin de semana	**woryoil**
9:00 de la noche	**daeumju**

EN ESTE CAPÍTULO

- **Hablarás sobre tus aficiones**
- **Explorarás la naturaleza**
- **Hablarás sobre arte**
- **Jugarás a juegos y practicarás deportes**

Capítulo 8
Pásalo bien: entretenimiento y deportes

Los coreanos tienen fama de trabajadores, algo que no debería sorprendernos si consideramos que el país pasó de la devastación de la guerra a ser un referente económico en menos de cincuenta años. Los coreanos se toman en serio el trabajo, pero también el ocio, y se divierten o relajan de muchas formas distintas. Pueden tener diferentes **chwimi** (*tsui-mi*; *hobbies*), como la **eumak** (*uh-mak*; música) y el **misul** (*mi-sul*; arte), el **chukgu** (*tsuk-ku*; fútbol) o dar largos **sanchaek** (*san-tsek*; paseos). En el caso de los jóvenes, lo más habitual es encontrárselos divirtiéndose en discotecas o en un **PC bang** (*pi-shi-bang*, cibercafé), muchos de ellos abiertos toda la noche.

Para aprovechar al máximo tu tiempo en Corea, intenta no solo compartir tus aficiones y pasatiempos favoritos con amigos coreanos, sino también participar en los suyos. Este capítulo te aportará toda la información que necesitas para hablar de lo que te gusta hacer y para formar parte de otras actividades que los coreanos disfrutan y con las que quizá no estés familiarizado.

Tus aficiones

¿Eres ese tipo de persona que disfruta observando **deulsae** (*duhl-se*; pájaros salvajes)? ¿Coleccionas **inhyeong** (*in-giohng*; muñecas)? Quizá prefieras las actividades físicas, como el **yagu** (*ya-gu*; béisbol) o el **nonggu** (*nong-gu*; baloncesto). O puede que lo que más te guste sea sentarte a leer un **chaek** (*tsek*; libro). Independientemente de tu *hobby*, lo más importante es que te aporte **jaemi** (*che-mi*; diversión) mientras lo practicas, porque, si no, no sería un *hobby*. Tener aficiones es importante para el bienestar de cualquiera, y una afición compartida siempre facilita la conversación e interactuar con otra persona.

Hablando se entiende la gente

ESCUCHA

Carl y Amy hablan sobre sus aficiones.

Carl: **ei-missi, gunggeumhange inneundeyo.**
ei-mi-shi, gun-guhm-ja-ge in-nuhn-de-io.
Amy, tengo curiosidad por una cosa.

Amy: **ye, mureoboseyo.**
ie, mu-roh-bo-se-io.
Sí, adelante, pregunta.

Carl: **chwimiga mueojyo? simsimhalttae mwo haseyo?**
tsui-mi-ga muoh-cho? shim-shim-jal-te muo ja-se-io?
¿Qué aficiones tienes? ¿Qué haces cuando te aburres?

Amy: **jeoyo? jeon upyoreul moayo. careul ssineunyo?**
choh-io? chohn u-pio-ruhl mo-a-io. ca-ruhl-shi-nuh-ño?
¿Yo? Colecciono sellos. ¿Y tú, Carl?

Carl:	**jeoneun eoryeoseulttae buteo nonggureul joahaeseoyo. upyo moeuneungeo waeroneun tto mwo joahaseyo?** *choh-nuhn oh-rioh-suhl-te bu-toh non-gu-ruhl cho-a-he-aeoh-io. u-pio moe-nuhn-goh ue-ro-nuhn-to muo cho-a-ja-se-io?* Desde pequeño me gusta el baloncesto. ¿Qué más te gusta hacer, aparte de coleccionar sellos?
Amy:	**gongwoneuro sanchaekhareo gakkeum nagayo.** *gon-guon-euh-ro san-tsek-ja-roh gak-kuhm na-ga-io.* A veces voy a pasear por el parque.
Carl:	**eonje jeorang gachi gallaeyo?** *ohn-che choh-rang ga-tsi gal-le-io?* ¿Te gustaría que un día fuésemos juntos?
Amy:	**joayo, eonje gachi hanbeon gayo.** *cho-a-io, ohn-che ga-tsi jam-bohn ga-io.* Genial, vayamos juntos un día.

Palabras para recordar

baegu	*be-gu*	vóleibol
chaegikgi	*tseg-gil-gi*	leer libros
chejo	*tse-cho*	gimnasia
chukgu	*tsuk-gu*	fútbol
chwimi	*chui-mi*	hobby
deungsan	*duhng-san*	montañismo
eoryeoseulttae	*oh-rioh-suhl-te*	desde pequeño/a
eumakdeutgi	*uh-mak-duht-gi*	escuchar música
geurimgeurigi	*guh-rim-guh-ri-gi*	dibujar
golpeu	*gol-pf*	golf
gongwon	*gon-guon*	parque

haendeubol	*jen-duh-bol*	balonmano
misik chukgu	*mi-shik-tsuk-ku*	fútbol americano
mureoboseyo	*mu-roh-bo-se-io*	Por favor, pregunta.
nonggu	*nong-gu*	baloncesto
peullut yeonju	*pfuh-lut iohn-chu*	tocar la flauta
piano yeonju	*pi-a-no iohn-chu*	tocar el piano
sanchaek	*san-tsek*	pasear
simsimhalttae	*shim-shim-jal-te*	cuando te aburres
sipjasu	*ship-cha-su*	punto de cruz
suyeong	*su-iohng*	natación
taegwondo	*te-guon-do*	taekwondo
takgu	*tak-gu*	tenis de mesa
undong	*un-dong*	ejercicio
upyo	*u-pio*	sello
yagu	*ia-gu*	béisbol
yosaeneun	*io-se-nuhn*	últimamente

Explorar la naturaleza

Corea es famosa por su belleza natural. La mitad este de la península, con su cordillera montañosa, está llena de tranquilas **pokpo** (*pok-po*; cataratas), picos de **san** (*san*; montañas), densos **sup** (*sup*; bosques), exóticos **sae** (*se*; pájaros) y una gran **yasaeng dongmul** (*ia-seng-dong-mul*; vida salvaje) que no puede verse en otro lugar del mundo. La mitad oeste es conocida por sus preciosas **haebyeon** (*je-biohn*; playas), buenos lugares donde **naksi** (*nak-shi*; pescar) y miles de pequeñas **seom** (*sohm*; islas) donde disfrutar de la **baenori** (*be-no-ri*; navegación). Dicen que en la DMZ (zona desmilitarizada) hay extrañas especies de flora y fauna, y se rumorea que, incluso, ¡uno o dos tigres! Esta sección te proporcionará toda la información que necesitas para pasear y descubrir la maravillosa naturaleza que Corea te tiene reservada.

Hablando se entiende la gente

ESCUCHA

Jason compra billetes de tren para ir a ver el campo.

Jason: **annyeonghaseyo, busaneuro ganeun gichapyo hanjang juseyo.**
an-ñohng-ja-se-io, bu-sa-nuh-ro ga-nuhn gi-tsa-pio jan-chang chu-se-io.
Hola, un billete para Busán, por favor.

Vendedor: **ye, myeotsie tteonaneun pyoreul deurilkkaio?**
ie, mioh-shi-e tohn-na-nuhn pyo-ruhl deu-ril-ka-io?
Sí, ¿a qué hora quiere que salga el tren?

Jason: **sesibane tteonaneun gichapyo juseyo.**
se-shi-ban-e toh-na-nuhn gi-tsa-pio chu-se-io.
Me gustaría un billete para el tren que sale a las tres y media.

Vendedor: **ye, yeogi iseoyo.**
ie, ioh-gi i-soh-io.
Sí, aquí tiene.

Jason: **gomawoyo, eolmaeyo?**
go-ma-uo-io, ohl-ma-e-io?
Gracias. ¿Cuánto es?

Vendedor: **sammanwon imnida.**
sam-ma-nuon im-ni-da.
Serán 30.000 won.

Jason: **yeogi iseoyo, gomawoyo.**
ioh-gi i-soh-io, go-ma-uo-io.
Aquí tiene. Gracias.

Palabras para recordar

bada	*ba-da*	mar
deulpan	*duhl-pan*	campo
gang	*gang*	río
gichapyo	*gi-tsa-pio*	billete de tren
haebyeon	*je-biohn*	playa
hosu	*jo-su*	lago
myeotsi?	*mioh-shi?*	¿A qué hora?
pokpo	*bok-bo*	cascada
san	*san*	montaña
sup	*sup*	bosque
tteonaneun	*toh-na-nuhn*	salir/partir
yeonmot	*iohn-mot*	estanque

Descubrir y admirar el paisaje

Una buena forma de disfrutar de los paisajes de Corea es recorrer en tren toda la península. De hecho, un viaje en tren de Seúl a Busán te permitirá descubrir cómo es el resto del **nara** (*na-ra*; país), porque debes viajar de la parte noroeste de Corea del Sur a la esquina sureste. Según avance tu recorrido, irás saliendo del hipermoderno paisaje **dosi** (*do-shi*; urbano) al del campo, con sus majestuosas **san** (*san*; montañas) y primitivas **bada** (*ba-da*; playas). Obviamente, otras partes del país ofrecen distintos escenarios, algunos conocidos por su **areumdaum** (*a-ruhm-da-um*; belleza) durante el verano; otros, durante el otoño.

RECUERDA

Distintos lugares de Corea son famosos por diferentes tipos de paisaje. El área metropolitana de Seúl es muy conocida por su sorprendente atractivo urbano, pero, si quieres ver la belleza natural del país, tendrás que viajar fuera de la ciudad. El lado este de la península es conocido por sus bonitas montañas y sus **sup** (*sup*; bosques), mientras que la parte oeste lo es por sus pequeños islotes y **seom** (*sohm*; islas). La zona del sureste es famosa por sus bien conservados monumentos y objetos históricos. No tengas miedo de viajar fuera de la ciudad: la gente de las zonas rurales es muy amable, hospitalaria y servicial.

Las estaciones del año coreanas

Corea está situada en latitudes de clima templado y tiene cuatro estaciones . El monzón provoca lluvias entre finales de junio y mediados de julio, y el **yeoreum** (*ioh-ruhm*; verano) es bastante caluroso y húmedo, mientras que el invierno es bastante frío y con una cantidad considerable de **nun** (*nun*; nieve). Los meses de **gaeul** (*ga-uhl*; otoño) son quizá los más agradables, ya que los vientos continentales traen un tiempo fresco, despejado y seco. Cuando las hojas de los árboles mudan su color, los bosques se vuelven rojos, naranjas y de un vibrante amarillo, lo que crea un espectacular panorama otoñal. La **bom** (*bom*; primavera) también es muy bonita, porque el tiempo es bastante agradable, y de marzo a mayo los días suelen ser soleados. Cada estación tiene su propia belleza, por supuesto: en primavera florecen las flores, el verano tiene días cálidos (aunque a veces con demasiado calor y humedad), el otoño presenta espectaculares colores y el **gyeoul** (*gioh-ul*; invierno) destaca por su blanca calma. En cada estación puede disfrutarse su belleza característica.

Hablando se entiende la gente

Carol y Diane hablan sobre las estaciones en Corea.

Diane: **karolssi, gaeuri doemyeon uri nagyeop gugyeonghareo sane gayo.**
ka-rol-shi, ge-u-ri doe-miohn u-ri na-giohp gu-giohng-ja-reoh sa-ne ga-io.
Carol, vayamos a la montaña cuando llegue el otoño a ver el cambio de color de las hojas.

Carol: **joeun saenggagieyo, gyeongchiga cham meositseulkkeoyo, gyeoureneun nungugyeonghareo gachi gayo.**
cho-uhn seng-ga-gi-e-io, giohng-tsi-ga tsam moh-shi-suhl-koh-io, gioh-u-re-nuhn nun-gun-giohng-he-ro ga-tsi- ga-io.
Buena idea, el paisaje será muy bonito. Vayamos también a ver la nieve en invierno.

Diane: **joayo, uri yaksokhaeyo, gaeureneun nagyeop gugyeong, gyeoureneun nungugyeong, eottaeyo?**
cho-a-io, u-ri iak-sok-je-io, ga-uh-re-nuhn na-giohp gu-giohng, gioh-u-re-nuhn nun-gu-giohng, oh-te-io?
Vale, hagamos una promesa: ir a ver el cambio de hojas en otoño y la nieve en invierno, ¿qué te parece?

Carol:	**joayo, geureom bomirang yeoreumeneun mweo hajyo?** *cho-a-io, guh-rohm bo-mi-rang ioh-ruh-me-nuhn muo ja-cho?* Vale, ¿y qué haremos en primavera y verano?
Diane:	**gandanhaeyo, bomeneun kkot gugyeonghareo gago, yeoreumeneun haesuyokjange gachi gayo.** *gan-dan-je-io, bo-me-nuhn kot gu-giohg-ja-roh ga-go, ioh-ruh-me-nuhn je-su-iok-chan-ge ga-tsi ga-io.* Fácil, en primavera, ir a ver las flores; en verano, ir a la playa juntas.
Carol:	**geuraeyo, geureom haesuyokjangeun eonje gallaeyo?** *guh-re-io, guh-rohm je-su-iok-chan-guhn ohn-che gal-le-io?* Vayamos, entonces. ¿Cuándo podemos ir a playa?
Diane:	**ibeon jumareneun eottaeyo?** *i-bohn chu-ma-re-nuhn oh-te-io?* ¿Qué tal este fin de semana?
Carol:	**ibeon jumal jochyo, geureom toyoil achime bwayo.** *i-bohn chu-mal cho-tso, guh-rohm to-io-il a-tsi-me bua-io.* Este fin de semana va bien. Nos vemos el sábado por la mañana.

Palabras para recordar

achim	*a-tsim*	mañana
bom	*bom*	primavera
gyejeol	*ge-chohl*	estaciones del año
gaeul	*ga-uhl*	otoño
gyeoul	*gioh-ul*	invierno
haesuyok	*je-su-iok*	ir a la playa, nadar
kkotgugyeong	*kot-gu-giohng*	mirar las flores
nagyeopgugyeong	*na-giohp-gu-giohng*	mirar el cambio de las hojas
nungugyeong	*nun--gu-giohng*	mirar la nieve
yeoreum	*ioh-ruhm*	verano
ohu	*o-hu*	tarde

Hablar de arte

Recientemente, el **hallyu** (*jal-liu*), "la ola coreana", ha despertado el interés del mundo por el arte y el **munhwasenghwal** (*mun-jua-seng-jual*; entretenimiento) coreano. Pero Corea atesora una rica historia de arte y cultura que se puede disfrutar en muchos lugares. Los diversos **bangmulgwan** (*bang-mul-guan*; museos) que hay por el país tienen catalogado el arte y la artesanía a lo largo de la **yeoksa** (*iohk-sa*; historia), como es de esperar, pero también hay festivales, músicos y artistas callejeros que representan esta tradición actuando a diario en las calles. En algunos de los pueblos con más historia aún se pueden ver actuaciones de **eumak** (*uh-mak*; música) y **chum** (*tsum*; danza) tradicionales, mientras que en muchos **gongwon** (*gon-guon*; parques) y pabellones suelen actuar músicos y artistas modernos. También es fácil encontrar galerías que alberguen valiosas **geurim** (*guh-rim*; pinturas) de la historia coreana, así como a artistas callejeros que vendan sus obras en mercados al aire libre o festivales en plena calle.

Corea tiene sus estilos musicales propios, y en pabellones y festivales de todo el país se pueden escuchar sonidos tradicionales. Sin embargo, la música coreana, o, mejor dicho, la música popular coreana, ha ido creciendo hasta convertirse en el verdadero motor de la industria del entretenimiento por derecho propio. Es responsable, en gran parte, del **hallyu** (*jal-liu*), ya que el K-pop y sus estrellas han recibido un importante reconocimiento fuera de sus fronteras y se han convertido en estrellas a escala internacional. Muchos famosos coreanos lo son también en otros países como **teman** (*te-man*; Taiwán), **jungguk** (*chung-guk*; China), **ilbon** (*il-bon*; Japón) o **taeguk** (*te-guk*; Tailandia), por nombrar algunos.

CULTURA GENERAL

El término **hallyu**, "la ola coreana", es un neologismo usado por los coreanos y por gente de otros países asiáticos. Engloba todo tipo de música, películas, series, etc. producidos en Corea (por ejemplo, música de cantantes coreanos cantada en coreano). Hay gente en China, Japón, Tailandia, etc. que está aprendiendo canciones en coreano o viajando a Corea para ver en concierto a sus grupos favoritos. Si un cantante que les gusta protagoniza una película, irán a verla cueste lo que cueste y harán lo que sea por conseguir su autógrafo. Este fenómeno es gigantesco en Corea.

Deportes y juegos

A los coreanos les gustan todos los deportes. Desde que Corea y Japón acogieron el campeonato mundial de 2002, el **chukgu** (*tsuk-gu*; fútbol) es un deporte que ha ganado mucha popularidad. En Corea también gusta mucho el **yagu** (*ia-gu*; béisbol), el **nonggu** (*nong-gu*; baloncesto) o el **golpeu** (*gol-pf*; golf), entre otros. El taekwondo es el arte marcial nacional, y su versión deportiva también es popular desde hace tiempo. Los coreanos son excelentes arqueros y participan activamente en competiciones internacionales, como los Juegos Olímpicos, los Juegos Asiáticos, el campeonato mundial, etc. También es muy popular la **ssireum** (*shi-ruhm*; lucha libre) de un tipo tradicional coreano, y a su campeón se le otorga el título de **cheonhajangsa** (*tsohn-ja-chang-sa*), que significa 'el más fuerte bajo el cielo'.

Videojuegos

Corea es conocida por sus avances tecnológicos en la electrónica y la informática, así que no debería sorprendernos que su cultura de los videojuegos se haya desarrollado de la misma forma. Existen **gyeonggi** (*giohng-gi*; torneos) de **geim** (*ge-im*; videojuegos) televisados, y los jugadores gozan de un estatus muy respetado en ciertos círculos. Muchos coreanos se toman su afición muy en serio, y algunos han hecho de ella una **jigeop** (*chi-gohp*; carrera) profesional. Por ejemplo, el videojuego para ordenador *Starcraft* tiene un circuito profesional de competición y hay dos canales que organizan una Starleague con un público de millones de fanes. Han conseguido el apoyo y patrocinio de importantes marcas coreanas y **maenyeon** (*me-ñohn*; anualmente) participan en los World Cyber Games.

Los *PC bang*

Un **PC bang** (*pi-shi-bang*), literalmente "habitación PC", es un cibercafé, y son muy fáciles de encontrar en cualquier área metropolitana. Son un lugar donde la gente se reúne para jugar a juegos online multijugador y se han convertido en un fenómeno cultural en el país, no exento de polémica. Parece que hay gente tan **jungdok** (*chung-dok*; adicta) a jugar que a menudo se olvida de beber **mul** (*mul*; agua) y consumir **eumsik** (*uhm-shik*; comida), dañando su **geongang** (*gohn-gang*; salud), a veces con graves consecuencias. La industria del videojuego es gigantesca, a punto de superar a la de Hollywood, y puedes encontrar un **PC bang** en cada esquina de las áreas metropolitanas, normalmente abarrotados de gente a cualquier hora del día, porque son muy **ingi** (*in-gi*; populares) entre la **jeolmeun saram** (*chohl-muhn sa-ram*; gente joven) como lugar donde quedar. Si se te dan bien los juegos de ordenador, o si te apetece recibir un baño de humildad por parte de un chavalín coreano, te recomiendo visitar uno de estos lugares y participar en un juego online.

Juegos y ejercicios divertidos

Aquí tienes algunas aficiones populares. Escribe debajo el nombre en coreano de cada una de ellas. Puedes mirar el Apéndice C para comprobar si tus respuestas son correctas.

A. 

B. 

C. 

D. 

E. 

A. ______________________________

B. ______________________________

C. ______________________________

D. ______________________________

E. ______________________________

EN ESTE CAPÍTULO

Harás una llamada telefónica

Enviarás una carta

Accederás al mundo online

Capítulo 9

Conectados: teléfono, correo e internet

El **jeonhwa** (*chohn-jua*; teléfono) e internet ya forman parte de nuestra rutina diaria, así que tanto si necesitas hacer una llamada rápida como satisfacer tu **jungdok** (*chung-dok*; adicción) al **imeil** (*i-me-il*; e-mail), aquí van algunos consejos para ayudarte a estar en **yeollak** (*iohl-lak*; contacto) con un amigo, con esa **sojunghan saram** (*so-chung-sa-ram*; persona especial) o con la gente con la que estás a punto de cerrar un trato de negocios.

Y aunque estamos muy acostumbrados a la conexión a través del teléfono o e-mail, también sigue vigente el "método antiguo" de estar en contacto: el correo ordinario. Sí eres de los que están más familiarizados con esto, te enseñaré a utilizarlo en coreano, porque yo también tengo cariño a esta forma de comunicarme. Me gusta mucho enviar cartas a mis seres queridos y me alegra el día ser yo quien recibe una.

Conversaciones telefónicas sencillas

Cuando los coreanos descuelgan el teléfono, casi siempre responden diciendo **yeobosaeyo?** (*ioh-bo-se-io?*; ¿Quién es?), así que eso es lo que deberías hacer tú. Si tu pronunciación es lo suficientemente buena, seguro que sorprenderás a tus amigos. Hay gente que responde formalmente con el saludo **annyeonghasimnikka** (*an-ñohng-ja-shim-ni-ka*; Hola/¿Cómo estás?) después del **yeobosaeyo**, pero es más propio de vendedores telefónicos o de comerciales.

En esta sección asumo que no intentarás vender algo por teléfono ni cerrar un trato millonario en coreano, así que te enseñaré a ponerte en contacto con alguien, dejarle un mensaje o un número para que te devuelva la llamada, enviar una carta o una postal desde una oficina de correos y encontrar un **PC bang** para navegar por internet.

Hacer una llamada

Los números de teléfono coreanos pueden tener siete u ocho cifras, y van precedidos por un **jiyeok beonho** (*chi-iohk bohn-jo*; prefijo) de dos o tres cifras. En el caso de los **hyudaepon** (*jiu-de-phon*; móviles; literalmente, "teléfono que se lleva") o **haendeupon** (*hen-duh-phon*, móviles), en Corea tienen un **jiyeok beonho** distinto al de las regiones, como 011, 010 o 016. Si no sabes cómo se usa el teléfono, podrías preguntar a tu anfitrión **jeonhwareul eottoeoke georeoyo?** (*chohn-jua-ruhl oh-toh-ke goh-roh-io?*, ¿Cómo se hace una llamada telefónica?). Si después del tono escuchas una voz al otro lado, es probable que sea para decir alguna de estas frases.

> **yeobosaeyo, (nombre de la persona) eyo/ieyo** [*ioh-bo-se-io,* (nombre de la persona) *e-io/ i-e-io*; Hola, soy (nombre de la persona)]. La primera opción se usa con nombres acabados en vocal y la segunda con nombres acabados en consonante, por ejemplo: **yeobosaeyo, marinaeyo** (*ioh-bo-se-io, ma-ri-na-e-io*; Hola, soy Marina) y **yeobosaeyo, jasonieyo** (*ioh-bo-se-io, yei-so-ni-e-io*; Hola, soy Jason).
>
> **sillyejiman nuguseyo?** (*shil-le-chi-man, nu-gu-se-io?*; Disculpe, ¿quién es?).

Si no puede hablar en ese momento:

jamsihue dasi georeojuseyo (*cham-shi-hu-e da-shi goh-roh-chu-se-io*; Por favor, llámame un poco más tarde).

Si hay problemas en la llamada:

jal andeullyeoyo (*chal an-duhl-le-io*; No te oigo bien).

dasi malsseum hae juseyo (*da-shi mal-suhm je-chu-se-io?*; ¿Podrías repetirlo?).

cheoncheonhi malsseumhae juseyo (*chohn-chohn-i mal-suhm-je chu-se-io*; Por favor, habla más despacio).

joesonghaeyo, jega beonhoeul jalmot georeoseoyo (*choe-song-he-io, che-ga bohn-jo-uhl chal-mot goh-roh-soh-io*; Lo siento, he marcado un número incorrecto).

Hablando se entiende la gente

ESCUCHA

Will Rogers está en un centro comercial buscando un teléfono para llamar a su cuñado, el señor Kim.

Will:	**jeonhwa hantong jom sseodo doelkkayo?** *chohn-jua jan-tong chom soh-do doel-ka-io?* ¿Podría por favor hacer una llamada telefónica?
Dependienta:	**ye, i jeonhwareul sseuseyo.** *ie, i chohn-jua-ruhl suh-se-io.* Sí, puede usar este teléfono.
Will:	**oebu jeonhwaneun eotteoke georeoyo?** *oh-bu chohn-jua-nuhn oh-toh-ke goh-roh-io?* ¿Cómo hago una llamada a un número externo?
Dependienta:	**gubeoneul nureundaeum tonghwa hasigo sipeusin beonhoreul nureuseyo.** *gu-bohn-uhl nu-ruhn-da-uhm tong-jua ha-shi-go shi-puh-shin bohn-ho-ruhl nu-ruh-se-io.* Pulse 9, y entonces marque el número al que quiera llamar.
Will:	**a, gamsahamnida.** *a, gam-sa-jam-ni-da.* Ah, gracias.

Will marca el número y el señor Kim descuelga el teléfono.

Kim:	**yeobosaeyo.** *ioh-bo-se-io.* Hola.
Will:	**yeobosaeyo, will rogers imnida, jigeum jeonhwa tonghwaga ganeunghaseyo?** *Ioh-bo-se-io, will rogers-im-ni-da, chi-guhm chohn-jua tong-jua-ga ga-nung-ha-se-io?* Hola, soy Will Rogers. ¿Puedes contestar una llamada ahora mismo?
Kim:	**jigeum jeonhwareul batgiga jom gollanhaeyo, jamsi hue jega dasi geolkkeyo.** *chi-guhm chohn-jua-ruhl bat-gi-ga chom gol-lan-je-io, cham-shi hu-e che-ga da-shi gohl-ke-io.* Me cuesta atender una llamada en este momento, te llamaré un poco más tarde.
Will:	**a, ye, annyeonghi gyeseyo.** *a, ie, an-ñohng-ji, ge-se-io.* Ah, sí. Que tengas un buen día.

Palabras para recordar

gukjejeonhwa	*guk-che-chohn-jua*	llamada internacional
gyohwanwon	*gio-juan-guon*	operador/a
jamkkanman gidarise-yo	*cham-kan-man ki-da-ri-se-io*	un momento, por favor
jeonhwa	*chohn-jua*	teléfono
jeonhwa hantong	*chohn-jua jan-tong*	una llamada
jigeumeun jom bappayo	*chi-guh-uhn chom ba-pa-io*	Estoy un poco ocupa-do/a ahora.
jiktongjeonhwa	*chik-tong-chohn-jua*	llamada directa
keuge malsseumhae juseyo	*kuh-ge mal-suhm-je-chu-se-io*	Por favor, habla más alto.
nugureul chajeuseyo?	*nu-gu-ruhl tsa-chu-se-io?*	¿A quién estás buscando?

susinjabudam jeonhwa	*su-shin-cha-bu-dam chohn-jua*	llamada a cobro revertido
teullinbeonho	*tuhl-lim-bohn-jo*	número equivocado
yeobosaeyo?	*ioh-bo-se-io?*	¿Diga?

Preguntar por alguien

Si quien **daedap** (*de-dap*, responde) al teléfono no es la persona con la que quieres hablar, tendrás que preguntar por ella. La forma en la que preguntas por alguien varía según con quién **malhada** (*mal-ja-da*, hables) y de por quién preguntes. He organizado estas secciones según los escenarios que podrías encontrarte.

Llamadas de trabajo

Cuando llames a un contacto de trabajo, es mejor que uses el nivel educado formal en lugar del educado informal, que es el que utilizas en las conversaciones del **maeil** (*me-il*, día a día). Si lo haces de este modo, los coreanos estarán muy impresionados con tu comprensión de su cultura, porque respetar a los **sangdae** (*sang-de*, compañeros) de trabajo es muy importante en Corea. Por lo tanto, en las siguientes secciones usaré el nivel educado formal.

CULTURA GENERAL

En coreano se usan dos palabras para indicar que alguien está en algún lugar: **iseoyo** (*i-soh-io*, Él/Ella está aquí) y **gyesimnida** (*ge-shim-ni-da*, Él/Ella está aquí). La primera es en nivel educado informal y, la segunda, en educado formal. Así pues, usa **gyesimnida** cuando hables de alguien con una posición más alta dentro de tu empresa, o de tus abuelos, pero utiliza **iseoyo** cuando te refieras a un igual, como un hermano o un subordinado.

Estas frases podrían serte útiles. En ellas, puedes sustituir *Smith* (seu-mit) por el nombre o el cargo de la persona que estés buscando.

> **seumitssikkeseo jarie gyesimnikka?** (*suh-mit-shike-soh cha-ri-e ge-shim-ni-ka?*; ¿Está ahí Smith?; literalmente, "¿Está Smith en su sitio?").

Si Smith no está:

> **aniyo, seumitssikkeseo jarie angyesimnida** (*a-ni-io, suh-mit-shi-ke-soh cha-ri-e an-ge-shim-ni-da*; No, Smith no está aquí).

najunge jeonhwa georeo jusipsiyo (*na-chung-e chohn-jua goh-roh chu-ship-shi-io*; Por favor, llame más tarde).

Si Smith sí está:

ye, seumitssikkeseo jarie gyesimnida (*ie, suhmit-shi-ke-seoh cha-ri-e ge-shim-ni-da*; Sí, Smith está aquí).

jigeum bakkwo deurilkkayo? (*chi-guhm bak-kuo duh-ril-ka-io?*; ¿Quiere usted que se ponga?).

Llamadas a conocidos

Llamar a tus amigos, compañeros de clase y conocidos en coreano es bastante sencillo. Básicamente, llamas y preguntas **(nombre) iseoyo?** [(nombre) *i-soh-io?*; ¿Está (nombre)?], por ejemplo, **alliseuiseoyo?** (*a-lis-i-soh-io?*; ¿Está Alice?). Sin embargo, si llamas a uno de tus profesores o a tus abuelos (a alguien mayor que tú), se hace de otro modo. En ese caso, debes usar **(nombre) gyeseyo?** [(nombre) *ge-se-io?*; ¿Está (nombre)?], por ejemplo, **harabeoji gyeseyo?** (*ja-ra-boh-chi ge-se-io?*; ¿Está el abuelo?).

Las respuestas habituales a estas preguntas serán **ye, iseoyo** (*ye, isoh-io*; Sí, está) o **aniyo, eopseoyo** (*a-ni-io, ohb-soh-io*; No, no está), si llamas a tus iguales; y **ye, gyeseyo** (*ie, ge-se-io*; Sí, está) o **aniyo, angyeseyo** (*a-ni-io, an-ge-se-io*; No, no está), si es una llamada a un superior. **Gyeseyo** es más respetuoso que **iseoyo**, pero la mayoría de las veces esta última es suficiente.

CULTURA GENERAL

Te resultará útil saber que tanto **jip** (*chip*) como **daeg** (*dek*) significan 'casa', pero la segunda se utiliza cuando quieres mostrar mayor respeto hacia la persona de la que hablas o a la que estás hablando. Normalmente se usa **daeg** cuando hablas con una persona mayor o con un profesor, por ejemplo.

Si tienes que dejar un mensaje

Si la persona con la que querías hablar no está, quizá quieras dejar un mensaje para que se ponga en contacto contigo más tarde. Cuando dejas un mensaje, sea en un contestador automático o a otra persona, asegúrate de que sea claro, o la persona a la que se lo dejes no sabrá qué tiene que decir.

En los negocios

Deberías poner especial cuidado cuando dejes un mensaje a alguien en un contexto profesional. Es importante que lo hagas en un nivel educado formal. Algunas frases útiles podrían ser las siguientes:

meseji jeonhae deurilkkayo? (*me-se-chi chon-he duh-ril-ka-io?*; ¿Quiere que tome nota del mensaje?).

aniyo, gwaenchansseumnida (*a-ni-io, wen-tsan-suhm-ni-da*; No, está bien así).

najunge dasi yeollakhagetseumnida (*na-chun-ge da-shi iohl-lak-ja-ge-suhm-ni-da*; Volveré a llamar más tarde).

meseji namgyeodo doetgetseumnikka? (*me-se-chi nam-gioh-do doe-ge-suhm-ni-da?*; ¿Podría dejar un mensaje?).

jega jeonhwa haeseotdago jeonhaejusipsiyo (*che-ga chohn-jua je-soht-da-go chohn-je-chu-ship-shi-io*; Por favor, dígale que he llamado).

En casa de alguien

Cuando dejes un mensaje en casa de alguien, recuerda ser educado. Los coreanos dan mucha importancia a la educación y el respeto.

mesejireul namgyeodo doelkkayo? (*me-se-chi-ruhl doel-ka-io?*; ¿Puedo dejar un mensaje?).

jega jeonhwa haeseotdago jeonhaejuseyo? (*che-ga chohn-jua he-sot-da-go cheon-he-chu-se-io?*; ¿Podría, por favor, decirle que he llamado?).

je yeollakcheoga (número de teléfono) imnida [*che iohl-lak-tsoh-ga* (número de teléfono) *im-ni-da*; Me puede llamar al (número de teléfono)].

je jeonhwabeonhoga (número de teléfono) imnida [*che chohn-jua-bohn-jo-ga* (número de teléfono) *im-ni-da*; Mi número de teléfono es el (número de teléfono)].

seonghami eotteoke doeseyo? (*sohng-ja-mi ot-toke doe-se-io?*; ¿Cómo te llamas?).

seonghameul dasihanbeon bulleojuseyo? (*sohng-ja-muhl da-shi-jam-bohn bul-leo-chu-se-io*; ¿Podrías decirme tu nombre otra vez?).

yeollakcheo/jeonhwabeonhoreul dasi hanbeon bulleojuseyo? (*iohl-lak-choh/chohn-jua-bohn-jo-ruhl da-shi jam-bon bul-loh-chu-se-io?*; ¿Podrías, por favor, repetirme tu información de contacto/número de teléfono?).

En un contestador automático

Si no quieres acabar grabando un incómodo silencio en el contestador automático de alguien, usa las siguientes frases:

annyeonghaseyo (tu nombre) imnida [*an-ñohng-ja-se-io* (tu nombre) *im-ni-da*; Hola, soy (tu nombre)].

(tu número de teléfono) euro yeollakhae juseyo [(tu número de teléfono) *uh-ro iohl-lak-je chu-se-io*; Por favor, llámame al (tu número de teléfono)].

jega dasi yeollakdeurilkkeyo (*che-ga da-shi iohl-lak-duh-ril-ke-io*; Te volveré a llamar más tarde).

Hablando se entiende la gente

ESCUCHA

Greg Moore decide llamar a la señora Han, una buena amiga, pero quien responde al teléfono de casa es la hija de la señora Han, Judy, así que Greg le pregunta si puede hablar con su madre.

Greg: **yeobosaeyo?**
ioh-bo-se-io?
¿Hola?

Judy: **yeobosaeyo, nuguseyo?**
ioh-bo-se-io, nu-gu-se-io?
Hola. ¿Quién es?

Greg: **gregeyo, eomeoni jibe gyeseyo?**
gre-ge-io, oh-mohn-ni chi-be ge-se-io?
Soy Greg. ¿Está tu madre?

Judy: **ye, gyeseyo.**
ie, ge-se-io.
Sí, está.

Greg:	**geureom eomeoni jom bakkwojuseyo?** *guh-rohm oh-moh-ni chom ba-kuo-chu-se-io?* ¿Podría ponerse tu madre?
Judy:	**ye, jamkkanman gidariseyo.** *Ie, cham-kan-man gi-da-ri-se-io.* Sí, espera un momento.

Palabras para recordar

angyeseyo	*an-ge-se-io*	No está (educado formal).
bakkwojuseyo?	*ba-kuo-chu-se-io?*	¿Puede ponerse al teléfono?
bbyeongwon	*biohn-guon*	hospital
eopseoyo	*ohp-soh-io*	No está (educado informal).
gyeseyo	*ge-se-io*	Sí está (educado formal).
isseoyo	*i-soh-io*	Sí está (educado informal).
jamkkanman gidarise-yo	*cham-kan-man gi-da-ri-se-io*	Espera un momento.
jip	*chip*	casa
nuguseyo?	*nu-gu-se-io?*	¿Quién es?
sijang	*shi-chang*	mercado

Cartas y postales

A nadie le encanta hacer cola en una oficina de correos, y a poca gente le gusta hacer esperar a otros, así que, cuando vayas a enviar o recoger una carta a correos, estaría bien que conocieras algunas frases para que todo fluya más rápido. Si quieres enviar una **pyeonji** (*piohn-chi*; carta) o una **yeopseo** (*iop-soh*; postal), usa las frases que encontrarás en las siguientes secciones para desenvolverte en una **ucheguk** (*u-tse-guk*; oficina de correos).

Comprar sellos

Si quieres comprar **upyo** (*u-pio*; sellos) para tu envío, pero no sabes cuántos necesitas, pregunta:

> **igeol (lugar) ro bonaegeo sipeunde, upyoreul eolma eochireul buchyeoyahaeyo?** [*i-gohl* (lugar) *ro bo-ne-go shi-puhn-de, u-pio-ru-hl ohl-ma oh-chi-rul bu-tsoh-ia-je-io?*; Quiero enviar esto a (lugar). ¿Cuántos sellos necesito?].

Cuando te digan el importe, puedes responder:

> **(importe) won eochi upyoreul juseyo** [(importe) *uon oh-tsi u-pio-ruhl chu-se-io*; Por favor, deme (importe) wons en sellos].

Servicios especiales

Si necesitas enviar algo por correo certificado o mediante algún otro servicio especial, las siguientes frases te podrían resultar útiles:

> **i soporeul (nombre del servicio) ro buchineunde eolmaeyo?** [*i so-po-ruhl* (nombre del servicio) *ro bu-tsi-nuhn-de ohl-ma-e-io?*; ¿Cuánto valdría enviar este paquete mediante (nombre del servicio)?].

> **i soporeul (nombre del servicio) ro buchyeojuseyo** [*i so-po-ruhl* (nombre del servicio) *ro bu-tso-chu-se-io*; Por favor, envíe este paquete mediante (nombre del servicio)].

Los espacios de las frases anteriores los puedes completar con estos métodos de envío:

> **gajang ssan upyeon** (*ga-chang san u-piohn*; el envío más barato).

> **gajang ppareun upyeon** (*ga-chang pa-ruhn u-piohn;* el envío más rápido).

> **hanggong upyeon** (*jang-gong u-piohn*; correo aéreo).

> **jisang upyeon** (*chi-sang u-piohn*; correo terrestre).

> **deunggi upyeon** (*duhng-gi u-piohn*; correo certificado).

Y tal vez necesites conocer también las siguientes frases:

> **bonaeneuni jusoga mwoeyo?** (*bo-ne-nuh-ni chu-so-ga muo-e-io?*; ¿Cuál es la dirección del remitente?).

banneuni jusoga mwoeyo? (*ban-nuh-ni chu-so-ga muo-e-io?;* ¿Cuál es la dirección del destinatario?).

Buscar conexión a internet

Corea es un sueño hecho realidad para cualquier adicto a internet, porque allí puedes encontrar una enorme cantidad de cibercafés, todos equipados con conexiones a velocidad ultrarrápida. Normalmente, estos **PC bang** (*pi-shi-bang*; cibercafé) cobran uno o dos euros por hora, pero, si estás en un hotel o en una zona rica de la ciudad, podrían clavarte una cantidad descabellada, así que asegúrate de preguntar **eolma** (*ohl-ma*; cuánto) vale.

CULTURA GENERAL

En Corea hay miles de cibercafés llenos de ordenadores de última generación (como mínimo, veinte o treinta de ellos) y conexión a internet de altísima velocidad. Suele haber muchísimos cerca de las universidades, para que los estudiantes puedan hacer allí sus trabajos y jugar un poco. Puedes entrar, pagar horas (normalmente muy baratas) y echar un vistazo a tus *e-mails* o navegar por la red para matar el tiempo antes de una cita.

Puedes encontrar un cibercafé preguntando **geuncheoe pisibangi eodie iseoyo?** (*guhn-tsoh-e pi-shi-ban-gi oh-di i-soh-io?*; ¿Hay algún cibercafé cerca?).

CONSEJO

Si quieres saber cómo pedir indicaciones, consulta el capítulo 12.

No te olvides de averiguar el precio antes de empezar: pregunta **sigandang yogeumi eolmaeyo?** (*shi-gan-dang io-guh-mi ohl-ma-e-io?*; ¿Cuál es el precio por hora?).

A menudo, los ordenadores de los cibercafés tienen un número para controlar cuánto rato lo utilizas. Si el dependiente quiere decirte que te sientes en el de un número en particular, podría decirte:

> **(número) beon jarieseo keompyuteoreul sseuseyo** [(número) *bohn cha-ri-e-soh khom-piu-toh-reul suh-se-io*; Por favor, utilice el ordenador número (número)].

Hablando se entiende la gente

ESCUCHA

Sean está en Seúl. Busca un ordenador para consultar su *e-mail* y jugar a algún juego.

Sean:	**geuncheoe pisibangi eodie iseoyo?** *guhn-tsoh-e pi-shi-bang oh-di-e i-soh-io?* ¿Hay algún cibercafé cerca?
Desconocido:	**jeo jjoge hana iseoyo.** *choh cho-ge ja-na i-soh-io.* Hay uno ahí mismo.

Sean se dirige al cibercafé, que parece estar hasta los topes, y se acerca a la dependienta.

Sean:	**jigeum bin jari iseoyo?** *chi-guhm bin cha-ri i-soh-io?* ¿Tienen algún asiento libre?
Dependienta:	**ye, sip chil beon keompyuteoga jigeum biyeo iseoyo.** *ie, ship chil bohn khom-piu-toh-ga chi-guhm bi-ioh i-soh-io.* Sí, el ordenador 17 está libre.
Sean:	**cham, yeogineun sigandang eolmayeyo?** *tsam, ioh-gi-nuhn si-gan-dang ohl-ma-e-io?* Por cierto, ¿cuál es el precio por hora aquí?
Dependienta:	**sigandang cheon obaegwonieyo.** *shi-gan-dang tsohn o-be-guo-ni-e-io.* Son 1.500 wons por hora.
Sean:	**gamsahamnida.** *gam-sa-jam-ni-da.* Gracias.

Palabras para recordar

bin	*bin*	vacío/libre
cham	*tsam*	por cierto
eolmayeyo?	*ohl-ma-e-io?*	¿Cuánto vale?
jari	*cha-ri*	asiento
keompyuteo	*kohm-piu-toh*	ordenador
PC bang	*pi-shi-bang*	cibercafé
sigandang	*shi-gan-dang*	por hora

Juegos y ejercicios divertidos

Une con una línea cada palabra o frase en castellano y su equivalente en coreano. Puedes mirar el Apéndice C para comprobar si tus respuestas son correctas.

Casa	**jip** (*chip*)
Número de teléfono	**nuguseyo** (*nu-gu-se-io*)
Hola	**jeonhwabeonho** (*chohn-jua-bon-jo*)
Amigo	**yeollakcheo** (*iohl-lak-tsoh*)
Información de contacto	**yeobosaeyo** (*ioh-bo-se-io*)
¿Quién eres?	**chingu** (*tsin-gu*)

EN ESTE CAPÍTULO

- Harás negocios tanto en la oficina como comiendo
- Asistirás a reuniones
- Te desenvolverás en casa
- Serás un gran invitado

Capítulo 10

En la oficina y en casa

Tanto si pasas la mayor parte del tiempo en la **samusil** (*sa-mu-shil*; oficina) como si te quedas en **jip** (*chip*; casa), deberías conocer dos o tres palabras relacionadas con **samu yongpum** (*sa-mu yong-pum*; artículos de oficina) y **gajeong yongpum** (*ga-chohng yong-pum*; artículos domésticos). Si conoces algunas frases en coreano sobre estos temas, te será más fácil impresionar a tus compañeros de trabajo o a tus clientes, porque pensarán que te has tomado esa molestia para que se sientan más a gusto con tu conocimiento del coreano.

En este capítulo te enseñaré a decir algunas frases muy útiles que podrás usar en el trabajo, como preguntar dónde están las cosas o cómo utilizar el material de oficina. También veremos frases y palabras que puedes usar en casa de un amigo coreano y elementos culturales coreanos para cuando seas tú quien tenga visita en casa. Así tus amigos coreanos se darán cuenta de que conoces bien su cultura.

RECUERDA

En este capítulo utilizaré el nivel educado formal del coreano cuando hablemos de hacer negocios en la oficina o de asistir a reuniones. En otros momentos, usaré el nivel educado informal, el estándar a lo largo del libro.

A trabajar

Tanto si trabajas para una **hoesa** (*joe-sa*; empresa) como si impartes clases en una **hakgyo** (*jak-gio*; escuela), el **il** (*il*; trabajo) es el **il**. En esta sección te enseñaré algunas palabras y frases útiles para usar de camino al trabajo o cuando llegues allí.

¿Dónde están las cosas en la oficina?

Para empezar, es imprescindible que sepas usar estas frases para sobrevivir en la oficina:

> **keopi gigyega eodie itseumnikka?** (*khoh-phi gi-ge-ga oh-di-e i-suhm-ni-ka?*; ¿Dónde está la máquina de café?).

> **hwajangsiri eodie itseumnikka?** (*jua-chang-shi-ri oh-di-e i-suhm-ni-ka?*; ¿Dónde está el lavabo?).

Fíjate en que ambas frases acaban de la misma forma:

> **(objeto/lugar) i/ga eodie itseumnikka?** [(objeto/lugar) *i/ga oh-di-e i-suhm-ni-ka?*; ¿Dónde está (objeto/lugar)?].

Si quieres especificar que buscas el lavabo de hombres o de mujeres, usa **namja hwajangsil** (*nam-cha jua-chang-shil*; lavabo de hombres) o **yeoja hwajangsil** (*ioh-cha jua-chang-shil*; lavabo de mujeres):

> **namja hwajangsiri eodie itseumnikka?** (*nam-cha jua-chang-shi-ri oh-di-e i-suhm-ni-ka?*; ¿Dónde está el lavabo de hombres?).

> **yeoja hwajangsiri eodie itseumnikka?** (*ioh-cha jua-chang-shi-ri oh-di-e i-suhm-ni-ka?*; ¿Dónde está el lavabo de mujeres?).

RECUERDA

Se utiliza **i** o **ga** dependiendo de si la palabra termina en consonante o en vocal.

Artículos de oficina

Si necesitas dar los últimos retoques a un **bogoseo** (*bo-go-soh*; informe) o firmar un documento, tendrás que conocer algunas palabras relacionadas con los **samuyongpum** (*sa-mu-iong-pum*; artículos de oficina).

En la tabla 10-1 recojo algunas cosas que pueden encontrarse en un escritorio.

CULTURA GENERAL

¿AGUA, TÉ, CAFÉ?

En las oficinas coreanas es bastante complicado encontrar fuentes. En su lugar, suele haber purificadores de agua con **jongikeop** (*chon-gi-kohp*; vasos de papel). Además, la mayoría dispensan tanto **tteogeoun mul** (*toh-goh-un mul*; agua caliente) como **chan mul** (*tsan mul*; agua fría). A veces puede haber **keopi** (*khoh-phi*; café) instantáneo o **cha**; (*tsa*; té) junto al purificador de agua. Si es así, puedes servirte con toda tranquilidad.

TABLA 10-1 Artículos de oficina

Coreano	*Pronunciación*	Español
bolpen	(*bol-pen*)	bolígrafo
chaek	(*tsek*)	libro
gomubaendeu	(*go-mu-ben-duh*)	goma elástica
gongchaek	(*gong-tsek*)	cuaderno
hochikiseu	(*jo-chi-ki-suh*)	grapadora
hyeonggwangpen	(*jiohn-guang-pen*)	subrayador
jongi	(*chon-gi*)	papel
keullip	(*kuhl-lip*)	clip
munseo	(*mun-soh*)	documento
pyeonjibongtu	(*piohn-chi-bong-tu*)	sobre
seoryu	(*soh-riu*)	papeles
seukachi teipeu	(*suih-ka-tsi teip*)	celo
sseuregitong	(*suh-re-gi-tong*)	papelera
syapeu	(*sha-puh*)	lápiz de minas
upyo	(*u-pio*)	sello
yeonpil	(*iohn-phil*)	lápiz

Si necesitas cualquiera de estos objetos, puedes preguntar **(objeto) eul/reul eodieseo guhalsu itseumnikka?** [(objeto) *uhl/ruhl oh-di-soh gu-jal-su i-suhm-ni-ka?*; ¿Dónde puedo conseguir un/algún (objeto)?].

Si quieres pedir algo prestado, pregunta **(objeto) eul/reul jom billil-su itgetseumnikka?** [(objeto) *uhl/ruhl chom bi-lil-su i-ge-suhm-ni-ka?*; ¿Puedo tomar prestado un/algún (objeto)?].

Aparatos de oficina

Si quieres usar un aparato de uso compartido en la oficina, necesitarás preguntar dónde está y cómo se usa, porque la mayoría de las veces las instrucciones estarán en coreano.

> **(objeto) i/ga eodie itseumnikka?** [(objeto) *i/ga oh-di-e i-suhm-ni-ka?*; ¿Dónde está el/la (objeto)?].
>
> **(objeto) eul/reul jom sseodo doegetseumnikka?** [(objeto) *uhl/ruhl chom soh-do doe-ge-suhm-ni-ka?*; ¿Podría utilizar el/la (objeto)?].
>
> **(objeto) eul/reul bonaego sipeunde, jom dowa jusigetseumnikka?** [(objeto) *uhl/ruhl bo-ne-go si-puhn-de, chom do-gua chu-si-ge-suhm-ni-ka?*; Quiero enviar un/una (objeto), ¿puede ayudarme, por favor?].
>
> **(objeto) eul/reul boksahago sipeunde, jom dowa jusigetseumnikka?** [(objeto) *uhl/ruhl bok-sa-ja-go si-puhn-de, chom do-gua chu-si-ge-suhm-ni-ka?*; Quiero copiar un/una (objeto), ¿puede ayudarme, por favor?].

CONSEJO

Si tienes prisa, la frase más útil es **jom dowa jusigetseumnikka?** (*chom do-ua chu-shi-ge-suhm-ni-ka?*; ¿Puede ayudarme, por favor?), así que puedes señalar algo y decirla. La persona con la que hablas entenderá lo que quieres decir.

Si necesitas ayuda para usar algo, usa la frase **(objeto) eul/reul sseuneungeoseul jom dowa jusigetseumnikka?** [(objeto) *uhl/ruhl suh-nuhn-goh-suhl chom do-gua chu-si-ge-suhm-ni-ka?*; ¿Puede ayudarme a usar el/la (objeto), por favor?]. En la tabla 10-2 tienes algunos de los aparatos que podrías necesitar para tu trabajo.

TABLA 10-2 **Equipamiento de oficina**

Coreano	*Pronunciación*	Español
boksagi	(*bok-sa-gi*)	fotocopiadora
jeonhwa	(*chohn-jua*)	teléfono
keompyuteo	(*kohm-piu-toh*)	ordenador

Coreano	*Pronunciación*	Español
paekseu	(*phek-suh*)	fax
peurinteo	(*puh-rin-toh*)	impresora
peurojekteo	(*puh-ro-chek-toh*)	proyector

Para usar un ordenador

Tanto para imprimir un informe como para leer las novedades de las empresas o consultar tu e-mail, los ordenadores son una herramienta indispensable en la oficina. Sé que quizás eres un experto en ordenadores, pero cuando le pidas permiso a alguien para usar su ordenador y te encuentres con que está todo en coreano, seguramente necesitarás ayuda.

Las siguientes frases te serán útiles para hacerlo:

> **keompyuteoreul jom sseulsu itgetseumnikka?** (*kohm-piu-toh-ruhl chom suhl-su it-ge-suhm-ni-ka?*; ¿Podría usar el ordenador, por favor?).
>
> **su-pe-in-eo japaneuro jom bakkwo jusilsu itgetseumnikka?** (*iohn-goh cha-pa-nuh-ro chom bak-kuo chu-shil-su it-ge-suhm-ni-ka?*; ¿Podrías cambiar el idioma del teclado a español, por favor?).
>
> **imeileul jom hwaginhalsu itgetseumnikka?** (*i-me-i-ruhl chom jua-gin-jal-su it-ge-suhm-ni-ka?*; ¿Podría mirar mi e-mail?).
>
> **inteonet beuraujeoreul jom ttuiwojusigetseumnikka?** (*in-toh-ne-toh buh-ra-u-choh-reuhl chom tui-guo-chu-si-get-suhm-ni-ka?*; ¿Podrías abrirme un navegador de internet, por favor?).
>
> **i munseoreul chullyeokhae jusilsu itgetseumnikka?** (*i mun-soh-ruhl tsul-lioh-ke chu-shil-su it-ge-suhm-ni-ka?*; ¿Podrías imprimirme este documento, por favor?).
>
> **paireul ryeoreo jusilsu itgetseumnikka?** (*pha-i-ruhl rioh-roh chu-sil-su it-ge-suhm-ni-ka?*; ¿Podrías abrirme este fichero, por favor?).
>
> **pail jom bonae jusilsu itgetseumnikka?** (*pha-il chom bon-e chu-shil-lsu it-ge-suhm-ni-ka?*; ¿Podrías enviar este fichero por mí, por favor?).

Después, no te olvides de dar las gracias a quien te ha ayudado:

keompyuteoreul jal sseotseumnida, gamsahamnida (*kohm-piu-toh-ruhl chal soh-suhm-ni-da, gam-sa-jam-ni-da*; Gracias por dejarme usar el ordenador).

O, en general, puedes decir:

dowa jusyeoseo jeongmal gamsahamnida (*do-ua chu-shoh-soh chohng-mal gam-sa-jam-ni-da*; Muchas gracias por ayudarme).

CÓMO LLAMAR A TUS COMPAÑEROS Y SUPERIORES

CULTURA GENERAL

Para una persona de tu nivel o de uno inferior, debes usar su nombre completo o su apellido seguido de su cargo. Por ejemplo, si alguien se llama Son Jihoon, la primera palabra es su apellido, Son, y el resto es su nombre de pila, Jihoon, así que deberías dirigirte a él como "Son Jihoon (cargo)", "Son (cargo)" o solo por el cargo.

¡Muy importante! Nunca te dirijas a un **sangsa** (*sang-sa*, superior) por su nombre de pila. La sociedad coreana sigue una jerarquía muy estricta que requiere que te dirijas a tus superiores por su cargo y su apellido o nombre completo. Si tu jefa es vicepresidenta de la compañía y su nombre es Erica Choi, deberías llamarla "Erica Choi **busajangnim** (*bu-sa-chang-nim*; vicepresidente/a)", "Choi **busajangnim**" o incluso "**busajangnim**" a secas. El **nim** tras el cargo de alguien es señal de respeto.

Aquí tienes algunos cargos habituales:

» **sajang**	*sa-chang*	presidente
» **busajang**	*bu-sa-chang*	vicepresidente
» **gwang**	*guang*	jefe de sección
» **bujang**	*bu-chang*	jefe de departamento
» **chajang**	*tsa-chang*	vicejefe de departamento
» **timjang**	*tim-chang*	jefe de equipo
» **gwajang**	*gua-chang*	supervisor de equipo
» **daeri**	*de-ri*	representante/asistente

Recuerda añadir **nim** tras cada uno de estos cargos cuando te dirijas a un superior.

Si buscas a alguien de la oficina

Las siguientes frases te serán útiles si estás buscando a alguien de la oficina:

(nombre) jariga eodi imnikka? [(nombre) *cha-ri-ga oh-di im-ni-ka?*; ¿Dónde está el asiento de (nombre)?].

(nombre) kkeseo jarie gyesimnikka? [(nombre) *ke-soh cha-rie ge-shim-ni-ka?*; ¿Está (nombre) en la oficina?].

jamsiman gidaryeo jusipsiyo (*cham-shi-man gi-da-rioh chu-ship-shi-o*; Un momento, por favor).

jarie gyesinji hwagin haedeurigetseumnida (*cha-rie ge-shin-chi hoa-gin he-duh-ri-ge-suhm-ni-da*; Iré a ver si está allí).

ye, jeogi imnida (*ie, ioh-gi im-ni-da*; Sí, está allí).

ye, jarie gyesimnida (*ie, cha-rie ge-shim-ni-da*; Sí, su asiento está allí).

jigeum jarie an gyesimnida (*chi-guhm cha-rie an-ge-shim-ni-da*; No, no está aquí).

meseji namgyeo deurilkkayo? (*me-se-chi nam-gioh duh-ril-ka-io?*; ¿Quiere dejarle un mensaje?).

Si buscas un lugar de la oficina

Usa las siguientes frases si buscas un despacho, sala de reuniones, lavabo, área de descanso, etcétera:

(lugar) i/ga eodie itseumnikka? [(lugar) *i/ga oh-di-e i-suhm-ni-ka?*; ¿Dónde está (lugar)?].

hoeuisiri eodie itseumnikka? (*jue-wi-shi-ri oh-di-e i-suhm-ni-ka?*; ¿Dónde está la sala de reuniones?).

La respuesta a esta pregunta podría ser algo como:

a, je samusil yeope itseumnida (*a, che sa-mu-shil ioh-pe i-suhm-ni-da*; Ah, está junto a mi despacho).

Algunas palabras útiles que deberías conocer son **ape** (*a-pe*, frente a), **yeope** (*ioh-pe*, junto a) o **dwie** (*dwi-e*, detrás de).

Hablando se entiende la gente

Brian está buscando al señor Kim y pasa por su despacho a ver si está allí.

Brian: **gim timjangnimkkeseo jariegyesimnikka?**
kim tim-chang-nim-ke-se-o cha-rie-ge-shim-ni-ka?
¿Está el jefe de equipo Kim en su asiento?

Secretaria: **jamsiman gidaryeo jusipsiyo, jarie gyesinji hwaginhae deurigetseumnida.**
cham-shi-man gi-da-rioh chu-ship-si-io, cha-rie ge-shin-chi hua-gin-je duh-ri-ge-suhm-ni-da.
Un momento, por favor, iré a comprobar si está.

Brian: **ye, gamsahamnida.**
ie, gam-sa-jam-ni-da.
Sí, gracias.

Secretaria: **ye, jigeum jarie gyesimnida, gim timjangnimkkeseo got naosilgeomnida.**
ie,chi-guhm, cha-rie ge-shim-ni-da, Kim tim-chang-nim-ke-soh got na-o-shil-gohm-ni-da.
Sí, está en su asiento. El jefe de equipo señor Kim saldrá a verle en un momento.

Sr. Kim: **smith gwajangnim, waenirisimnikka?**
smith gua-chang-nim, ue-ni-ri-shim-ni-ka?
Señor Smith, ¿qué hace usted por aquí?

Brian: **hoegye gwallyeon jaryoe gwanhae mureobolge iseoseoyo, hoeuiga kkeunnamyeon jamsi mannaseo yegihal su itgetseumnikka?**
joe-ge gual-liohn cha-rio-e guan-he mu-roh-bol-ge i-soh-soh-io, joe-wi-ga kuhn-na-miohn cham-shi man-na-soh ie-gi-jal su it-ge-suhm-ni-ka?
Tengo algunas preguntas contables que hacerle. ¿Podríamos quedar para hablar después de la reunión?

Sr. Kim: **joseumnida, du sie jigwon hyugesireseo mannalkkayo?**
cho-suhm-ni-da, du-shi-e chi-guon jiu-ge-shi-re-soh man-nal-ka-io?
De acuerdo, ¿qué tal si quedamos a las dos en la sala de empleados?

Brian: **ye, josseumnida, geureom sugohasipsiyo.**
ie, cho-suhm-ni-da, guh-rohm su-go-ja-ship-si-io.
Sí, de acuerdo, que tenga un buen día.

Palabras para recordar

bokdo	*bok-do*	sala
chulgu	*tsul-gu*	salida
ellibeiteo	*el-le-bei-toh*	ascensor
gyedan	*ge-dan*	escaleras
ipgu	*ip-gu*	entrada
japangi	*cha-pan-gi*	máquina expendedora
jeongsugi	*chohng-su-gi*	purificador de agua
robi	*ro-bi*	vestíbulo

En reuniones

Asistir a reuniones es una parte inevitable del trabajo. Si vas a negociar con clientes coreanos, es probable que ellos lleven su intérprete de coreano, pero hablar un poco en su idioma al inicio de la reunión les causará una muy buena primera impresión y te dará ventaja respecto a la competencia.

Presentaciones

Para presentaciones de carácter más personal, echa un vistazo al capítulo 3, donde hablamos de hacer reverencias y dar la mano. Veamos un par de presentaciones habituales que se usan en las reuniones:

yeoreobun, annyeonghashimnikka (*ioh-roh-bun, an-ñohng-ja-shim-ni-ka*; Hola a todos).

yeoreobun, mannaseo bangapseumnida (*ioh-roh-bun, man-na-soh ban-gap-suhm-ni-da*; Es un placer verlos a todos).

hoeuireul sijak hagetseumnida (*hoe-wi-ruhl shi-chak ja-ge-suhm-ni-da*; Empecemos la reunión).

Intervenir en una reunión

Las siguientes frases podrían irte bien durante la reunión:

jilmuni itseumnida (*chil-mu-ni i-suhm-ni-da*; Tengo una pregunta).

geonuisahangi itseumnida (*goh-nui-sa-jan-gi i-suhm-ni-da*; Tengo una sugerencia).

siksa hue hoeuireul gyesokhagetseumnida (*shik-sa ju-e jo-e-wi-ruhl ge-sok-ja-ge-suhm-ni-da*; Continuaremos después de comer).

jamsi swieotda dasi sijakhagetseumnida (*cham-shi shui-oht-da da-shi shi-chak-ja-ge-suhm-ni-da*; Haremos un pequeño descanso antes de seguir).

(número) bungan hyusigi itgetseumnida [(número) *bun-gan jiu-shi-gi it-ge-suhm-ni-da*; Haremos un descanso de (número) minutos].

pigonhasimnikka? (*pi-gon-ja-shim-ni-ka?*; ¿Está cansado/a?).

jeongmal pigonhamnida (*chohng-mal pi-gon-jam-ni-da*; Estoy agotado/a).

gwaenchansseumnida (*guen-tsan-suhm-ni-da*; Estoy bien).

jom swieotda halkkayo? (*chom shui-ot-da jal-ka-io?*; ¿Quiere tomarse un descanso?).

oneul hoeuireul iman machigetseumnida (*o-nuhl joe-wi-ruhl i-man ma-tsi-ge-suhm-ni-da*; Finalicemos la reunión de hoy).

Comentarios acerca de otra gente

Esta sección recoge comentarios que los coreanos pueden hacer acerca de otra persona, quizás incluso sobre ti.

jom ginjanghangeot gatseumnida (*chom gin-chang-jan-goht ga-suhm-ni-da*; Yo/tú/él/ella parece un poco nervioso/a). En la frase no hay sujeto, así que puede usarse según el contexto.

mwonga jom misimjeokseumnida (*muon-ga chom mi-shim-chohk-suhm-ni-da*; Suena cuestionable; educado formal).

jeongmal joeungeot gatseumnida (*chohng-mal cho-uhn-goht ga-suhm-ni-da*; Suena genial; educado formal).

iri jal jinhaengdoeneun geot gatseumnida (*i-ri chal chin-heng-doe-nuhn goht ga-suhm-ni-da*; Parece que todo va bien; educado formal).

Comidas de negocios

En muchas oficinas se suelen organizar **hoesik** (*hoe-shik*; comidas de empresa). Son habituales en la cultura empresarial coreana y, aunque puedes saltarte algunas, es mejor que asistas a todas las que puedas, porque son una buena oportunidad de conocer a la gente de tu oficina y hablar con ellos.

A veces, tras la comida, se van todos a otro restaurante o a un bar. Cada cambio de lugar recibe el nombre de **cha** (*tsa*, ronda). La **il cha** (*il-tsa*; primera ronda) puede consistir en comer en un bonito restaurante, la **i cha** (*i-tsa*; segunda ronda) puede ubicarse en un bar, luego en otro, después en un bar con karaoke... Se dan casos en los que algunos trabajadores pasan así toda la noche y al día siguiente van directamente a la oficina.

Si sales por ahí con tus colegas después de tu primer día de trabajo allí, tus compañeros te servirán una copa tras otra, así que ve con cuidado.

Beber de forma educada

Durante la primera ronda de la noche beber es buena idea, o por lo menos levantar tu vaso cuando el resto lo haga.

Puede que oigas a gente preguntando **hanjan badeusijyo?** (*jan-chan ba-duh-shi-cho?*; ¿Quieres un trago?), ofrecerse bebidas unos a otros e ir pasándose el vaso. Esto recibe el nombre de **janeul dollinda** (*cha-nuhl dol-lin-da*; pasar el vaso) y, durante el proceso, todo el mundo comparte el mismo vaso. Si te apetece, puedes beber un trago y servir otro a alguien, pero echa antes un vistazo a la siguiente sección.

Servir copas

RECUERDA

En Corea se considera de mala educación servirse un trago a uno mismo.

Si quieres beber, coge tu vaso vacío con la mano derecha, usa la izquierda para sujetar tu brazo derecho y mueve el vaso de lado a lado mientras miras a alguien; esa persona pillará la indirecta y te servirá un trago. De la misma forma, si ves a alguien pedir un trago con este movimiento, no olvides echarle una mano.

Servir a (y ser servido por) tus superiores

CONSEJO

Otra cosa que deberías tener siempre presente es servir a tus superiores o personas de más edad usando ambas manos, ya sea agarrando la botella con ellas o sujetando tu brazo derecho con tu mano izquierda. Cuando sea esa persona quien te sirva a ti, sujeta tu vaso con las dos manos.

CONSEJO

Quizá prefieras echar un vistazo alrededor y observar cómo lo hacen los demás antes de hacerlo tú. Si estás bebiendo con tus iguales, con tus subordinados o con tus amigos, no importa demasiado lo que hagas.

Sin embargo, cuando bebas con un superior, asegúrate de girar la cabeza hacia un lado para no estar de cara a él cuando bebas el trago que te haya servido. Beber mirando de frente se considera grosero y una falta de respeto.

Si tienes que rechazar una bebida

Si no bebes, di **sureul anmasimnida** (*su-ruhl an-ma-shim-ni-da*; No bebo), y si bebes, pero crees que ya no deberías beber más porque has llegado a tu límite, di **sureul deo mot masimnida** (*su-ruhl doh mot ma-shim-ni-da*; No puedo beber más). Aun así, puede que tus compañeros no te crean y sigan sirviéndote copas. Forma parte de la cultura coreana, así que no te sorprendas si la gente te obliga a beber.

Siéntete como en casa

Si estás en casa de un amigo coreano, intentará hacer todo lo posible para que te sientas como en tu casa. Acepta amablemente su generosidad. En estos momentos, es correcto usar el nivel educado informal que hemos visto en capítulos anteriores en lugar del nivel educado formal que emplearíamos en un entorno profesional.

En esta sección te enseñaré algunas frases y palabras básicas que necesitarás para causar una buena impresión en tus anfitriones mientras estés en su casa. Veremos varios temas, como los diferentes tipos de casas coreanas, cómo usar el baño, visitar la casa de un amigo coreano, qué decir cuando te enseñen la casa y los buenos modales cuando comes o bebes en casa de alguien.

Tipos de viviendas

Una casa puede ser un apartamento, un piso o una casa unifamiliar. En Corea, como en España, a cualquier vivienda se la suele llamar **jip** (*chip*; casa), indistintamente del tipo que sea, como los tipos que tienes en la tabla 10-3.

TABLA 10-3 **Tipos de viviendas**

Coreano	*Pronunciación*	Español
apateu	(*a-pa-tuh*)	apartamento
dandok jutaek	(*dan-dok chu-tek*)	casa independiente
wollum	(*uol-lum*)	estudio
yeollip jutaek	(*iohl-lip chu-tek*)	casa adosada

LA BASURA EN COREA, UN TEMA SERIO

CULTURA GENERAL

El gobierno coreano sigue una política muy estricta en cuanto a la basura y exige que en cada casa se compren unas **jongnyangje sseuregi bongtu** (*chong-ñang-che suh-re-gi bong-tu*; bolsas de basura) especiales.

Cuando vayas a tirar la basura, separa siempre el papel, el plástico, las latas y las sobras orgánicas. De hecho, las sobras van en unas bolsas distintas, las **eumsingmul sseuregi bongtu** (*uhm-shing-mul suh-re-gi bong-tu*; bolsas de basura para sobras).

Si, por lo que sea, decides meter la bolsa en otra bolsa, asegúrate de que la permitida por el gobierno se vea claramente o infringirás la ley. Como resultado, la mayoría de los coreanos reciclan todo lo que pueden.

Para decirle a alguien dónde vives, usa esta frase:

> **jeoneun (tipo de vivienda) eseo sarayo** [(*choh-nuhn* (tipo de vivienda) *e-soh sa-ra-io*; Vivo en un/una (tipo de vivienda)].

Pero si te refieres a tu casa en una conversación, usa **uri jip** (*u-ri chip*; nuestra casa).

Literalmente, **uri jip** (*uri-chip*) o **jeohui jip** (*choh-hwi chip*) significan 'nuestra casa', pero en coreano conversacional, se usan **uri** y **jeohui** en vez de **nae** (*ne*; mi).

En el baño

Hay ciertas cosas que podrían sorprenderte cuando te duches en un baño coreano. La primera es que no hay cortina de ducha ni ningún material textil en contacto con el suelo. Esto es así porque los baños coreanos tienen un sistema de desagüe en el suelo, así que el hecho de que el agua salpique fuera de la ducha no es un problema. Es habitual que el suelo del baño se moje, por lo que necesitarás comprar un par de chanclas de plástico para ponerte cuando te duches.

Lo siguiente que podría dejarte boquiabierto es que puede que la bañera esté llena de cosas varias, tanto que puede que te preguntes si los coreanos usan las bañeras para bañarse. La verdad es que normalmente no... Suelen ducharse en ellas, con la alcachofa de la ducha colgada de su soporte, o bañar a los niños allí. A la mayoría de los adultos, más que bañarse en casa, les ENCANTA ir a los baños públicos. Actualmente, los pisos nuevos tienen duchas en lugar de bañeras por este motivo.

Por último, un tema muy importante, en especial si no te gusta ducharte con agua fría. Para ducharte con agua caliente tendrás que encender el calentador de forma manual, y más te vale hacerlo minutos antes de abrir el grifo del agua caliente o empezarás tu mañana con un buen susto. Para evitar que suceda esto, mejor pregunta a tu anfitrión **jigeum tteugeoun mul nawayo?** (*chi-guhm tuhn-goh-un mul na-gua-io?*; ¿Está encendida el agua caliente?).

De visita en una casa coreana

En esta sección te enseñaré algunas palabras para determinadas actividades domésticas, como pasar el rato con amigos o picar algo.

RECUERDA

Los coreanos no llevan zapatos en casa, así que, cuando visites una casa coreana, recuerda quitártelos: es señal de que respetas tanto a la persona que visitas como su casa, y se consideraría muy grosero y sucio entrar calzado. Una casa coreana es como un santuario al que regresar a descansar después de un día de duro trabajo, y uno no querría llevarse toda la suciedad de la calle a un lugar que se supone que debe ser limpio y relajante. De todas formas, podría darse el caso de que tu anfitrión te dijera que no pasa nada y que puedes entrar con zapatos, pero solo estaría intentando ser educado y procurando que te sientas cómodo en su casa, así que mi consejo sigue siendo que te los quites.

Una vuelta por la casa

Quizá tu **chingu** (*tsin-gu*; amigo/a) te haga un recorrido por toda la casa para enseñártela. En ese caso, estas frases podrían serte de utilidad:

> **yeogiga eoneu bangieyo?** (*ioh-gi-ga oh-nuh ban-gi-e-io?*; ¿Qué habitación es esta?).
>
> **yeogiga nugu bangieyo?** (*ioh-gi-ga nu-gu ban-gi-e-io?*; ¿De quién es esta habitación?).
>
> **bangi myeot gaeeyo?** (*ban-gi miot ge-e-io?*; ¿Cuántas habitaciones hay?).

En la tabla 10-4 tienes algunas palabras para referirte a varias partes de la casa.

TABLA 10-4 En una casa

Coreano	*Pronunciación*	Español
anbang	(*am-bang*)	dormitorio principal
bang	(*bang*)	habitación
beranda	(*be-ran-da*)	balcón/porche
bueok	(*bu-ohk*)	cocina
byeokjang	(*biok-chang*)	armario empotrado (para cualquier cosa)
changgo	(*chang-go*)	trastero
chimsil	(*tsim-shil*)	dormitorio
daemun	(*de-mun*)	puerta
geosil	(*goh-shil*)	sala de estar
hwajangsil	(*jua-chang-shil*)	baño
hyeongwan	(*jyon-guan*)	entrada
otjang	(*ot-chang*)	armario empotrado (para ropa y mantas)
seojae	(*soh-che*)	estudio

Pasando el rato

Cuando estés pasando el rato en la terraza de alguien o viendo una película en su sala de estar, conocer estas frases te será de utilidad:

eumageul teulkkayo? (*uh-ma-guhl tuhl-ka-io?*; ¿Quieres que ponga música?).

yeonghwareul bolkkayo? (*iohng-jua-ruhl bol-ka-io?*; ¿Quieres ver una película?).

terebireul bolkkayo? (*te-re-bi-ruhl bol-ka-io?*; ¿Quieres ver algo en la televisión?).

bureul kkeulkkayo? (*bu-ruhl kuhl-ka-io?*; ¿Quieres que apague las luces?).

bureul kilkkayo? (*bu-ruhl kil-ka-io?*; ¿Quieres que encienda las luces?).

mwo piryohangeo iseuseyo? (*muo pi-rio-han-goh i-suh-se-io?*; ¿Necesitas algo?).

deouseyo? (*doh-u-se-io?*; ¿Tienes calor?).

chuuseyo? (*chu-u-se-io?*; ¿Tienes frío?).

Hablando se entiende la gente

ESCUCHA

Bill está visitando a Christine en Seúl, y están pasando el rato en su casa.

Bill: **keuristinssi, yeonghwana han pyeon bolkkayo?**
cuh-ris-tin-shi, iohng-jua jan piohn bol-ka-io?
Christine, ¿te gustaría ver una película?

Christine: **ye, monti paiton joahaseyo?**
ie, mon-ti pai-ton cho-a-ha-se-io?
Sí, ¿te gustan *Monty Python*?

Bill: **dangyeonhi joahajyo.**
dan-giohn-ji cho-a-yo.
Claro que me gusta.

Christine:	**geureom uri geugeo bwayo.** *guh-rohm u-ri guh-goh bua-io.* Veamos esa, entonces.
Bill:	**geureojyo mwo.** *guh-roh-cho muo.* Claro, hagámoslo.

Palabras para recordar

achim	*a-tsim*	desayuno
bangseok	*bang-sohk*	cojines
bul	*bul*	luces/fuego (depende del contexto)
dibidi	*di-bi-di*	DVD
dibidi peulleieo	*di-bi-di ple-ioh*	reproductor de DVD
jeomsim	*chohm-shim*	almuerzo
jeonyeok	*choh-ñohk*	cena
keopi teibeul	*khoh-phi tei-bol*	mesita de café
radio	*ra-di-o*	radio
sopa	*so-pha*	sofá
takja	*tak-cha*	mesa pequeña
terebi	*te-re-bi*	televisor
yeonhwa	*iohn-jua*	película

Comer y beber

Si quieres más información acerca de comer, la encontrarás en el capítulo 5, pero aquí recojo algunas palabras y frases que puedes usar cuando quieras picar algo o cocinar alguna cosa en casa de otra persona:

> **eumnyosu han jan masilleyo?** (*uhm-ño-su jan-chan ma-shil-le-io?*; ¿Quieres beber algo?).

eumnyosu han jan masilsu iseulkkayo? (*uhm-ño-su jan-chan ma-shil-su i-suhl-ka-io?*; ¿Puedo beber algo?).

mwo masilleyo? (*muo ma-shil-le-io?*; ¿Qué quieres beber?).

baegopeuseyo? (*be-go-puh-se-io?*; ¿Tienes hambre?).

meogeul geot jom gatda deurilkkayo? (*moh-guhl goht chom gat-da duh-ril-ka-io?*; ¿Quieres que traiga algo para comer?).

mwo jom sikyeo meogeulkkayo? (*¿muo chom shi-kioh moh-guhl-ka-io?*; ¿Quieres que pida algo de comer?).

(cualquier cosa) i/ga piryohaseyo? [(cualquier cosa) *i/ga pi-rio-ha-se-io?*; ¿Necesitas (cualquier cosa)?].

(comida) deusilleyo? [(comida) *duh-shil-le-io?*; ¿Quieres comer (comida)?].

(bebida) masillaeyo? [(bebida) *ma-shil-le-io?*; ¿Quieres beber (bebida)?].

(cualquier cosa) sseodo doelkkayo? [(cualquier cosa) *soh-do-doel-ka-io?*; ¿Puedo usar (cualquier cosa)?].

(cualquier cosa) iseoyo? [(cualquier cosa) *i-soh-io?*; ¿Tienes (cualquier cosa)?].

CULTURA GENERAL

La mayoría de los coreanos tienen mesas y sillas en el comedor, pero no todos. A veces te tocará sentarte en el suelo y que te sirvan la comida en una mesa plegable. Esto puede acabar afectando a tus piernas, así que, si te duelen más de lo que puedes soportar, discúlpate y pregunta si te puedes sentar un rato en el sofá, quedarte de pie o caminar un poco; los coreanos lo entenderán perfectamente.

Hablando se entiende la gente

A Doug le entra hambre y quiere comer algo.

Doug: (frotándose la barriga) **june, hoksi gansikgeori eopseoyo?**
chun, hok-shi gan-shik-goh-ri ohp-soh-io?
June, ¿tienes algo para picar?

June: **eojjeojyo? gansikgeoriga eomneundeyo, tongdalgirado sikilkkayo?**

oh-choh-cho? gan-shik-goh-ri-ga ohm-nuhn-de-io, tong-dal-gi-ra-do shi-kil-ka-io?

¿Sabes? No tengo nada de picar. ¿Pido pollo frito?

Doug: **jega sikilkkeyo, jeonhwabeonhoga mwojyo?**

che-ga shi-kil-ke-io, chohn-jua-bohn-jo-ga muo-cho?

Lo pido yo, ¿cuál es el número de teléfono?

June: **032-933-7495eyo.**

gong-sam-i-gu-sam-sam-tsil-sa-gu-o-e-io.

Es el 032-933-7495.

Doug: (descuelga el teléfono y marca el número) **yeobosaeyo, yeogi ABC apateu 9 dong 102 ho indeyo tongdak hanmarirang maekju dubyeong gatdajuseyo, gomawoyo.**

Ioh-bo-se-io, ioh-gi ABC a-pa-tu 9-dong 102-ho in-de-io tong-dak jan-ma-ri-rang mek-chu du-biohng gat-da-chu-se-io, go-ma-wo-io.

Hola, este es el edificio 9 de los apartamentos ABC, piso 102. Por favor, traiga un pollo frito y dos botellas de cerveza, gracias.

Palabras para recordar

banchan	*ban-tsan*	plato de acompañamiento
bap	*bap*	arroz
bapgonggi	*bap-gong-gi*	bol de arroz
doma	*do-ma*	tabla de cortar
eummyosu	*uhm-mio-su*	refresco
gansikgeori	*gan-shik-goh-ri*	snack
geureut	*guh-ruh*	bol
gwaja	*gua-cha*	galletas saladas
jan	*chan*	vaso
jeonjareinji	*chohn-cha-re-in-chi*	horno microondas

jeopsi	*chohp-shi*	plato
kal	*kal*	cuchillo
maekju	*mek-chu*	cerveza
keop	*kohp*	copa
naengjanggo	*neng-chang-go*	nevera
naengdonggo	*neng-dong-go*	congelador
sikilkkayo?	*shi-kil-ka-io?*	¿Pido...?
siktak	*shik-tak*	mesa de comedor
soju	*so-chu*	bebida alcohólica coreana
sul	*sul*	bebida alcohólica
tongdak	*tong-dak*	pollo asado

Si te quedas a dormir

Si acabas quedándote a dormir en casa de un amigo coreano, puede que en el dormitorio no haya **chimdae** (*tsim-de*; cama), ya que en las casas tradicionales coreanas la gente pone gruesas mantas en el suelo en lugar de camas de estilo occidental.

Si quieres saber por qué hacen esto, consulta la sección "No entres en una casa con los zapatos puestos", del capítulo 20.

Las siguientes frases te serán de utilidad durante tu visita:

annyeonghi jumuseyo (*an-ñong-hi chu-mu-se-io*; Que duerma bien; educado formal, para gente mayor que tú).

jal jayo (*chal cha-io*; Que duermas bien; puede usarse con cualquier persona que no sea mayor que tú).

pyeonhi swiseyo (*pion-hi sui-se-io*; Que descanses).

eodiseo jal kkayo? (*oh-di-soh chal ka-io?*; ¿Dónde duermo?).

Al despertar por la mañana, sería buena idea usar las siguientes frases:

annyeonghi jumusyeoseoyo? (*an-ñong-ji chu-mu-shoh-soh-io?*; ¿Has dormido bien?; se usa con gente mayor que tú).

jal jaseoyo? (*chal cha-se-io?*; ¿Has dormido bien?; educado informal, para gente que no sea mayor que tú).

Asuntos de higiene

Tal vez quieras lavarte los dientes antes de acostarte o pedir una toalla para ducharte, así que estas frases podrían resultarte útiles:

sugeoni piryohaseyo? (*su-goh-ni pi-rio-ha-se-io?*; ¿Necesitas una toalla?).

sugeoneul jom billilsu iseulkkayo? (*su-gohn-uhl chom bi-lil-su i-suhl-ka-io?*; ¿Me dejas una toalla?).

chitsori piryohaseyo? (tsi-so-ri pi-rio-he-se-io?; ¿Necesitas un cepillo de dientes?).

chitsol han gae billilsu iseulkkayo? (*chi-sol han-ge bi-lil-su i-suhl-ka-io?*; ¿Me dejas un cepillo de dientes?).

syawo hasillaeyo? (*sha-uoh ja-shil-le-io?*; ¿Quieres ducharte?).

syawo jom haedo gwaenchanayo? (*sha-uoh chom he-do guen-cha-na-io?*; ¿Podría ducharme?).

En caso de accidente

A veces, los retretes se atascan. De hecho, en Corea pasa a menudo. En ese caso, siempre es mejor confesar que lo has atascado y pedir ayuda a tu anfitrión.

Si insistes en buscar un desatascador, porque te da vergüenza decírselo, ve a una **jeonpasa** (*chohn-pa-sa*; ferretería) y pregunta **byeongitong ttulleun geo jom salsu iseulkkayo?** (*bion-gi-tong tul-luhn goh chom sal-su i-suhl-ka-io?*; ¿Podría comprar un desatascador?) o ve a los vecinos y diles **byeongitong ttulleun geo jom billilsu iseulkkayo?** (*bion-gi-tong tul-luhn- goh chom bil-lil-su i-suhl-ka-io?*; ¿Podrían prestarme un desatascador?).

CONSEJO

En coreano no hay una palabra específica para *desatascador*, así que se dice algo así como "la cosa que desatasca retretes", aunque algunos dicen **ttureoppeong** (*tu-roh-pohng*; cosa que desatasca). Mientras preguntas, sería útil que acompañases tus palabras con el movimiento de desatascar.

Hablando se entiende la gente

ESCUCHA

Bill se va a quedar a dormir en casa de Christine y quiere ducharse antes de acostarse.

Christine: **sopae baegehago ibureul rollyeo nwaseoyo.**
so-pe be-ge-ja-go i-bu-ruhl rol-lioh nua-soh-io.
Te he puesto una almohada y una manta en el sofá.

Bill: **gomawoyo ceuristinssi, geureonde hoksi sugeon jom billilsu iseulkkayo?**
go-ma-uo-io cris-tin-shi, guh-rohn-de jok-shi su-gohn chom bil-lil-su i-suhl-ka-io?
Gracias, Christine. ¿Podrías prestarme una toalla?

Christine: **dangyeonhajyo, jamkkanmannyo.**
dan-gohn-ja-cho, cham-kan-ma-ño.
Claro, un momento.

Bill: **gomawoyo.** (Bill coge la toalla y entra en el baño.)
go-ma-uo-io.
Gracias.

Palabras para recordar

begye	*be-ge*	almohada
binu	*bi-nu*	jabón
chitsol	*tsi-sol*	cepillo de dientes
chiyak	*tsi-iak*	dentífrico
damyo	*da-myo*	manta gruesa
ibul	*i-bul*	manta
jel	*chel*	gel
mogyok	*mo-giok*	baño
renjeutong	*ren-chuh-tong*	estuche para las lentillas
rosyeon	*ro-shohn*	loción

semyeondae	*se-myong-de*	inodoro
sigyeomsu	*shi-giom-su*	líquido de lentillas
siteu	*shi-tuh*	sábana
sugeon	*su-gohn*	toalla
syawo	*sha-uoh*	ducha
yo	*yo*	edredón
yokjo	*iok-cho*	bañera

Limpieza

Si te quedas en casa de alguien más de una noche, quizá sería buena idea ayudarle con las tareas domésticas, así que pregunta dónde está el aspirador o ayuda a fregar los platos. Tus anfitriones quedarán impresionados, no solo por tu coreano, sino también por tu consideración.

Algunas frases útiles:

> **jega cheongsoreul dowadeurilkkeyo** (*che-ga tsohng-so-ruhl do-ua-duh-ril-ke-io*; Ayudaré con la limpieza de la casa).
>
> **jega seolgeosireul dowadeurilkkeyo** (*che-ga sohl-goh-shi-ruhl do-ua-duh-ril-ke-io*; Ayudaré a fregar los platos).
>
> **jega ppallaereul dowadeurilkkeyo** (*che-ga pal-le-ruhl do-ua-duh-ril-ke-io*; Ayudaré con la colada).

Las palabras de la tabla 10-5 podrían resultarte de utilidad.

TABLA 10-5 **Limpieza**

Coreano	*Pronunciación*	Español
cheongso	(*tsohng-so*)	limpiar
jeongni	(*chohn-ni*)	organizar
seolgeoji	(*sohl-goh-chi*)	fregar los platos
gomujanggap	(*go-mu-chang-gap*)	guantes de goma
haengju	(*heng-chu*)	bayeta

Coreano	*Pronunciación*	Español
geollae	(*gohl-le*)	trapo
rakseu	(*rak-suh*)	lejía
bitjaru	(*bit-cha-ru*)	escoba
sseurebaji	(*suh-re-ba-chi*)	recogedor
daegeollae	(*de-gohl-le*)	mopa
meonji	(*mohn-chi*)	polvo
ppallae	(*pal-le*)	colada
setakgi	(*se-tak-gi*)	lavadora
geonjogi	(*gohn-cho-gi*)	secadora
sejae	(*se-che*)	detergente

Juegos y ejercicios divertidos

Empareja las siguientes frases y palabras en coreano y en español. Puedes mirar el Apéndice C para comprobar si tus respuestas son correctas.

cheongso	¿Pido...?
mogyok	cocina
sikilkkayo?	¿Podrías ayudarme, por favor?
jom dowa jusigetseumnikka?	fotocopiadora
jeongmal pigonhamnida	Estoy agotado/a.
shaweo hasillaeyo?	limpiar
bueok	baño
boksagi	¿Quieres ducharte?

3

De acá para allá

EN ESTA PARTE . . .

No te vas a divertir demasiado en Corea si te limitas a quedarte en la habitación de tu hotel... Para salir por ahí necesitas conocer algunas frases y saber dónde están las paradas de taxis, los mejores sitios para comer, etc. Si estás de viaje, usa esta parte para que tu experiencia sea más satisfactoria y que viajar te resulte más sencillo. Si tienes que cambiar moneda, reservar una habitación de hotel o pedir indicaciones, los capítulos de esta parte te ofrecerán todo lo necesario.

EN ESTE CAPÍTULO

- Te familiarizarás con el won coreano
- Cambiarás moneda
- Utilizarás un cajero automático
- Pagarás en metálico o con tarjeta

Capítulo 11
Todo sobre el dinero

En cualquiera de sus formas o divisas, el **don** (*don*; dinero) nos permite acceder a productos, bienes y servicios. Puedes usarlo para comprarte un coche, comer caviar, alojarte en una habitación de cinco estrellas o para convertirte en propietario de un equipo de fútbol. Hagas lo que hagas con el dinero, lo complicado es imaginarse un día sin él.

En este capítulo veremos cómo sacar dinero del **eunhaeng** (*uhn-jeng*; banco), cómo cambiar moneda y cómo pagar con **hyeongeum** (*jiohn-guhm*; dinero en metálico) o con **kadeu** (*ka-duh*; tarjeta de crédito).

La moneda coreana

La moneda de Corea del Sur es el **won** (*guon*), y un euro equivale a unos 1.300 wones. Sobre las monedas y billetes de uso en Corea, debes saber lo siguiente:

- **il won** (*il-guon*; 1 won): No llega, ni de lejos, a uno de nuestros céntimos. Aunque se puede usar para comprar, actualmente se ven pocas monedas de 1 won.
- **sip won** (*shib-guon*; 10 wones) y **osip won** (*o-shib-guon*; 50 wones): En cuanto a su uso, sería más o menos como el de las monedas de 1, 2 y 5 céntimos de euro. Para mucha gente son un fastidio, así que no es extraño encontrarse una moneda de 10 wones por el suelo.
- **baek won** (*bek-guon*; 100 wones): Equivaldrían a la moneda de 10 céntimos de euro, así que es común en pequeños pagos del día a día.
- **obaek won** (*o-be-guon*; 500 wones): Aunque no llega a los 40 céntimos, en cuanto a su uso diario, estaríamos hablando de la moneda de 50 céntimos, es decir, muy utilizada.
- **cheon won** (*tsohn-guon*; 1.000 wones): Aquí ya dejamos las monedas y pasamos a billetes, aunque este tiene menos valor que nuestra moneda de 1 euro; es de color violeta.
- **ocheon won** (*o-tsohn-guon*; 5.000 wones): Menos de 4 euros; su color es amarronado.
- **man won** (*man-guon*; 10.000 wones): Menos de 8 euros; es de color verde.
- **oman won** (*o-man-guon*; 50.000 wones): Menos de 40 euros; es el billete de mayor valor emitido por el Banco de Corea; es de color amarillo.
- **supyo** (*su-pio*; cheque bancario especial): En Corea no usan los cheques como nosotros. Para valores superiores a **oman won**, tienen esta especie de cheques llamados **supyo** que llevan impresa la cantidad de wones a la que equivalen. Cuando los usas, tienes que enseñar tu identificación y firmarlos por detrás, como se hace con los cheques. Los más usados son los de **sipman won** (*shim-man-guon*; 100.000 wones; menos de 80 euros), pero a veces también pueden verse de **osipman won** (*o-shim-man-guon*; 500.000 wones; menos de 400 euros) o incluso de **baekman won** (*bek-man-guon*; 1.000.000 de wones; menos de 800 euros). Podría ser que tuvieras que pagar alguna comisión si vas al banco a sacar dinero a cambio de tus **supyo**.

CONSEJO

En Corea, las unidad de millar y superiores se separan con una coma. Es decir, verás escritas las cifras con una coma cada tres dígitos: 1,000, 5,000 o 10,000. Sin embargo, al leer las cifras grandes se usan bloques de cuatro ceros, **man** (*man*; diez mil). Por tanto, **100,000 won** se lee **sipman won** (*shim-man-guon*; cien mil wones, literalmente "diez diez miles") y **1,000,000 won** se lee **baekman won** (*bek-man-guon*; un millón de wones, literalmente "cien diez miles").

Cambiar moneda

La mayoría de los bancos de Corea cambian a monedas extranjeras con unas comisiones bastante competitivas, casi siempre mejores que las de los hoteles o las casas de cambio, y casi todos cambian euros por wones. Aunque olvidaras cambiar dinero antes de llegar a Corea, hay muchos bancos con sucursal en el aeropuerto, donde podrás cambiar tus euros, así que no te preocupes, aunque, eso sí, tendrás que pagar una pequeña comisión.

En algunos bancos tienes que hacer cola, pero en otros solo hay que coger un número y sentarte a esperar tu turno. Cuando salga tu número en alguna de las pantallas, ya puedes acercarte al mostrador.

RECUERDA

Las frases que vienen a continuación son las que podría decir el cajero o cajera y las que podrías tener que decir tú. Aunque, en tu caso, podrías usar el nivel educado informal para hablar con ellos, ten en cuenta que siempre usarán el nivel educado formal contigo y números sino-coreanos (para más información acerca de estos números, consulta el capítulo 2).

(número de *ticket*) beon sonnim, (número de mostrador) beon changguro osipsiyo [(número de *ticket*) *bohn son-nim* (número de mostrador) *bohn tsang-gu-ro o-ship-shio*; Cliente con el número (número de *ticket*), por favor, venga al mostrador (número de mostrador); educado formal].

sibobeon sonnim, gubeon changguro osipsiyo (*shi-bo-bohn son-nim, gu-bohn tsang-gu-ro o-ship-shio*; Cliente con el número 15, por favor, venga al mostrador 9; educado formal).

oneul mueoseul dowadeurilkkayo? (*o-nuhl mu-oh-suhl do-gua-duh-ril-ka-io?*; ¿Cómo podría ayudarle hoy?; educado formal).

oneul museun illo osyeotseumnikka? (*o-n-uhl mu-suh nil-lo o-shoh-suhm-ni-ka?*; ¿Qué asunto le trae aquí hoy?; educado formal).

Tus respuestas a las preguntas anteriores podrían ser algo como lo que viene a continuación. Puedes usar tanto el nivel educado formal como el informal. Cualquiera sería correcto en este contexto, aunque la mayoría de los coreanos usarían el informal en este caso.

> **hwanjeoneul hago sipseumnida** (*juan-choh-nuhl ja-go ship-sum-ni-da*; Me gustaría cambiar moneda; educado formal).

> **hwanjeoneul hago sipeoyo** (*juan-choh-nuhl ja-go shi-poh-io*; Me gustaría cambiar moneda; educado informal).

> **yuroreul wonhwaro bakkwo jusipsiyo** (*yu-ro-ruhl guon-jua-ro ba-kuo chu-ship-shio*; Me gustaría cambiar euros por wones; educado formal).

> **yuroreul wonhwaro bakkwo juseyo** (*yu-ro-ruhl guon-jua-ro ba-kuo chu-se-io*; Me gustaría cambiar euros por wones; educado informal).

> **yuro dae wonhwa hwannyuri eotteoke doemnikka?** (*yu-ro-de guon-jua jua-ñu-ri oh-toh-ke doem-ni-ka?*; ¿Cuál es el cambio de euro a won?; educado formal).

> **yuro dae wonhwa hwannyuri eotteoke doeyo?** (*yu-ro-de guon-jua jua-ñu-ri oh-toh-ke doe-io?*; ¿Cuál es el cambio de euro a won?; educado informal).

> **yeohaengja supyoreul bakkulttaeneun hwannyuri eotteoke doemnikka?** (*yoh-jeng-cha su-pio-ruhl ba-kul-te-nuhn jua-ñu-ri oh-toh-ke doem-ni-ka?*; ¿Cuál es el cambio al cambiar cheques de viaje?; educado formal).

> **yeohaengja supyoreul bakkulttaeneun hwannyuri eotteoke doeyo?** (*yoh-jeng-cha su-pio-ruhl ba-kul-te-nuhn jua-ñu-ri oh-toh-ke doe-io?*; ¿Cuál es el cambio al cambiar cheques de viaje?; educado informal).

Después de decir algunas de estas frases, te podrían responder algo como:

> **ye sonnim, jamsiman gidaryeo jusipsiyo** (*ie, son-nim, cham-shi-man gi-da-rioh chu-ship-shio*; Sí, señor/a, espere un momento, por favor; educado formal).

> **ye, wonhwa (cantidad) woneul junbihae deurigetseumnida** [*ie, guon-jua* (cantidad) *guon-uhl chum-bm-bi-je du-ri-ges-suhm-ni-da*; Sí, señor/a, le preparo los (cantidad) wones que me ha pedido; educado formal].

Hablando se entiende la gente

Judy, una turista europea, va al banco a cambiar algunos cheques de viaje. Le toca en el mostrador número 3.

Cajero: **oneul mueoseul dowadeurilkkayo?**
o-nuhl mu-oh-suhl do-gua-duh-ril-ka-io?
¿Cómo podría ayudarle hoy?

Judy: **yeohaengja supyoreul hwanjeon hago sipseumnida. yuro dae wonhwa hwannyuri eotteoke doeyo?**
loh-jeng-cha su-pio-ruhl juan-chohn ja-go ship-suhm-ni-da. yu-ro-de guon-jua-ñu-ri oh-toh-ke doe-io?
Me gustaría cambiar cheques de viaje. ¿Cuál es el cambio de euros a wones?

Cajero: **sasilttae hwannyureun ilyuroe cheonsabaegwonimnida, pasilttae hwannyureun ilyuroe cheonsambaegwonimnida.**
sa-shil-te juan-ñu-ruhn il-iu-ro-e tsohn-sa-be-guo-nim-ni-da, pa-shil-te juan-ñu-ruhn il-iu-ro-e tsohn-sam-be-guo-nim-ni-da.
Es de 1 euro a 1.400 wones al comprar y de 1 euro a 1.300 wones al vender.

Judy: **geureom, yeohaengja supyo sabaekyuroreul wonhwaro bakkwo juseyo.**
guh-rohm, ioh-jeng-cha su-pio sa-bek-iu-ro-ruhl guon-jua-ro bak-kuo chu-se-io?
Entonces ¿podrías cambiarme 400 euros en cheques de viaje a wones?

Cajero: **jamsiman gidaryeo jusipsiyo. osimmanwoneul jeonbu omanwongwoneuro deurilkkayo?**
cham-shi-man gi-da-rio chu-ship-shio. o-shim-ma-nuo-nuhl chohm-bm-bu o-ma-nuon-guo-nuh-ro duh-ril-ka-io?
Un momento, por favor. ¿Quiere los 500.000 wones en billetes de 50.000 wones?

Judy: **ocheonwongwon jipye dujanghago, cheonwongwon jipye yeoljang juseyo. nameojineun manwongwoneuro juseyo.**
o-tsoh-nuon-guon chi-pie du-chang-ja-go, tsoh-nuon-guon chi-pie iohl-chang chu-se-io. na-me-o-chi-nuhn ma-nuon-guon-uh-ro chu-se-io.
Por favor, dame dos billetes de 5.000 wones y diez de 1.000 wones. El resto me gustaría en billetes de 10.000 wones.

Palabras para recordar

bakkwojusipsiyo	*ba-kuo-chu-ship-shio*	Cambiar, por favor.
eunhaengwon	*uhn-jeng-guon*	cajero/a de banco
gidaryeo jusipsiyo	*gi-da-rio chu-ship-shio*	Por favor, espere.
hwanjeon	*juan-chohn*	cambio de moneda
hwanyul	*jua-ñul*	tipo de cambio
jamsiman	*cham-shi-man*	un momento
yuro	*yu-ro*	euro
pasilttae	*pa-shil-te*	al vender
sasilttae	*sa-shil-te*	al comprar
wonhwa	*guon-jua*	won coreano
yeohaengja supyo	*io-jeng-cha su-pio*	cheque de viaje
yeogwon	*ioh-guon*	pasaporte

En un cajero automático

Si en Corea te quedas sin efectivo, puedes sacar dinero de tu cuenta usando tu tarjeta de crédito, y a veces también la de débito, en un **hyeongeum jigeupgi** (*jiohn-guhm chi-guhp-gi*; cajero automático).

CONSEJO

Antes de viajar a Corea, asegúrate de preguntar a tu banco o a la compañía de tu tarjeta si funcionará allí. También estaría bien saber si te van a cobrar algún **susuryo** (*su-su-rio*; cargo adicional) por cada transacción que hagas con ella mientras estés en el país.

En Seúl tienes cajeros automáticos en cada esquina, y en el resto de Corea casi siempre encontrarás uno a una distancia razonable. Hay muy poca diferencia entre el tipo de cambio en cajero y en oficina bancaria, así que puedes usar lo que te vaya mejor en cada momento.

CONSEJO

Muchos cajeros automáticos en Corea tienen la opción de mostrar sus menús tanto en coreano como en inglés, pero debes tener en cuenta que algunos solo estarán en coreano. Normalmente puedes apañarte usando el botón que hay arriba a la derecha, con el que puedes decir tanto "sí" como "sacar dinero".

En esta sección te enseñaré a preguntar dónde hay un cajero automático y a entender algunas de las frases de su menú, que suele leer en voz alta el propio cajero. Echa un vistazo al capítulo 12 si quieres saber más acerca de cómo dar y recibir indicaciones.

> **geuncheoe hyeongeum jigeupgiga eodie iseoyo?** (*guhn-tsoh-e jiohn-guhm chi-guhp-gi-ga oh-di i-soh-io?*; ¿Dónde hay un cajero automático por aquí?; educado informal).

A continuación, te muestro las instrucciones que suele dar el cajero automático. Como decía, en algunos cajeros podrías encontrarte estas instrucciones en inglés, pero, en los que solo usan coreano, lo habitual es encontrarlas escritas en alfabeto coreano, así que puede que necesites ayuda. Los cajeros automáticos usan siempre el nivel educado formal.

> **kadeureul neoheo jusipsiyo** (*ka-duh-ruhl noh-joh chu-ship-shi-o*; Por favor, inserte su tarjeta; educado formal).

> **ne jari bimilbeonhoreul imnyeok hasipsiyo** (*ne cha-ri bi-mil-bo-hn-jo-ruhl im-ñohk ja-ship-shi-o*; Por favor, introduzca su número secreto de cuatro dígitos; educado formal).

> **wonhasineun sseobisseureul mognogeseo seontaekhasipsiyo** (*won-ja-shi-nuhn soh-bi-suh-ruhl mog-no-ge-soh sohn-tek-ka-ship-shi-o*; Por favor, seleccione el servicio que desee del menú; educado formal).

> **yegeumeul wonhasineun geumaegeul imnyeokhaejusipsiyo** (*ie-guh-muhl guon-ja-shi-nuhn guh-mae-guhl im-ñok-ke-chu-ship-shi-o*; Por favor, introduzca la cantidad que quiere depositar en su cuenta; educado formal).

> **chulgeumeul wonhasineun geumaegeul imnyeokhaejusipsiyo** (*chul-guh-muhl guon-ja-shi-nuhn guh-me-guhl im-ñok-ke-chu-ship-shi-o*; Por favor, introduzca la cantidad que quiere retirar de su cuenta; educado formal).

A la hora de pagar

En Corea, las siguientes frases te serán muy útiles cuando elijas el producto que quieres de una tienda. Puedes señalar ese producto y decir **jeogeollo juseyo** (*choh-gohl-lo chu-se-io*; Por favor, dame ese) o **ieogeollo juseyo** (*ioh-gohl-lo chu-se-io*; Por favor, dame este). Si acabas de comer en un restaurante, puedes decir **gyesanseo jom juseyo** (*ge-san-soh chom chu-se-io*; Por favor, tráeme la cuenta).

CULTURA GENERAL

Cuando estés en un bar o en un restaurante, que no te sorprenda si uno de tus amigos o superiores de la empresa dice que pagará la cuenta, porque es costumbre entre coreanos invitarse a comer o a beber. Si ves que alguien ha pagado por ti, no te olvides de agradecérselo diciendo **gamsahamnida** (*gam-sa-jam-ni-da*; gracias; educado formal) o afirmando que has comido muy bien (echa un vistazo al siguiente "Hablando se entiende la gente"). Si te sientes generoso, intenta sorprender a tus mayores, clientes o compañeros de trabajo diciendo **oneureun jega sagetseumnida** (*o-nuh-ruhn che-ga sa-ges-suhm-ni-da*; Hoy pago yo; educado formal). En la sociedad coreana se usa mucho el "Hoy por ti y mañana por mí", así que intenta pagar tú de vez en cuando.

Después de pedir la cuenta, ve a pagar a la caja. Si en una mano llevas la cuenta y en la otra aquello con lo que vayas a pagar, lo habitual es que no tengas que especificar si quieres pagar con tarjeta o en metálico. En esta sección repasaré algunas frases que te pueden ser útiles cuando vayas a usar un método de pago u otro.

En metálico

Si vas a pagar con dinero contante y sonante, cuando pidas la cuenta y vayas a la caja, puedes usar alguna de estas frases:

gyesan hwaginhaejuseyo [*ge-san jua-gin-je-chu-se-io*; ¿Podrías mirar si los números (en la cuenta) son correctos?].

geoseureum doni bujokhaneyo (*goh-suh-ruhm do-ni bu-chok-ke-ne-io*; No tengo cambio).

geoseureum doneul neomu mani jusyeoseoeyo (*goh-suh-ruhm do-nuhl noh-mu ma-ni chu-sho-soh-io*; Me has dado demasiado cambio).

jega doni jom bujokhaneyo (*che-ga do-ni chom bu-chok-ka-ne-io*; No tengo suficiente dinero).

eolmaga deo piryohaseyo? (*ohl-ma-ga doh pi-rio-ja-se-io*; ¿Cuánto más necesitas?).

deochipei halkkayo? (*doh-chi-pei jal-ka-io*; ¿Queréis pagar a medias?).

Hablando se entiende la gente

ESCUCHA

Jeongsu y Robert son compañeros de trabajo y acaban de comer en un restaurante.

Jeongsu:	**jeogiyo, yeogi gyesanseo jom jusillaeyo?** *choh-gi-o, ioh-gi ge-san-soh chom chu-shil-le-io?* Disculpa, ¿podrías traer la cuenta, por favor?
Camarero:	**ye. jamsiman gidaryeo jusipsiyo.** *ie. cham-shi-man gi-da-rio chu-ship-si-o.* Sí. Un momento, por favor.
Robert:	**oneureun jega negetseumnida.** *o-nuh-ruhn che-ga ne-ge-suhm-ni-da.* Hoy pago yo.
Jeongsu:	**jeongmaryo? gomawoyo.** *chohng-ma-ri-o? go-ma-guo-io.* ¿De verdad? Gracias.
Robert:	**byeol malsseumeuryo.** *biohl mal-suh-muh-rio.* De nada.

El camarero trae la cuenta y Robert paga.

Robert:	**hyeongeum yeongsujeung jom butakhamnida.** *jion-guhm iohng-su-cheung chom bu-ta-kam-ni-da.* Por favor, dame un recibo de caja.
Jeongsu:	**robeoteussi, ireonalkkayo?** *ro-bot-shi, i-roh-nal-ka-io?* Robert, ¿nos vamos?

Palabras para recordar

byeol malsseumeuryo	*biol mal-suh-muh-ri*	de nada
gyesanseo	*ge-san-soh*	cuenta
hyeongeum yeongsuje-ung	*jiohn-guhm iohng-su-chu-hng*	recibo de caja
ireonalkkayo	*i-roh-nal-ka-io*	¿Nos vamos?
jandon	*chan-don*	cambio
jeogiyo	*choh-gi-io*	Disculpa (para llamar la atención de alguien)
jeongmaryo	*chong-ma-rio*	¿De verdad?
jigap	*chi-gap*	cartera/bolso
sillyehamnida	*sil-le-jam-ni-da*	Disculpe.
sonnim	*son-nim*	señor/a, cliente
yeogi	*io-gi*	aquí

Con tarjeta

Antes de pagar la cuenta con tu tarjeta de crédito o de débito, deberías informarte de si la aceptan en ese establecimiento. En la mayoría de establecimientos suele haber algún cartel que indica qué tarjetas aceptan, así que puede ser una buena idea echar un vistazo antes de presentarte en la caja con ella.

Si después de buscar no encuentras ninguno de estos carteles, enseña al vendedor la tarjeta con la que quieras pagar y pregunta **i kadeu badeuseyo?** (*i ka-duh ba-duh-se-o?*; ¿Aceptáis esta tarjeta?). Si no la aceptan, enséñale otra y pregunta **i kadeuneunnyo?** (*i ka-duh-nuh-ño?*; ¿Y esta tarjeta?). Cuando hablan con un cliente, los camareros o dependientes siempre usan el nivel educado formal, pero es correcto que tú te dirijas a ellos usando el educado informal.

Aquí van algunas frases que podrías oír o usar cuando pagues con tarjeta:

> **kadeuro jibul hasigetseumnikka?** (*ka-duh-ro chi-bul ja-shi-ge-suhm-ni-ka?*; ¿Quiere pagar con tarjeta de crédito?; educado formal).

CULTURA GENERAL

PAGAR A PLAZOS

Si la tienda en la que estás acepta el pago con tarjeta, seguramente el dependiente te pregunte si quieres pagar el total del precio o si pagarlo a plazos. En Corea no hace falta que compres algo como un coche para tener la opción de pagar a plazos, puedes hacerlo incluso cuando vas a comprar productos de alimentación. Si pagas a plazos, el dependiente te preguntará en cuántos meses quieres pagar.

ilsibullo haedeurilkkayo? (*il-shi-bul-lo je-duh-ril-ka-io?*; ¿Quiere pagarlo de una sola vez?).

halburo haedeurilkkayo? (*jal-bu-ro je-duh-ril-ka-io?*; ¿Quiere pagarlo a plazos?).

halburo myeot gaewollo haedeurilkkayo? (*jal-bu-ro mioth ge-guol-lo je-duh-ril-ka-io?*; ¿Cuántos pagos mensuales quiere hacer?).

jeohui eopsoeseoneun i kadeureul batji ansseumnida (*choh-jui ohp-so-e-soh-nuhn i ka-duh-ruhl*; Nuestro negocio no acepta esa tarjeta de crédito; educado formal).

jeohui eopsoeseoneun (tarjeta), (tarjeta), (tarjeta) kadeuman batseumnida [*choh-jui ohp-so-e-soh-nuhn* (tarjeta), (tarjeta), (tarjeta) *ka-duh-man bad-suhm-ni-da*; Nuestro negocio solo acepta las tarjetas (tarjeta), (tarjeta) y (tarjeta); educado formal].

kadeu georaega seungini doeji ansseumnida (*ka-duh goh-re-ga suhn-gi-ni doe-chi an-suhm-ni-da*; La tarjeta ha sido rechazada; educado formal).

hanbeon deo haebwajuseyo (*jam-bohn doh je-bua-chu-se-io*; Por favor, inténtalo otra vez; educado informal).

dareun kadeuneun eopseusimnikka? (*da-ruhn ka-duh-nuhn ohp-suh-shim-ni-ka?*; ¿Tiene otras tarjetas?; educado formal).

geuncheoe hyeongeum jigeupgiga innayo? (*guhn-tsoh-e jio-hn-guhm chi-guhp-gi-ga in-na-io*; ¿Hay algún cajero automático cerca?; educado informal).

i chingureul damboro matgyeonoko jamkkan don ppobeureo gatda olkkeyo (*i chin-gu-ruhl dam-bo-ro mat-gioh-no-ko cham-kan* *don po-buh-roh gat-da ol-ke-io*; Mi amigo se queda aquí a la espera mientras voy a sacar dinero; educado informal).

Juegos y ejercicios divertidos

Relaciona los siguientes dibujos con sus correspondientes nombres en coreano. Puedes mirar el Apéndice C para comprobar si tus respuestas son correctas.

A. 

B. 

C. 

D. 

E. 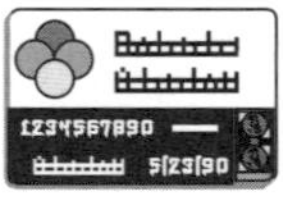

F. 

A. ____________________

B. ____________________

C. ____________________

D. ____________________

E. ____________________

F. ____________________

EN ESTE CAPÍTULO

Formularás y responderás preguntas con *dónde*

Especificarás en qué dirección y a qué distancia queda algo

Te referirás a lugares y ubicaciones con gestos y señas

Capítulo 12
Indicaciones

Todo el mundo, hasta el más espabilado, se puede perder alguna vez. Si estás en otro país, es algo que pasa más a menudo de lo que nos gusta admitir. ¿Y cómo puedes saber dónde estás? ¿Cómo continuar tu camino por la montaña o tu paseo a través de la ciudad? ¿Cómo preguntar a alguien dónde está el **sikdang** (*shik-dang*; restaurante) más cercano, la **ucheguk** (*u-che-guk*; oficina de correos) o el **hwajangsil** (*jua-chang-shil*; baño)? Si se trata de una emergencia, tendrás que llegar al **byeongweon** (*bion-guohn*; hospital) o la **gyeongchalseo** (*giohng-tsal-soh*; comisaría) más cercana.

Este capítulo te dará algunos consejos muy útiles para que te sea más fácil volver a orientarte e ir en la dirección correcta, aunque sea para volver a la seguridad y la comodidad de tu hotel, y solo haciendo algunas preguntas sencillas. Después de aprender algunas de las frases de este capítulo, tendrás más confianza para atreverte a salir por ahí.

CONSEJO

Si sabes inglés, las posibilidades de encontrarte con alguien que lo hable serán mayores en las grandes áreas metropolitanas que en las zonas rurales. Por ello, cuando estés en áreas remotas, presta atención a todo lo que te rodea para no perderte.

Si tienes que pedir indicaciones

Incluso el más experto con los mapas, alguna vez puede necesitar que le echen una mano, así que podrías encontrarte en una situación en que necesites localizar un lugar o usar algún tipo de transporte para llegar allí. Las siguientes secciones te enseñarán a preguntar educadamente cómo llegar a los sitios o a pedir que te lleven.

CULTURA GENERAL

Mientras que es perfectamente aceptable indicar con el dedo hacia cualquier dirección en la que quieras ir, se considera muy maleducado apuntar a una persona. Señalar con el dedo es como una acusación, por lo que debe evitarse siempre. Si quieres apuntar a alguien que está entre un grupo de gente, hazlo con la mano abierta.

Preguntas con *dónde*

Antes de acercarte a un desconocido para preguntarle por una dirección, tienes que saber cómo dirigirte a él. Empieza la conversación usando **sillyehamnida** (*shil-le-jam-ni-da*) o **sillyehajiman** (*shil-le-ja-chi-man*), que literalmente se traducirían como "Le ruego que me disculpe" y "Le ruego que me disculpe, pero...".

CONSEJO

La diferencia entre ambas frases es que **sillyehamnida** puede usarse como una frase en sí misma, por ejemplo, si tropiezas con otra persona. En cambio, **sillyehajiman** se utiliza cuando después vas a seguir con una petición, por ejemplo, **sillyehajiman, hwajangsiri eodi itjyo?** (*jua-chang-shi-ri oh-di it-cho?*; Disculpe, ¿podría decirme dónde está el baño?).

La siguiente frase con la que deberías familiarizarte si quieres encontrar el sitio que andas buscando es **eodi itjyo?** (*oh-di it-cho?*; ¿Dónde está?). La primera de las dos palabras, **eodi**, significa 'dónde', mientras que **itjyo** es la versión interrogativa en educado informal del verbo **itda** (*it-da*), que significa 'existir' o 'ser/estar'. Así, la pregunta **eodi itjyo?** literalmente quiere decir "¿Dónde está?". Ahora solo tienes que encontrar la palabra coreana para el lugar al que quieras ir y colocarla al principio de la frase.

RECUERDA

Fácil, ¿no? Bueno, la verdad es que luego se complica un poquito, porque también tienes que usar una de las dos sílabas conectoras, **i** o **ga**, entre el objeto o lugar y la pregunta "¿Dónde está?". Para saber cuál de las dos debes usar, sigue estas reglas:

» Si la palabra o lugar que estás buscando acaba en consonante, añade **i**.

» Si la palabra o lugar que estás buscando acaba en vocal, añade **ga**.

Aquí tienes algunos ejemplos:

» **hwajangsiri eodi itjyo?** (*jua-chang-shi-ri oh-di it-cho?*; ¿Dónde está el baño?).

» **gyeongchalseoga eodi itjyo?** (*giohng-tsal-soh-ga oh-di it-cho?*; ¿Dónde está la comisaría?).

» **doseosiri eodi itjyo?** (*to-soh-si-ri oh-di it-cho?*; ¿Dónde está la biblioteca?).

» **suyeongjangi eodi itjyo?** (*su-yohng-chan-gi oh-di it-cho?*; ¿Dónde está la piscina?).

» **je keompyuteoga eodi itjyo?** (*che kohm-piu-toh-ga oh-di it-cho?*; ¿Dónde está mi ordenador?).

» **chigwaga eodi itjyo?** (*tsi-gua-ga oh-di it-cho?*; ¿Dónde está la clínica dental?).

Dependiendo de lo lejos que esté el lugar al que quieras ir, podrías necesitar un **jihacheol** (*chi-ja-tsohl*; metro), un **beoseu** (*boh-suh*; autobús) o un **taeksi** (*tek-shi*; taxi). De nuevo, si estás en un área metropolitana, será más fácil que encuentres mapas y guías en inglés, pero, si estás en una zona rural, tendrás que recordar cómo preguntar y pedir indicaciones. Así pues, tal vez te convenga aprender a decir **yeogiseo meongayo?** (*ioh-gi-soh mohn-ga-io*; ¿Está lejos de aquí?) o **yeogiseo gakkaungayo?** (*io-gi-soh ga-kaun-ga-io?*; ¿Está cerca de aquí?). La primera palabra de estas frases, **yeogi**, significa 'aquí', y **meoreoyo** (*moh-roh-io*) y **gakkawoyo** (*ga-ka-uo-io*) significan 'lejos' y 'cerca' respectivamente.

Hablando se entiende la gente

ESCUCHA

Jim se ha perdido e intenta volver a su hotel, así que entra en una gasolinera para preguntar.

Jim: **sillyehamnida, jeo jom dowajusigeseoyo?**
shil-le-jam-ni-da, choh chom do-gua-chu-shi-ge-soh-io?
Disculpe, ¿podría ayudarme, por favor?

Empleado:	**ne, eotteoke dowadeurilkkayo? mweo piryohaseyo?** *ne, oht-toh-ke do-gua-duh-ril-ka-io? muo pi-rio-ja-se-io?* Sí, ¿cómo puedo ayudarle? ¿Qué necesita?
Jim:	**kalteun hoteri odi isseoyo?** *kal-tuhn ho-te-ri ioh-di is-sho-io?* ¿Dónde está el Hotel Carlton?
Empleado:	**jeogi boineun beoseu jeongnyujang baro oreunjjoge iseoyo.** *choh-gi bo-i-nuhn boh-suh chohng-ñu-chang ba-ro oruhn-cho-ge i-soh-io.* Está justo a la derecha de esa parada de autobús que ve usted ahí.
Jim:	**ye, gamsahamnida.** *ie, gam-sa-jam-ni-da.* Sí, muchas gracias.
Empleado:	**mot chajeusimyeon dasi iriro oseyo.** *mot tsa-chuh-si-miohn da-shi i-ri-ro o-se-io.* Si no consigue encontrarlo, vuelva aquí.

Palabras para recordar

an meoreoyo	*an moh-roh-io*	no lejos
beoseu jeongnyujang	*boh-suh chong-ñu-chang*	terminal de autobuses
gakkawoyo	*ga-ka-guo-io*	cerca
iriro oseyo	*i-ri-ro o-se-o*	Vuelva aquí.
meoreoyo	*moh-roh-io*	lejos
mwo piryohaseyo?	*muo pi-rio-ha-se-io?*	¿Qué necesita?
oenjjok	*wen-chok*	izquierda
oreunjjok	*o-ruhn-chok*	derecha

Si necesitas especificar ubicaciones

Cuando estás dando o recibiendo instrucciones sobre indicaciones en un idioma que no es el tuyo, señalar con el dedo y el lenguaje corporal pueden ser recursos muy útiles. Aun así, te podría ir bien aprender algunas de estas palabras. Una importante que deberías conocer, relacionada con la ubicación, es **jjok** (*chok*; lado), para decir cosas como "lado derecho", "lado izquierdo", etc., o para usarlas cuando hables de un camino o dirección, como al decir **ijjok** (*i-chok*; este camino/esta dirección) o **jeojjok** (*cho-chok*; ese camino/esa dirección). Por ello, cuando una persona coreana te esté dando indicaciones, oirás **jjok** muchas veces. En la tabla 12-1 tienes otras palabras relacionadas con este tema.

TABLA 12-1 **Términos para ubicaciones**

Coreano	*Pronunciación*	Español
apjjok	(*ap-chok*)	lado delantero
bandaejjok	(*ban-de-chok*)	lado contrario
bukjjok	(*buk-chok*)	lado norte
dongjjok	(*dong-chok*)	lado este
dwijjok	(*dui-chok*)	lado trasero
gakkawoyo	(*ga-ka-guo-io*)	cerca
jeogi	(*choh-gi*)	allí
meoreoyo	(*moh-roh-io*)	lejos
namjjok	(*nam-chok*)	lado sur
oenjjok	(*wen-chok*)	lado izquierdo
oreunjjok	(*o-ruhn-chok*)	lado derecho
seojjok	(*soh-chok*)	lado oeste
yeogi	(*ioh-gi*)	aquí

Hablando se entiende la gente

Pam tiene que visitar la embajada británica, así que le pregunta a Jerry cómo llegar hasta allí.

Pam: **jerissi, jega naeil yeongguk yeongsagwane gaya doegeodeunyo. yeongsagwan kkaji eotteoke gajyo? yeogiseo meongayo?**

che-ri-shi, che-ga ne-il iohng-guk iohng-sa-gua-ne ga-ia doe-goh-duh-ño. iohng-sa-guan ka-chi oh-toh-ke ga-cho.

Jerry, tengo que ir a la embajada británica mañana. ¿Cómo llego hasta allí? ¿Está lejos de aquí?

Jerry: **ye, jom meoreoyo. geureochiman taeksireul tago gamyeon jom bissado sigando jeoryakdoego pyeollihaeyo.**

ie, chom moh-roh-io. guh-ro-tsi-man tek-shi-ruhl ta-go ga-miohn chom bi-sa-do shi-gan-do choh-riak-doe-go piol-li-je-io.

Sí, está bastante lejos. Pero si tomas un taxi, aunque sea un poco caro, te ahorrarás un montón de tiempo y será más cómodo.

Pam: **taeksi unjeonsadeuri yeongguk yeongsagwani eodi inneunji alkkayo?**

tek-shi un-chohn-sa-duh-ri iohng-guk iong-sa-gua-ni oh-di in-nuhn-chi al-ka-io?

¿Crees que el taxista sabrá dónde está la embajada británica?

Jerry: **ama alkkeoeyo. hajiman eodi itneunji moreundamyeon seoul sicheonge deryeoda dallago haseyo. yeongguk yeongsagwaneun seoul sicheong baro yeope iseoyo.**

a-ma al-koh-io. ja-chi-man oh-di in-nuhn-chi mo-ruhn-da-miohn. soh-ul shi-tsohn-ge de-rioh-da dal-la-go ja-se-io. iohng-guk iohng-sa-gwa-nuhn soh-ul shi-tsohng pa-ro io-pe i-soh-io.

Probablemente lo sabrá. Si no lo sabe, pídele que te lleve al ayuntamiento de Seúl. La embajada británica está justo al lado del ayuntamiento de Seúl.

Pam: **gomawoyo, jerissi. naeil yeongsagwane gatda omyeon siksa gachi hallaeyo?**

go-ma-guo-io, che-ri-shi. ne-il iohng-sa-gua-ne gat-da o-miohn shik-sa ga-tsi jal-le-io?

Gracias, Jerry. Cuando vuelva de la embajada mañana, ¿te gustaría comer algo juntos?

Jerry:	**joayo, geureom naeil bwayo.** *cho-a-io, guh-rohm ne-il bua-io.* Vale, nos vemos mañana entonces.

Palabras para recordar

bissayo	*bi-sa-io*	caro
dogil	*do-gil*	Alemania
miguk	*mi-guk*	Estados Unidos
peurangseu	*puh-rang-suh*	Francia
pyeollihaeyo	*piohl-li-je-io*	cómodo/práctico
sicheong	*sh-tsohng*	ayuntamiento
ssayo	*sa-io*	barato
unjeonsa	*un-chohn-sa*	conductor
yeongguk	*iohng-guk*	Inglaterra/Reino Unido
yeongsagwan	*iohng-sa-guan*	embajada

Distancias

Cuando preguntes a un coreano por lo lejos que está un sitio, no te responderá usando un sistema de medición propio o que no conozcas; lo hará con metros y kilómetros, así que estupendo. Para preguntar a qué distancia está un lugar, puedes usar **yeogiseo eolmana meoreoyo?** (*ioh-gi-soh ohl-ma-na moh-roh-io?*; ¿Cómo de lejos está de aquí?) o **yeogiseo eolmana gakawoyo?** (*ioh-gi-soh ohl-ma-na ga-ka-guo-io?*; ¿Cómo de cerca está de aquí?). Además de usar metros y kilómetros, en Corea se usan los números sino-coreanos para expresar las distancias, pero, si en lugar de decirte la distancia te dicen el tiempo que se tarda en llegar, recuerda que siempre usan los números coreanos para las horas y los sino-coreanos para los minutos. Sabiendo todo esto, te será más fácil entender las respuestas que podrían darte a las preguntas anteriores:

oreunjjogeuro baek miteo gaseyo (*o-ruhn-cho-guh-ro bek mi-toh ga-se-io*; Por favor, ve cien metros hacia la derecha).

yeogiseo charo o killomiteo deo gayahaeyo (*io-gi-soh cha-ro o-kil-lo-mi-toh doh ga-ia-je-io*; Desde aquí tienes que seguir cinco kilómetros en coche).

yeogiseo oenjjogeuro georeoseo obunjeongdo gaseyo (*ioh-gi-soh oen-cho-guh-ro goh-roh-soh o-bun-chohng-do ga-se-io*; Desde aquí tienes que caminar hacia tu izquierda unos cinco minutos).

Cuando tú das indicaciones

Si quieres indicarle a alguien dónde está el hotel en el que te alojas o explicarle cómo llegar a un bonito restaurante que te has encontrado apartado de las calles principales, necesitas aprender a dar indicaciones. Para ello, vas a tener que aprender más palabras, aparte de **yeogi** (*ioh-gi*; aquí) y **jeogi** (*choh-gi*; allí).

Referencias en la calle

Normalmente, cuando hablas de lugares de la ciudad, suele usarse bastante la palabra **ape** (*a-pe*), que significa 'delante de', acompañándola de algún punto de referencia, algo que todo el mundo conozca. Por ejemplo, podrías decir **namdaemun apeseo mannayo** (*nam-de-mun a-pe-soh man-na-io*), que quiere decir 'Quedemos delante de la Namdaemun', la Puerta Sur, una de las cuatro entradas a la capital del país de la época de la antigua dinastía **joseon** (*cho-sohn*). Desde entonces, la ciudad de Seúl ha crecido mucho más allá de estas puertas que delimitaban la antigua capital, pero la Namdaemun ha permanecido como un punto de referencia y ha quedado rodeada por un ajetreado distrito comercial. El 10 de febrero de 2008 la puerta fue incendiada por un pirómano, y su reconstrucción no se completó hasta mayo de 2013.

Gestos y señas para indicar una ubicación

Cuando le pidas una indicación a una persona coreana, la mayoría de las veces se pondrá justo a tu lado y señalará la dirección que tienes que tomar. Al colocarse a tu lado, intentan darte las indicaciones desde tu punto de vista. Los gestos y el movimiento de las manos son muy importantes para explicar cómo llegar a los sitios. Por ejemplo, si tienes que girar a la **oenjjok** (*oen-chok*; izquierda) al llegar al **sinhodeung** (*shin-jo-duhng*; semáforo), quien te indique imitará con la mano un movimiento de ola en esa dirección tras señalarte el semáforo. Presta mucha atención a estos gestos si tienes problemas para entender lo que están diciendo. Aprender a leer el lenguaje corporal es un aspecto importante de la comunicación. Cuando tú indiques a otra persona, ponte a su lado y dale así las indicaciones desde su punto de vista.

Indicaciones fluidas

Una palabra muy útil para dar indicaciones de una manera fluida es **daeume** (*da-uh-me*; después). Con ella y con **ape** puedes construir frases como:

> **jeogi itneun shinhodeungeuro gan daeume oenjjogeuro gaseyo** (*choh-gi in-nuhn shin-jo-duhn-guh-ro gan da-uh-me oen-cho-guh-ro ga-se-io*; Ve a la izquierda después de ese semáforo de ahí).
>
> **geu hayansaek jip apeseo sesibane mannayo** (*guh ja-ian-sek chip a-pe-soh se-shi-ba-ne man-na-io*; Quedamos delante de esa casa blanca a las tres y media).

Hablando se entiende la gente

Patrick intenta explicar a Anita dónde está un restaurante que ha descubierto por la ciudad.

Patrick: **anitassi, aju masitneun sikdang hana chajanneunde jeorang gachi gallaeyo?**
a-ni-ta-shi, a-chu ma-shin-nuhn shik-dang ja-na tsa-cha-nuhn-de choh-rang ga-tsi gal-le-io?
Anita, ¿quieres que vayamos juntos a un buen restaurante que he encontrado?

Anita: **eodi inneundeyo?**
oh-di in-nuhn-de-io?
¿Dónde está?

Patrick: **yeogiseo byeollo meolji anayo. beoseu jeongryujang ape inneun sinhodeungeseo oenjjogeuro gamyeon golmok baro yeope iseoyo.**
ioh-gi-soh biohl-lo mohl-chi a-na-io. boh-suh chong-ñu-chang a-pe in-nuhn shin-jo-duhn-ge-soh oen-cho-guh-ro ga-miohn gol-mok ba-ro ioh-pe i-soh-io.
No está muy lejos de aquí. Si vas hacia la izquierda al llegar al semáforo que hay frente a la parada de autobús, está justo al lado del callejón.

Anita: **eotteon eumsik jeonmunjib ingayo?**

oh-tohn uhm-shik chohn-mun-chip in-ga-io?

¿En qué tipo de comida están especializados?

Patrick: **iteri eumsik jeonmunjibieyo. guksureul geujibeseo jikjeop mandeulgeodeunnyo, neomu masiseoyo.**

i-te-ri uhm-shik chohn-mun-chi-bi-eo. guk-su-ruhl guh-chi-be-soh chik-chohp man-duhl-goh-duhn-ño, noh-mu ma-shi-soh-io.

Están especializados en comida italiana. Hacen la pasta ellos mismos, está muy buena.

Anita: **geuraeyo? geureom gachigayo. waenji gidaega doeneungeoryo.**

guh-re-io? guh-rohm ga-tsi-ga-io. uen-chi gi-de-ga doe-nuhn-go-rioh.

¿De verdad? Vayamos juntos. Qué ganas tengo de ir.

Palabras para recordar

ape	*a-pe*	delante de...
dwie	*dui-e*	detrás de...
gidae	*gi-de*	esperar
gil	*gil*	calle/carretera/camino
golmok	*gol-mok*	callejón
guksu	*guk-su*	pasta
jeongryujang	*chohng-ñu-chang*	parada de autobús
jeonmunjip	*chohn-mu-chip*	especialidad
jikjeop	*chik-chohp*	uno mismo/una misma
juyuso	*chu-su-io*	gasolinera
sageori	*sa-goh-ri*	intersección
sinhodeung	*shin-jo-duhng*	semáforo
sipjaro	*ship-cha-ro*	cruce
yeope	*ioh-pe*	junto a...

Juegos y ejercicios divertidos

Según el siguiente mapa, escribe en coreano el punto cardinal en el que se sitúa cada edificio. Puedes mirar el Apéndice C para comprobar si tus respuestas son correctas.

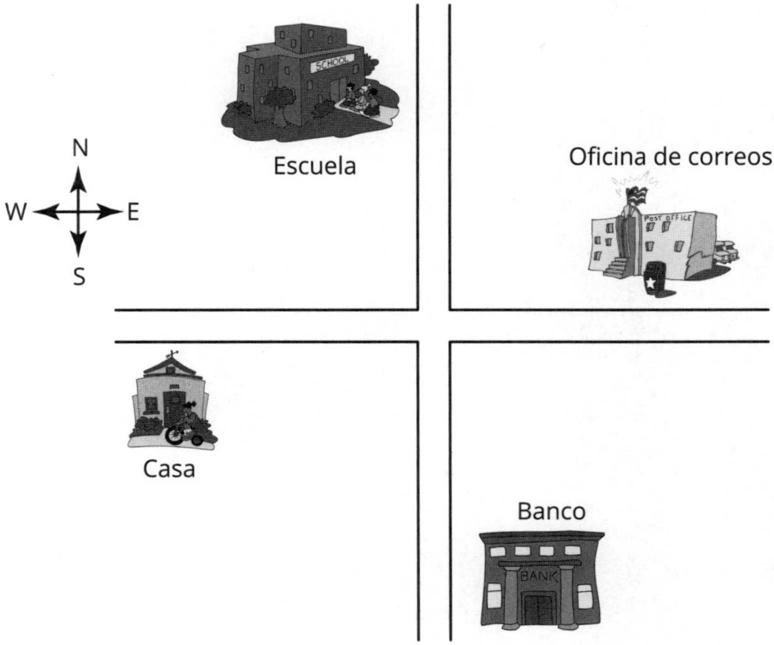

A. Escuela ______________________

B. Oficina de correos ______________________

C. Casa ______________________

D. Banco ______________________

EN ESTE CAPÍTULO

Verás diferentes tipos de alojamiento

Reservarás una habitación

Solucionarás problemas

Pagarás la cuenta

Capítulo 13

Hospedarse en un hotel

Cuando visites Corea, hay bastantes posibilidades de que te alojes, aunque sea durante unos días, en un **hotel** (*jo-tel*; hotel), un **yeoinsuk** (*io-in-suk*; motel coreano) o una **minbak** (*mim-bak*; pensión). Por ello, necesitarás conocer las distintas opciones de alojamiento y las frases básicas para no encontrarte con alguna sorpresa desagradable.

Este capítulo te ofrece una panorámica de las diferentes opciones de alojamiento, pistas acerca de la etiqueta adecuada en cada lugar y algunas frases que necesitas conocer si quieres reservar una habitación, hacer el *check-in* y el *check-out* y lidiar con lo que pueda surgir entre el primero y el segundo.

Tipos de alojamiento

Como en cualquier otro lugar del mundo, en Corea puedes encontrar las habituales cadenas hoteleras occidentales, normalmente en las áreas metropolitanas de Seúl, Daegu, Daejeon, Busán y Gwangju. Estos hoteles ofrecen los típicos y predecibles servicios y comodidades, así que, si viajas con un presupuesto generoso y no te gusta arriesgarte con nuevas experiencias, pueden ser la opción ideal para ti. Allí te encontrarás con personal que habla perfectamente inglés, por lo que, aunque no te defiendas demasiado con el coreano, no tendrás problemas.

Si, por el contrario, quieres salirte de lo habitual y buscas aventura, tienes muchas opciones de alojamiento disponibles, que además suelen ser más asequibles que los hoteles de cadenas occidentales.

Hoteles tradicionales

Si estás acostumbrado a dormir sobre una superficie blandita, puede que te lleves una sorpresa, porque lo tradicional en Corea no es dormir en una **chimdae** (*tsim-de*; cama). Lo que te encontrarás en su lugar es un **yo** (*io*), una especie de colchoneta gruesa que puede doblarse, y una **ibul** (*i-bul*; manta), todo ello doblado dentro del **jangnong** (*chang-nong*; armario) de tu **bang** (*bang*; habitación). Lo que debes hacer es estirar el **yo** en el suelo y usar la **ibul** para abrigarte. Puede sonar incómodo, pero es mucho más blando de lo que podría parecer y mejor para tu espalda que dormir en una cama. El calor del **ondol** (*on-dol*; suelo radiante) te mantendrá caliente incluso en la más fría noche de invierno.

No te encontrarás con sábanas, pero no te preocupes, tanto el **yo** como la **ibul** están cubiertos con una funda, como los nórdicos, y lo habitual es que el hotel las lave después de que las use cada cliente.

CULTURA GENERAL

Cuando te levantes por la mañana, deberás hacerte la cama o, mejor dicho, doblarla. Pliega tanto el **yo** como la **ibul** tal y como te los encontraste y ponlos dentro del armario o apilados en un rincón de la habitación. Esto se llama **ibuleul gaeda** (*i-bul ge-da*; doblar la manta), y es de buena educación hacerlo en cuanto te levantas. El personal del hotel no se sorprenderá si no lo haces, pero si lo haces te recordarán como un extranjero con buenos modales.

Moteles

Algo por debajo de los hoteles encontramos los **yeogwan** (*ioh-guan*; moteles), que suelen ser más baratos. En estos sitios recibes lo que pagas, así que no esperes demasiado.

Cada habitación tiene su propio **hwajangsil** (*jua-chang-shil*; baño), y puede que haya **chimdae** (*tsim-de*; cama) o no, pero en general son sitios limpios y asequibles atendidos por un personal agradable.

Estos **yeogwandeul** (*ioh-guan-duhl*; moteles) están por todas partes, normalmente cerca de una **gichayeok** (*gi-tsa-iohk*; estación de tren) o una **beoseu jeongnyujang** (*boh-suh chohng-ñu-chang*; terminal de autobuses). No tienes más que buscar un cartel de neón rojo con la palabra **yeogwan** (*ioh-guan*) o el símbolo ♨, que significa que el establecimiento tiene un **oncheon** (*on-tsohn*; baño termal). De hecho, muchos **yeogwan** dicen tener baños termales de agua natural con efectos medicinales.

RECUERDA

Para formar el plural de **yeogwan** no tienes que añadirle una -s, sino decir **yeogwandeul** para especificar que hablas de diversos moteles y no de uno solo. Pero ten en cuenta que los coreanos normalmente usarán **yeogwan** incluso si hablan de más de uno.

Moteles coreanos y pensiones

Otras opciones que podrían interesarte son los **yeoinsuk** (*ioh-in-suk*; moteles coreanos) y las **minbak** (*mim-bak*; pensiones), más de estar por casa que los hoteles y moteles. Como suelen ser pequeños, tendrás más oportunidades de comunicarte con el personal y con el resto de los huéspedes.

Un **yeoinsuk** es la versión más barata y pequeña de un **yeogwan**, y una **minbak** es parecido a lo que nosotros llamamos pensión. Ambos negocios suelen ser familiares y quizás abran solo durante las vacaciones. En ambos casos, el baño se comparte con los otros huéspedes y se duerme en un **yo** con una **ibul**.

CONSEJO

Los establecimientos dentro de estas categorías pueden variar mucho tanto en servicios como en limpieza. Algunos incluyen el desayuno y otros lo cobran por separado. Deberías confirmarlo por adelantado.

Albergues

Como en cualquier otro lugar al que viajes, en Corea también puedes encontrar **yuseuhoseutel** (*ius-jo-suh-tel*; albergues juveniles), que suelen ser más asequibles que las demás opciones. En este caso, compartes habitación con otros huéspedes y suele haber uno o dos baños comunes por piso.

Un **yuseuhoseutel** puede tener o no comedor y cocina para las comidas.

Saunas y baños públicos

Si te quedas por ahí hasta las tantas de la madrugada y necesitas descansar en algún sitio, o si te has quedado tirado lejos de tu hotel, echa un vistazo a las omnipresentes **jjimjilbang** (*chim-chil-bang*; saunas), que son como un **mogyoktang** (*mo-giok-tang*; baño público) pero con bastantes zonas comunes (sauna, sala de hielo, baño turco, etc.) y una habitación abierta con suelo radiante en la que puedes dormir o ver la televisión. Los baños públicos suelen incluir bañeras de agua caliente o fría y duchas individuales.

Pero un **jjimjilbang** no es una opción de alojamiento normal. Están pensados para que la gente pueda echarse una siesta tras un baño caliente, aunque no es extraño que algunos se queden a pasar la noche, porque los propietarios tampoco controlan lo que haces. Suelen estar abiertos las 24 horas del día y, si quieres probarlos (algo que te recomiendo, aunque sea solo una vez), solo tienes que comprar una entrada, ducharte, ponerte una camiseta y unos pantalones cortos que te darán y visitar las diferentes salas comunes. Cuando veas un rincón en el que haya una colchoneta, puedes echarte a dormir y nadie te molestará. Un **jjimjilbang** cuesta mucho menos que un motel normal y no tienes que hacer *check-in* ni *check-out*.

RECUERDA

Dúchate siempre antes de entrar en cualquiera de las bañeras. Si conoces el baño al estilo japonés, ya sabes de qué va.

Buscar alojamiento

El boca a boca suele ser la mejor fuente de información acerca de un **yeogwan** (*ioh-guan*; motel), un **yeoinsuk** (*ioh-in-suk*; motel coreano) o una **minbak** (*mim-bak*; pensión), así que pide recomendaciones antes de empezar a llamar al azar a sitios que encuentres en internet. Delimita lo que quieres antes de salir a la calle a buscar.

Aquí tienes algunas palabras descriptivas que puedes usar para preguntar a tus amigos o a desconocidos a los que quieras pedirles su opinión:

gakkaun (*ga-ka-un*; cercano)

joeun (*cho-uhn*; bonito)

kkaekkeutan (*ke-kuh-tan*; limpio)

ssan (*san*; barato)

Hablando se entiende la gente

Dan es un universitario que viaja como mochilero por **gyeongsangdo** (*giohng-sang-do*; región al sudeste de Corea). Acaba de llegar a una ciudad en la que necesita encontrar un lugar donde alojarse. Le gustaría hacerlo en una **minbak** (*mim-bak*; pensión), pero no sabe por dónde empezar a buscar, así que decide preguntar a Su-Jeong en el mostrador de información turística. Ten en cuenta que tanto Dan como Su-Jeong utilizan el nivel educado formal porque es la primera vez que hablan.

Dan: **annyeonghasimnikka, geuncheoe kkaekkeutan minbagi itseumnikka?**
a-ñong-ja-shim-ni-ka, guhn-choh-e ke-kuh-tan mim-ba-gi i-suhm-ni-ka?
Hola, ¿podría decirme dónde puedo encontrar una pensión limpia cerca?

Su-Jeong: **ye, gichayeok geuncheoe kkaekkeutago ssan minbagi itseumnida.**
ie, gi-tsa-iohk guhn-choh-e ke-kuh-ta-go san mim-ba-gi i-suhm-ni-da.
Sí, puede encontrar una pensión limpia y barata cerca de la estación de tren.

Dan: **gichayeogi eodie itseumnikka?**
gi-tsa-ioh-gi oh-di-e i-suhm-ni-ka?
¿Dónde está la estación de tren?

Su-Jeong: **jeojjogeuro baek miteo gamyeon oreunjjoge itseumnida. minbakjibeun gichayeok hago eunhaeng saie itseumnida.**
choh-cho-guh-ro bek mi-toh ga-mioyn o-ruhn-cho-ge i-suhm-ni-da. mim-bak-chi-buhn gi-tsa-iohk ja-go uhn-jeng sai-e i-suhm-ni-da.
La estación de tren está a la derecha, a cien metros desde aquí en esa dirección. La pensión está entre la estación y el banco.

Dan: **a, ye, gomapseumnida.**
a, ie, go-map-suhm-ni-da.
Ah, sí, gracias.

Palabras para recordar

ap	*ap*	delante
eunhaeng	*uhn-jeng*	banco
gichayeok	*gi-cha-iohk*	estación de tren
ijjok	*i-chok*	por aquí
jeojjok	*choh-chok*	por allí
jjimjilbang	*chim-chil-bang*	sauna
kkaekkeutan	*ke-kuh-tan*	limpio
minbak	*mim-bak*	pensión
oenjjok	*wen-chok*	izquierda
oreunjjok	*o-ruhn-chok*	derecha
sai	*sai*	entre
ssan	*san*	barato
yeogwan	*ioh-guan*	motel
yeop	*iohp*	junto

Para hacer una reserva

Ahora que puedes hacerte una idea de dónde quieres alojarte, deberías llamar para reservar y hacer algunas preguntas. A no ser que quieras viajar por las abarrotadas costas o las montañas más populares durante las vacaciones, no deberías tener problemas para encontrar alojamiento, pero nunca está de más llamar para conocer los precios y los servicios que ofrecen.

Estas frases podrían serte útiles para saber la disponibilidad y el precio:

bangeul yeyakharyeogo haneundeyo (*ban-guhl ie-iak-ka-rioh-go ja-nuhn-de-io*; Quiero reservar una habitación).

binbang iseoyo? (*bim-bang i-soh-io?*; ¿Tenéis habitaciones libres?).

harutbame eolmaeyo? (*ja-rut-ba-me ohl-ma-e-io?*; ¿Cuánto cuesta una noche?).

sinnyongkadeu badayo? (*shin-ñong-ka-duh ba-da-io?*; ¿Aceptáis tarjeta de crédito?).

También tendrás que decirles cuántas noches piensas quedarte y cuántas personas sois:

(número) bak iseul geoeyo [(número) *baj i-suhl-goh-e-io*; Me quedaré (número) noches].

Por ejemplo: **sambak iseul geoeyo** (*baj i-suhl-goh-e-io*; Me quedaré tres noches).

(número) myeong iseoyo [(número) *miohng i-soh-io*; Somos (número) personas].

Por ejemplo: **dumyeong iseoyo** (*du-miohng i-soh-io*; Somos dos personas).

Consulta el capítulo 2 para encontrar más información sobre los números.

Hablando se entiende la gente

ESCUCHA

Dan se dirige a un **gongjungjeonhwa** (*gong-chug-chohn-jua*; teléfono público) para llamar al hotel ABC.

Empleada: **annyeonghasimnikka, ABC hotel imnida.**
a-ñong-ja-shim-ni-ka, ei-bi-shi jo-tel im-ni-da.
Hola, hotel ABC.

Dan: **yeoboseyo, bang yeyakharyeogo haneundeyo, binbang iseoyo?**
ioh-bo-se-io, bang ie-iak-ka-rioh-go ja-nuhn-de-io, bim-bang i-soh-io?
Hola, quiero reservar una habitación. ¿Tenéis habitaciones libres?

Empleada: **ye, binbang itseumnida, myeot bunisimnikka?**
ie, bim-bang i-suhm-ni-da, miot bu-ni-shim-ni-ka?
Sí, tenemos habitaciones libres. ¿Cuántas personas son?

Dan:	**han myeongieyo, harutbame eolmaeyo?** *jan miohn-gi-e-io, ja-rut-ba-me ohl-ma-io?* Una persona. ¿Cuánto cuesta una noche?
Empleada:	**harutbame sibomanwon imnida.** *ja-rut-ba-me shi-bo-ma-nuon im-ni-da.* El precio es de 150.000 wones la noche.
Dan:	**sinnyoongkadeu badayo?** *sin-ñong-ka-duh ba-da-io?* ¿Aceptáis tarjeta de crédito?
Empleada:	**ye, batseumnida, yeyak hasigetseumnikka?** *ie, bad-suhm-ni-da, ie-yak ja-shi-ge-suhm-ni-ka?* Sí, aceptamos. ¿Querría hacer una reserva?
Dan:	**ye, josseumnida.** *ie, cho-suhm-ni-da.* Sí, me parece bien.

Palabras para recordar

binbang	*bim-bang*	habitación libre
eolmaeyo?	*ohl-ma-e-io?*	¿Cuánto cuesta?
eolmane orae?	*ohl-ma-ne o-re?*	¿Cuánto tiempo?
gagyeok	*ga-giohk*	precio
haeyak	*je-iak*	cancelación
harutbam	*ja-rut-bam*	una noche
hwiteuneseu keulleop	*juin-nes cuh-lohp*	club de fitness
iinsil	*i-in-shil*	habitación doble
irinsil	*i-rin-shil*	habitación individual
suyeongjang	*su-iong-chang*	piscina
yeyak	*ie-iak*	reserva

Pregunta por todos los detalles

Si vas a quedarte en un gran hotel con buena reputación, deberías tener suficiente con lo que has aprendido en la sección anterior. Pero si quieres hospedarte en un **yeogwan** (*ioh-guan*; motel), un **yeoinsuk** (*ioh-in-suk*; motel coreano) o una **minbak** (*mim-bak*; pensión) y no sabes qué te vas a encontrar, quizá deberías hacer dos o tres preguntas más. La estructura básica para estas preguntas es **(aquello por lo que preguntas) i/ga iseoyo?** [(aquello por lo que preguntas) *i/ga i-soh-io?*; ¿Tenéis (aquello por lo que preguntas)?], por ejemplo:

> **chimdaega iseoyo?** (*tsim-de-ga i-soh-io?*; ¿Tenéis camas?).
>
> **inteoneti iseoyo?** (*in-toh-ne-ti i-soh-io?*; ¿Tenéis internet?).

Si no ves claro qué medio de transporte coger hasta el **yeogwan**, **yeoinsuk** o **minbak**, podrías preguntar:

> **geogikkaji eotteoke chajagayo?** (*goh-gi-ka-chi oh-toh-ke tsa-cha-ga-io?*; ¿Cómo puedo llegar hasta allí?).
>
> **museun gyotongeul iyonghaeya chatgi swiwoyo?** (*mu-suhn gio-ton-guhl i-iong-je-ia tsat-gi shi-guo-io?*; ¿Qué transporte es el mejor para llegar hasta allí?).

Comprueba la habitación

No te olvides de comprobar la habitación antes de hacer el *check-in*, porque en muchos establecimientos pequeños tienes que pagar al llegar. Estas frases podrían ayudar:

> **bangi deobeul/singgeul ieyo?** (*ban-gi doh-buhl/shin-guhl i-e-io?*; ¿Es una habitación doble/individual?).
>
> **achim siksaneun nawayo?** (*a-chim shik-sa-nuhn na-gua-io?*; ¿Está incluido el desayuno?).
>
> **bang jom bol su iseoyo?** (*bang chom bol su i-soh-io?*; ¿Podría echar un vistazo a la habitación?).

Si tras ver la habitación hay algo que no te gusta, podrías pedir una habitación distinta:

> **dareun bang iseoyo?** (*da-ruhn bang i-soh-io?*; ¿Tenéis otra habitación?).

bangi jom jijeobun haneyo (*ban-gi chom chi-choh-bun ja-ne-io*; La habitación está un poco sucia).

Hablando se entiende la gente

ESCUCHA

Jessica está pensando alojarse en una pequeña pensión que le recomendó Dan. Cuando llega, la recibe el dueño, el señor Park.

Jessica: **annyeonghaseyo, binbang iseoyo?**
a-ñong-ja-se-io, bim-ban-gi soh-io?
Hola, ¿tenéis habitaciones libres?

Park: **ye, itseumnida, harutbame sam manwonimnida.**
ie, i-suhm-ni-da, ja-rut-ba-me sam-ma-nuo-nim-ni-da.
Sí, tenemos, son 30.000 wones por noche.

Jessica: **bange yoksiri iseoyo?**
ban-ge iok-shi-ri i-soh-io?
¿Las habitaciones tienen baño privado?

Park: **aniyo, eopseumnida.**
a-ni-io, ohp-suhm-ni-da.
No, no tienen.

Jessica: **bang jom bol su iseoyo?**
bang chom bol su i-soh-io?
¿Podría echar un vistazo a la habitación?

Park: **ye, ttara oseyo.**
ie, ta-ra o-se-io.
Sí, sígame.

Tras ver la habitación, Jessica está decepcionada porque está un poco sucia y es más pequeña de lo que se esperaba.

Jessica: **bangi jom jijeobunhaneyo, dareun bang iseoyo?**
ban-gi chom chi-choh-bun-ja-ne-io, da-ruhn bang i-soh-io?
La habitación está un poco sucia. ¿Tenéis otra habitación?

Park: **aniyo, eopseumnida.**
a-ni-o, ohp-suhm-ni-da.

	No, no tenemos.
Jessica:	**geureomyeon singyeong sseuji maseyo, annyeonghi gyeseyo.**
	guh-roh-miohn sin-giohng suh-chi ma-se-io, a-ñong-ji ge-se-io.
	Entonces no se preocupe, adiós.

Palabras para recordar

chimdae	*tsim-de*	cama
dareunbang	*da-ruhm-bang*	otra habitación
gongdong	*gong-dong*	compartido
hwajangjil	*jua-chang-shil*	lavabo
inteonet	*in-toh-net*	internet
jeonhwa	*chohn-jua*	teléfono
syawo	*sha-wo*	ducha
terebi	*te-re-bi*	televisión
ttaraoseyo	*ta-ra-se-io*	Sígame.
yoksil	*iok-shil*	baño

El ABC de las quejas

¿Qué harías si descubres que el retrete de tu habitación está atascado? ¿O si estiras tu **yo** en una fría **gyeoulbam** (*gioh-ul-bam*; noche de invierno) esperando quedarte frito y notas que el suelo está helado? ¿Qué pasa si querías una fresca brisa que te rescatase del brutal calor de agosto y lo que recibes es aire cálido y húmedo saliendo del **eeokon** (*e-oh-kon*; aire acondicionado)? Estas situaciones son solo algunos ejemplos de los problemas que podrías tener durante tu estancia en Corea, así que necesitarás saber cómo solucionarlos.

Aparatos estropeados

Si algún aparato de tu habitación está estropeado, y el problema es relativamente fácil de identificar, la mejor forma de quejarse sería algo como:

(aparato) jom gochyeo juseyo [(aparato) *chom go-choh chu-se-io*; Por favor, arregla el aparato)].

eeokon jom gochyeo juseyo (*e-oh-kon chom go-choh chu-se-io*; Por favor, arregla el aire acondicionado).

byeongitong jom gochyeo juseyo (*biohn-gi-tong chom go-choh chu-se-io*; Por favor, arregla el retrete).

semyeondae jom gochyeo juseyo (*se-miohn-de chom go-choh chu-se-io*; Por favor, arregla el lavabo).

Algunas palabras útiles:

hiteo (*ji-toh*; estufa)

naengjanggo (*neng-chang-go*; nevera)

mun (*mun*; puerta)

sudokkokji (*su-dok-kok-chi*; grifo)

Quizá quieras añadir una pequeña descripción del problema al pedirle a alguien que lo arregle:

eeokoni annawayo, eeokon jom gochyeo juseyo (*e-oh-kon an-na-gua-io, e-oh-kon chom go-choh chu-se-io*; El aire acondicionado no funciona. Por favor, arregla el aire acondicionado).

byeongitong muri annaeryeogayo, byeongitong jom gochyeo juseyo (*biohn-gi-tong mu-ri an-ne-rioh-ga-io, biohn-gi-tong chom go-choh chu-se-io*; El retrete no saca agua. Por favor, arregla el retrete).

Si crees que no podrás acordarte de estas frases, recuerda cómo decir **(aparato) i/ga gojang naseoyo** [(aparato) *i/ga go-chang na-soh-io*; El (aparato) está roto], y el personal del establecimiento se encargará del problema.

Vecinos ruidosos

Si los vecinos de la habitación contigua son muy ruidosos, no puedes decir **yeop bangi gojangnaseoyo, yeop bang jom gochyeo juseyo** (*iohp ban-gi go-chang-na-soh-io, iohp bang chom go-cho chu-se-io*; La habitación de al lado está rota. Por favor, arregla la habitación de al lado), así que, en su lugar, deberías decir:

yeop bangi neomu sikkeureowoyo (*iohp ban-gi noh-mu shi-kuh-ro-guo-io*; La habitación de al lado es muy ruidosa).

Otros problemas

Para quejarte de que algo está mal en tu habitación, puedes usar la frase **bangi neomu (adjetivo)** [*ban-gi noh-mu* (adjetivo); La habitación es/está demasiado (adjetivo)]. Aquí tienes algunos adjetivos que podrías añadir:

deowoyo (*doh-guo-io*; calurosa)

chuwoyo (*chu-guo-io*; fría)

deoreowoyo (*doh-roh-guo-io*; sucia)

jagayo (*cha-ga-io*; pequeña)

sikkeureowoyo (*shi-kuh-roh-guo-io*; ruidosa)

Si el sitio en el que estás tiene **ondolbang** (*on-dol-bang*; suelo radiante), quizás el motivo de tu queja sea que está demasiado frío o demasiado caliente, así que, para ser más concretos, podrías decir:

badagi neomu tteugeowoyo (*ba-da-gi noh-mu tuh-goh-guo-io*; El suelo está demasiado caliente).

badagi neomu chagawoyo (*ba-da-gi noh-mu cha-ga-guo-io*; El suelo está demasiado frío).

A la salida

Incluso aunque te hayas enamorado del sitio en el que te has alojado, no te puedes quedar para siempre, porque, además, tienes un montón de sitios interesantes que visitar. En esta sección te enseñaré a hacer el *check-out* y pagar la cuenta en recepción.

RECUERDA

Si te has alojado en un **yeoinsuk** (*ioh-in-suk*; motel coreano) o una **minbak** (*mim-bak*; pensión), probablemente habrás pagado al llegar, así que solo tienes que doblar tu "cama" como te hemos explicado en la sección "Hoteles tradicionales", hacer la maleta y marcharte.

CULTURA GENERAL

Para ser educado, no olvides despedirte de los propietarios si te has alojado en un establecimiento pequeño.

Cuando hagas el *check-out*, necesitarás algunas de estas frases:

myeotsie bangeul biwoya doeyo? (*miot-shi ban-guhl bi-guo-ia doe-io?*; ¿A qué hora tengo que hacer el *check-out*?).

gyesan halkkeyo (*ge-san jal-ke-io*; Me gustaría pagar la cuenta).

gyesanseoga jal mot doengeot gateunndeyo (*gye-san-soh-ga chal mot doen-goht ga-tuhn-de-io*; Creo que hay un error en la cuenta).

Hablando se entiende la gente

ESCUCHA

Joshua está a punto de dejar el hotel ABC después de haberse alojado allí tres noches, así que pasa por recepción para pagar la cuenta y marcharse.

Recepcionista: **annyeonghasimnikka, pyeonan hasyeotseumnikka?**
a-ñong-ja-shim-ni-ka, pioh-nan ja-sho-suhm-ni-ka?
Hola. ¿Ha tenido una estancia placentera?

Joshua: **ye, joaseoyo. gyesanhalkkeyo.**
ie. cho-a-soh-io. ge-san-jal-ke-io.
Sí, muy buena. Me gustaría pagar la cuenta.

Recepcionista: **ye, chong hapaeseo osimmanwon nawatseumnida.**
ie, tsong ja-pe-soh o-shim-ma-nuon na-gua-suhm-ni-da.
Sí, el total es de 500.000 wones.

Joshua está algo sorprendido, porque creía que serían 450.000 wones, así que quiere saber de dónde han salido esos 50.000 wones con los que no contaba.

Joshua:	**ye? gyesanseoga jalmot doengeot gateundeyo.** *ie? ge-san-soh-ga chal-mot doen-goht ga-tuhn-de-io.* ¿Sí? Creo que hay un error en la cuenta.
Recepcionista:	**a, ye, jamsimannyo.** *a, ie, cham-shi-ma-ño.* Ah, sí, un momento, por favor.

La recepcionista comprueba la cuenta y descubre que el hotel ha cometido un error y ha contado un servicio de habitación que Joshua no había pedido.

Recepcionista:	**a, joesonghamnida, chong sasip omanwon imnida.** *a, choe-song-jamn-ni-da, tsong sa-ship o-ma-nuon im-ni-da.* Ah, lo siento mucho, el total es de 450.000 wones.
Joshua:	**yeogi iseoyo.** *ioh-gi i-soh-io.* Aquí tienes.
Recepcionista:	**ye, gamsahamnida, annyeonghi gasipsiyo.** *ie, gam-sa-jam-ni-da, a-ñohng-ji ga-ship-shi-o.* Sí, muchas gracias, adiós.

Palabras para recordar

bangbeonho	*bang-bohn-jo*	número de habitación
bangyeolsoe	*bang-iohl-se*	llave de la habitación
chekeuout	*tsek-out*	check-out
daeume tto olkkeyo	*da-u-me to ol-ke-io*	Volveré la próxima vez.
gyesanhalkkeyo	*ge-san-jal-ke-io*	Quiero pagar la cuenta.
gyesanseo	*ge-san-soh*	cuenta
rumsseobiseu	*rum-soh-bi-suh*	servicio de habitaciones

Juegos y ejercicios divertidos

Completa los huecos con la palabra adecuada de la siguiente lista. Puedes mirar el Apéndice C para comprobar si tus respuestas son correctas.

jijeobunhaneyo

jeonhwa

gyesanseo

binbang

oneul

1. **bange [____________] ga iseoyo?** (¿Hay teléfono en la habitación?)
2. [____________] **chekeuautago sipeoyo.** (Querría hacer el *check-out* hoy.)
3. **joesonghamnida**, [____________] **i eopseumnida.** (Lo siento, no tenemos habitaciones libres.)
4. **bangi neomu** [____________]. (La habitación está sucia.)
5. **je** [____________] **ga anieyo.** (Esta no es mi cuenta.)

EN ESTE CAPÍTULO

- Te manejarás en el aeropuerto
- Te desenvolverás por la ciudad
- Conocerás el transporte público en Corea
- Alquilarás un coche

Capítulo 14
Transporte

Aunque Corea es un país pequeño, a veces ir de un lugar a otro puede ser un fastidio. Debido a la alta densidad de población, viajar es más problemático que en muchos otros países. En las zonas urbanas, la hora punta puede durar horas, y quizá pierdas buena parte de tu día en un atasco. A veces es una verdadera **nappeun-kkum** (*na-puhn-kum*; pesadilla). Pese a todo, hablamos de un país moderno que cuenta con un excelente y fiable sistema de **daejung gyotong** (*de-chung gio-tong*; transporte público), así que, cuando visites Corea, deberías usarlo para aprovechar al máximo tu visita. Este capítulo te ayudará a hacerlo, enseñándote algunas palabras y frases que minimizarán las molestias que te puedas encontrar en aeropuertos, terminales de autobuses, estaciones de tren o cuando pares un taxi.

En el aeropuerto

Corea participa activamente de la economía global y, debido a la gran inversión extranjera que recibe el país, muchos indicadores en los **gonghang** (*gong-jang*; aeropuertos) y en otros puntos del sistema de transporte están escritos también en inglés. El personal del servicio de información o de los mostradores de embarque también habla inglés, lo que puede facilitarte las cosas. Además, Corea es un país que disfruta de los últimos avances tecnológicos, así que en el aeropuerto internacional de Inchon, por ejemplo, puedes encontrarte con uno o dos robots dando vueltas por ahí, siempre a punto para pedirte un taxi, hacerte una reserva de hotel, recomendarte un buen lugar donde hacer tus compras o informarte de cualquier servicio... Quizás hasta te puedan recomendar un buen restaurante, aunque desconozco lo que pueda saber un robot sobre comida, la verdad. Aparte de lo que pueda decirte uno de estos robots, las siguientes secciones te ayudarán a que tu paso por el aeropuerto sea más sencillo.

El mostrador de facturación

Si estás a punto de emprender un **yeohaeng** (*ioh-jeng*; viaje), debes comprobar que llevas todo lo necesario para no tener problemas en el mostrador de facturación. Echa un vistazo a esta pequeña lista para asegurarte de que lo llevas todo:

- Tu **yeogwon** (*ioh-guon*; pasaporte).
- Tu **yeohaeng gabang** (*ioh-jeng ga-bang*; equipaje).
- El **yeohaeng iljeong** (*ioh-jeng il-chohng*; itinerario de viaje).

Hablando se entiende la gente

ESCUCHA

Brian viaja de Chicago a Seúl. Está en el aeropuerto, facturando sus maletas en el mostrador.

Asistente: **annyeonghaseyo, tiket jom boyeojusigetseumnikka?**
a-ñong-ja-se-io, ti-ket chom bo-ioh-chu-shi-ge-suhm-ni-ka?
Hola, ¿puedo ver su billete, por favor?

Brian: **ye, yeogi iseoyo.**
ie, ioh-gi i-soh-io.
Sí, aquí tienes.

Asistente: **yeogwon jom boyeojusigetseumnikka?**
ioh-guon chom bo-ioh-chu-shi-ge-suhm-ni-ka?
¿Puedo ver su pasaporte, por favor?

Brian: **ne, yeogi iseoyo.**
ne, ioh-gi i-soh-io.
Sí, aquí tienes.

Asistente: **eolmadongan hanguge gyesilgeomnikka?**
ohl-ma-don-gan jan-gu-ge ge-shil-gohm-ni-ka?
¿Cuánto tiempo planea quedarse en Corea?

Brian: **sabak oil dongan iseul yejeongieyo.**
sa-bak o-il don-gan i-suhl ie-chohn-ge-io.
Planeo quedarme cuatro noches y cinco días.

Asistente: **yeohaeng gabangeun myeotgae gatgo gyesimnikka?**
ioh-jeng ga-ban-guhn miot-ge gat-go ge-shim-ni-ka?
¿Cuántas piezas de equipaje lleva?

Brian: **ye, segae gatgo iseoyo.**
ie, se-ge gat-go i-soh-io.
Sí, llevo tres.

Asistente: **geujunge ginae gabangeun myeotgae gatgo gyesimnikka?**
guh-chun-ge gi-ne ga-ban-guhn mioht-ge gat-go ge-shim-ni-ka?
¿Cuántas de ellas son equipaje de mano?

Brian: **i baenang hanamanyo.**
i be-nang ja-na-ma-ño.
Solo esta mochila.

Asistente: **changmun yeope inneun jwaseogeul deurilkkay?**
tsang-mun ioh-pe in-nuhn chua-soh-guhl duh-ril-ka-io?
¿Le gustaría un asiento junto a la ventana?

Brian: **doelsu, changmun yeope inneun jwaseogeul juseyo.**
doel-su, tsang-mun ioh-pe in-nuhn chua-soh-guhl chu-se-io.
Si es posible, me gustaría un asiento junto a la ventana, por favor.

Asistente:	**ye, algetseumnida. tapseunggwon yeogi itseumnida.** *ie, al-ge-suhm-ni-da. tap-suhng-guon ioh-gi i-suhm-ni-da.* Sí, entiendo. Aquí tiene su tarjeta de embarque.
Brian:	**gamsahamnida.** *gam-sa-jam-ni-da.* Muchas gracias.
Asistente:	**ye, annyeonghi gasipsiyo.** *ie, a-ñohng-ji ga-ship-shi-o.* Sí, disfrute su viaje.

Palabras para recordar

baenang	*be-nang*	mochila
balcha	*bal-tsa*	salida (trenes y autobuses)
bija	*bi-cha*	visado
changmun	*tsang-mun*	ventana
chekeu in	*tse-kuh-in*	*check-in*/facturación
chulbal	*tsul-bal*	salidas (aviones)
chulgu	*tsul-gu*	salida (puerta)
churipgu	*tsu-rip-gu*	entrada/salida/puerta
dochak	*do-tsak*	llegada
doelsuiseumyeon	*doel-su i-suh-miohn*	Si es posible
eolmadongan	*ohl-ma don-gan*	¿Cuánto tiempo?
gasineyo	*ga-shi-ne-io*	Vas a... (lugar)
ginae gabang	*gi-ne ga-bang*	equipaje de mano
ipgu	*ip-gu*	entrada
iseul yeojeongieyo	*i-suhl ioh-chohn-ge-io*	Planeas quedarte...
jwaseok beonho	*chua-sohk bohn-jo*	número de asiento
mokjeokji	*mok-chohk-chi*	destino

myeotgae	*mioht-ge*	¿Cuántos/as?
pyeon beonho	*piohn bohn-jo*	número de vuelo
sojipum	*so-chi-pum*	efectos personales
tapseunggwon	*tap-suhng-guon*	tarjeta de embarque
tiket	*ti-ket*	billete/ticket
tongro	*tong-no*	pasillo

Inmigración y aduanas

Cuando llegues al aeropuerto de destino, antes de que puedas ir a recoger tu maleta, tendrás que pasar por **ipgukja simsadae** (*ip-guk-cha shim-sa-de*; inmigración), donde mirarán tu **yeongwon** (*iohn-guon*; pasaporte) para comprobar tu **bija** (*bi-cha*; visado). También te preguntarán si estás en Corea por un motivo **il gwangye** (*il guan-ge*; relacionado con el trabajo), de **gwangwang** (*guan-guang*; turismo) o para **chinji bangmun** (*tsin-chi bang-mun*; visitar a familia y amigos). Cuando salgas de allí, deberás recoger tu equipaje y dirigirte a la aduana. Si llevas contigo cosas como carne, productos vegetales, semillas, frutas, lácteos, objetos hechos de madera natural, etc., tendrás que declararlo, tal y como pasa en muchos otros países, vaya. Si no lo declaras y te pillan, tendrás que pagar una multa considerable y dar muchas explicaciones. Debido a todos los acontecimientos de los últimos años, la seguridad en los aeropuertos es bastante estricta y puede que registren tu equipaje, así que es mejor ser paciente y colaborador. Una vez pases la aduana, ya no tendrás problemas y podrás salir del **gonghang** (*gong-jang*; aeropuerto) en un momento.

CONSEJO

Normalmente, desde España se tarda más de diez horas en llegar a Corea. Cruzar medio mundo lleva un poco de tiempo, y tendrás que pasarlo de la manera más entretenida posible, sobre todo si no duermes durante el viaje. Puedes ver películas en el sistema de entretenimiento que suele haber en los vuelos transcontinentales, pero también podrías llevarte un buen libro o cualquier otra cosa para hacer durante esas horas y evitar que el vuelo se te haga eterno.

Al salir del aeropuerto

La mayoría de los aeropuertos ofrecen varios medios de transporte al salir de la terminal, normalmente paradas de **beoseu** (*boh-suh*; autobús) y estaciones de **gicha** (*gi-tsa*; tren) y **jihacheol** (*chi-ja-tsohl*; metro). Si no te hace mucha gracia lo de viajar en transporte público o no estás muy seguro de llegar a tu destino usándolo, siempre puedes encontrar una hilera de **taeksi** (*tek-shi*; taxis) esperando delante de la salida de la terminal, o incluso a un **annaeweon** (*an-ne-guon*; guía) que pueda ayudarte a pedir un taxi, reservar en un hotel o cualquier otra cosa que necesites.

CULTURA GENERAL

En Corea hay hoteles de cualquier tipo y calidad, desde los más sofisticados de cadenas mundiales a los moteles más asequibles, y también podrías alojarte en un albergue o en un templo. Hay muchos templos budistas que ofrecen alojamiento, lo que supone una experiencia completamente diferente del país de la que pueda ofrecerte un hotel. Si buscas una experiencia genuinamente "coreana", puede ser tu oportunidad.

Moverte por la ciudad

Vale, por fin has llegado a tu habitación de hotel, has deshecho las maletas, te has duchado y has podido estirar un poco las **dari** (*da-ri*; piernas), así que ya estás listo para salir por la ciudad. ¿Y cómo puedes hacerlo? Bueno, si estás en una gran zona metropolitana como Seúl o Busán, tienes todas las opciones de transporte disponibles, y además muy fáciles de encontrar. En la recepción del hotel te informarán de lo que quieras saber y seguramente te puedan dar un **jido** (*chi-do*; mapa). Probablemente haya una **gichayeok** (*gi-tsa-iohk*; estación de tren) o una **beoseu jeongnyujang** (*boh-suh chohng-ñu-chang*; terminal de autobuses) cerca del hotel, pero, si no, también podrían llamarte un **taeksi** (*tek-shi*; taxi) o hacerte una reserva para alquilar un **jadongcha** (*cha-dong-tsa*; coche). Si estás en una zona rural, puede que necesites caminar un poco antes de llegar a cualquiera de estos medios de transporte. También estaría bien conseguir un mapa de la zona: utilizar el hotel como punto base para explorar los alrededores es una buena forma de sacar el máximo partido a tu estancia y disfrutar de la visita turística.

En taxi

En las zonas metropolitanas hay taxis por toda la ciudad, aparcados frente a terminales de autobuses, estaciones de tren, hoteles..., en cualquier sitio. Lo único que tienes que hacer es detenerte al borde de la acera, levantar la **son** (*son*; mano), y no tardará en parar alguno para recogerte. Sin embargo, si estás en el campo o en una zona rural, tendrás que pedirlo por teléfono, buscando su número o pidiendo a alguien que lo haga por ti. Si estás en tu hotel o en un restaurante, por ejemplo, solo tienes que ir al mostrador y decir **jeo taeksi handaeman bulleo juseyo** (*choh tek-shi jan-de-man bul-loh chu-se-io*; Por favor, llámame a un taxi).

Una vez dentro del taxi, recuerda ponerte el **anjeon baelteu** (*an-chohn bel-tuh*; cinturón de seguridad) e intenta utilizar estas frases:

» **yeogiseo jeil gakkaun baekhwajeome deryeoda juseyo** (*ioh-gi-soh che-il ga-ka-un be-kua-choh-me de-rioh-da chu-se-io*; Por favor, llévame a los grandes almacenes más cercanos).

» **i jusoe deryeoda juseyo** [*i chu-so-e de-rioh-da chu-se-io*; Por favor, llévame a esta dirección (mostrando al conductor la dirección apuntada)].

» **(lugar) e deryeoda juseyo** [(lugar) *e de-rioh-da chu-se-io*; Por favor, llévame a (lugar)].

» **(lugar) kkaji ganeunde eolmaeyo?** [(lugar) *ka-chi ga-nuhn-de ohl-ma-e-io?*; ¿Cuánto cuesta ir a (lugar)?].

» **eolmaeyo** (*ohl-ma-e-io*; ¿Cuánto vale?).

En autobús

En una terminal de autobuses podrían darte un **jido** (*chi-do*; mapa) de las **gyeongno** (*giohng-no*; rutas), pero en una parada lo único que habrá es un mapa colgado, así que puede ser buena idea mirarse bien las rutas. Corea tiene un sistema de transporte público bastante extenso y los autobuses pueden llevarte a cualquier sitio. No solo puedes ir con ellos por toda la ciudad, sino que también puedes tomar un **gosok beoseu** (*go-sok boh-suh*; autobús exprés) de una ciudad a otra, lo que además es una manera bastante asequible de viajar y de ver el campo. Los **gosok beoseu** normalmente no paran en paradas regulares, como los **sine beoseu** (*shi-ne boh-suh*; autobuses urbanos), sino que solo van de la **beoseu jeongnyujang** (*boh-suh chohn-ñu-chang*; terminal de autobuses) de una ciudad a la de otra. Cuando subas a un autobús, no te olvides de preguntar al conductor si va a tu destino, diciendo **i beoseuga (lugar) euro gayo?** [*i boh-suh* (lugar) *e-u-ro ga-io?*; ¿Este autobús va a (lugar)?]. Normalmente, los conductores no dan cambio, así que tendrás que llevar la cantidad exacta para coger el autobús y, aunque pagues más de lo que vale el viaje, no te devolverán el cambio. La mayoría de los coreanos usan bonos para ir en autobús.

En metro

Moverse en **jihacheol** (*chi-ja-tsohl*; metro) es una forma muy eficiente de viajar por la ciudad. Seúl tiene un excelente sistema de metro que te llevará a cualquier sitio. Sin embargo, durante la **chultoegeun sigan** (*tsul-toe-guhn shi-gan*; hora punta), el metro puede estar extremadamente abarrotado, con toda la gente que va o vuelve del trabajo, así que, si tienes un poco de claustrofobia, te sugiero que evites el metro a esas horas. Otra ventaja de este medio de transporte es que funciona hasta altas horas de la noche, así que, si has estado por ahí bebiendo y cantando con tus amigos en un **noraebang** (*no-re-bang*; karaoke), puedes usar el metro y ahorrarte los problemas que implicaría que te pillasen conduciendo bebido en otro país.

Hablando se entiende la gente

Ryan ha llamado por teléfono a Eric porque quiere quedar esa noche para ir a tomar algo.

Eric: **yeoboseyo?**
io-bo-se-io?
¿Hola?

Ryan: **ericssi, rayanieyo, jal iseoseoyo?**
e-rik-shi, ra-ia-ni-e-io, chal i-soh-soh-io?
Eric, soy Ryan. ¿Todo bien?

Eric: **o rayanssi, oraenmanieyo, anbonji han dudal jeongdo doeneungeo gateunde, geudongan jal iseotjiyo?**
o, ra-ian-shi, o-ren-ma-ni-e-io, am-bon-chi jan du-dal chohng-do doe-nuhn-goh ga-tuhn-de, guh-don-gan chal i-soht-chi-io?
Oh, Ryan, cuánto tiempo. No te he visto en uno o dos meses. ¿Has estado bien desde entonces?

Ryan: **ye, ye, byeoril eopseoseoyo, yo dudal dongan yeollageul mothaeseo mianhaeyo.**
ie, ie, bioh-ril ohp-soh-soh-io, io du-dal don-gan iohl-la-guhl mot-te-soh mi-an-je-io.
Sí, sí, no ha pasado demasiado. Siento no haberme puesto en contacto contigo en los dos últimos meses.

Eric: **geureochi anado jeodo rayanssi hante hanbeon yeollageul haetseoya doeneungeonde anhaeseo mianhaeyo, yosae il ttaemune neomu bappaseo bap meogeul sigando eomneungeo gateyo.**

guh-roh-tsi a-na-do choh-do ra-ian-shi jan-te jam-bohn iohl-la-guhl jes-soh-ia doe-neuhn gohn-de an-je-soh mi-an-je-io, io-se il te-mu-ne noh-mu ba-pa-se-o bap moh-guhl shi-gan-do ohm-nuhn-goh ga-te-io.

Yo también quería ponerme en contacto contigo, Ryan, perdona por no haberlo hecho. Estos días he estado ocupado en el trabajo; parece que no tengo tiempo ni para comer.

Ryan: **geuraeseo jega oneul jeonhwa deuringeoeyo, oneul jeonyeok jeorang gachi hasillaeyo?**

guh-re-soh che-ga o-nuhl chohn-jua duh-rin-goh-e-io, o-nuhl choh-ñohk choh-rang ga-tsi ja-shil-le-io?

Por eso te llamo. ¿Quieres cenar conmigo?

Eric: **oneul jeonyeogeun jom gollanhaeyo, je yeoja chingurang jeonyeogeul gachi meokgiro yaksok haeseoyo, jeonyeok meogeun daeume mannamyeon eottaeyo?**

o-nuhl choh-ñoh-guhn chom gol-lan-je-io, che ioh-cha tsin-gu-rang choh-ño-guhl ga-tsi mohk-gi-ro iak-sok je-soh-io, choh-ñohk moh-guhn da-uh-me man-na-miohn oh-te-io?

No me va muy bien cenar esta noche, había prometido a mi novia que cenaría con ella. ¿Qué tal si nos vemos después de cenar?

Ryan: **georeum uri ahopsie seoulyeok baro ape inneun suljibeseo mannaneunge eottaeyo? jeon geu jibeseo jeonyeok meokgo gidarigo iseulkkeyo.**

goh-ruhm u-ri a-jop-shi-e soh-ul-iohk ba-ro a-pe in-nuhn sul-chi-be-soh man-na-nuhn-ge oh-te-io? chohn guh chi-be-soh choh-ñohk mohk-go gi-da-ri-go i-suhl-ke-io.

¿Qué tal si nos encontramos en el bar que hay justo delante de la estación de tren de Seúl a las nueve? Cenaré allí y te esperaré.

Eric: **joayo, doelsu iseumyeon ppalli gakkeyo, geureom oneul bame bwayo.**

cho-a-io, doel-su i-suh-miohn pal-li ga-ke-io, guh-rohm o-nuhl ba-me bua-io.

Genial, intentaré llegar lo más rápido posible, nos vemos esta noche.

Palabras para recordar

anbonji	*am-bon-chi*	no he visto
bappaseo	*ba-pa-se-o*	he estado ocupado
byeoril	*bioh-ril*	no demasiado
geudongan	*guh-don-gan*	desde entonces
il	*il*	trabajo
jariseoseoyo?	*cha-ri-soh-soh-io?*	¿Has estado bien?
jeongdo	*chong-do*	Cerca/cosa de... (cantidad)
jeonyeok	*choh-ñohk*	cena
jeorang	*choh-rang*	conmigo
jom gollanhaeyo	*chom gol-lan-je-io*	no ir bien
mianhaeyo	*mi-an-je-io*	Lo siento.
oraenmanieyo	*o-ren-ma-ni-e-io*	¡Cuánto tiempo!
ppalli	*pal-li*	rápido
suljip	*sul-chip*	bar
yeojachingu	*ioh-cha-tsin-gu*	novia
namjachingu	*nam-cha-tsin-gu*	novio
yeollak	*iohl-lak*	ponerse en contacto
yosae	*io-se*	estos días

En tren

Las vías de tren recorren todo el país conectando todas las ciudades. Desde 2007, se pueden recorrer los 420 kilómetros que separan Seúl de Busán en dos horas y cuarto gracias al tren bala. En 2016 se inauguraron seis kilómetros de línea de tren de levitación magnética en el aeropuerto de Incheon y se espera que su longitud crezca durante los próximos años. El objetivo es unir Seúl con la mayoría del país en menos de dos horas. Cuando compres tu **pyo** (*pio*; billete) en el **kaunteo** (*ka-un-toh*; mostrador), asegúrate de averiguar de qué **peulaetpom** (*puhl-let-pom*; andén) sale tu tren, **myeot si** (*miot-shi*; a qué hora) y si es un **pyundo** (*piun-do*; billete de ida) o un **wangbokpyo** (*guang-bok-pio*; billete de ida y vuelta). Estas frases te serán de utilidad:

> **i gichaneun myeotsie tteonayo?** (*i gi-tsa-nuhn miot-shi-e toh-na-io*; ¿A qué hora sale el tren?).
>
> **seoulganeun gichaneun myeotsie tteonayo?** (*soh-ul-ga-nuhn gi-tsa-nuhn miot-shi-e toh-na-io?*; ¿A qué hora sale el tren a Seúl?). Puedes usar el nombre de la ciudad o de la estación que quieras.
>
> **i gichareul taryeomyeon eoneu peullaetpomeuro gayahaeyo?** (*i-gi-tsa-ruhl ta-rio-miohn oh-nuh puhl-let-po-muh-ro ga-ia-je-io?*; Si quiero tomar este tren, ¿a qué andén tengo que ir?).
>
> **seoureseo busankkai wangbokpyo juseyo** (*soh-u-re-soh bu-san-kai guang-bok-pio chu-se-io*; Por favor, dame un billete de ida y vuelta de Seúl a Busán). Puedes sustituir estas ciudades por las que haga falta.

Juegos y ejercicios divertidos

Escribe a continuación el nombre de los siguientes medios de transporte en coreano. Puedes mirar el Apéndice C para comprobar si tus respuestas son correctas.

A.  B.  C. 

D.  E. 

A. ______________________

B. ______________________

C. ______________________

D. ______________________

E. ______________________

EN ESTE CAPÍTULO

- Escogerás el mejor momento para viajar
- Elegirás un destino
- Harás las maletas
- Tratarás con la agencia de viajes

Capítulo 15
Planificar un viaje

Muy bien, has decidido ir a Corea. Y ahora, ¿qué deberías llevar contigo? ¿Vas por trabajo o es un viaje de placer? ¿Hay algún sitio concreto que quieras visitar o algún festival al que quieras ir? Planificarlo todo y saber exactamente lo que quieres hacer durante tus vacaciones son dos buenas formas de rentabilizar tu tiempo y tu dinero. Este capítulo te ayudará a elegir en qué momento del año es mejor viajar, dónde ir para ver ciertas cosas, te indicará qué necesitarías llevar y cómo tratar con la gente que te encontrarás. ¿Tienes preparados tu pasaporte y tu cepillo de dientes?

El mejor momento para tu viaje

Obviamente, no deberías ir a Corea en pleno invierno si quieres jugar a golf, ni tampoco en mitad del verano si tus planes son esquiar. Las siguientes secciones te enseñarán no solo qué momentos podrían ser buenos para viajar, sino también cómo comunicar las fechas de tu viaje a otra persona, para lo que necesitarás aprender a nombrar los días y los meses en coreano.

Las cuatro estaciones

Corea tiene cuatro estaciones muy diferentes, por lo que, busques el tipo de clima que busques, en un momento u otro lo encontrarás:

» De marzo a mayo podrás disfrutar de una bonita **bom** (*bom*; primavera), con exóticas flores en plena floración y árboles en su máximo esplendor de frondosidad.

» Durante el caluroso y húmedo **yeoreum** (*ioh-ruhm*; verano), la vegetación se vuelve exuberante y verás a mucha gente que intenta escapar del calor yendo a la playa.

» Las lluvias monzónicas normalmente empiezan a finales de junio y duran hasta mediados de julio; agosto es muy caluroso y húmedo.

» El **gaeul** (*ga-uhl*; otoño) empieza cuando septiembre trae los frescos vientos continentales y el tiempo seco.

» En octubre, cuando las hojas de los árboles cambian de color, el campo se torna de un vívido color naranja, rojo y amarillo.

» El **gyeoul** (*gioh-ul*; invierno) es frío y generalmente seco, con nieve ocasional. Es corriente que haya tres o cuatro días de tiempo frío seguidos de otros tantos más cálidos.

Los meses y los días

Si quieres preguntarle a alguien cuándo tiene pensado viajar a Corea, puedes decir **eonje hanguge gasilkkeoeyo?** (*ohn-che jan-gu-ge ga-shil-koh-e-io?*), o sea, "¿Cuándo irás a Corea?". Y si esa misma pregunta te la hacen a ti, puedes responder **ne, siwol isibsamilnal tteonaseo siwol samsibilnal olkkeoeyo** (*ne, shi-guol i-shib-sa-mil-nal toh-na-soh shi-guol sam-shi-bil-nal ol-koh-io*), y estarás diciendo "Sí, iré el 23 de octubre y volveré el 30 de octubre".

RECUERDA

Tendrás que sustituir los días del ejemplo por aquellos en los que vayas a viajar. Para ello, debes aprenderte los nombres de los meses y los días en coreano (echa un vistazo a la tabla 15-1).

Aprenderse los nombres de los meses no es complicado, ya que, en lugar de memorizar un montón de palabras, solo necesitas contar hasta doce y añadir el sufijo **wol** (*guol*; mes) detrás del número del mes que quieras decir. Por ejemplo, **samwol** (*sa-muol*) significa, literalmente, 'tercer mes', es decir, el mes de marzo. De forma similar, si añades el sufijo **il** (*il*; día) a un número, ya estás diciendo el nombre del día de un mes, por ejemplo, **siboil** (*shi-bo-il*) es el día 15. Quizá te hayas dado cuenta de que en coreano *día* y *uno* se dicen de la misma forma, **il**, así que el primer día del mes se llama **ilil** (*i-ril*). Al pronunciarlo, la segunda *l* suena como una *r*, porque, en realidad, los coreanos usan la misma consonante para esas dos letras, y su pronunciación varía dependiendo de su posición dentro de la palabra. En general, se pronuncia *r* cuando aparece al principio y *l* cuando va al final. El capítulo 7 contiene varias tablas en las que aparecen los meses del año, los días de la semana y vocabulario temporal en relación con el momento presente, pero, por si no te apetece volver a ese capítulo, te los recopilo aquí.

TABLA 15-1 **Meses del año y vocabulario para planificar viajes**

Coreano	*Pronunciación*	Español
irwol	*(i-ruol)*	enero
iwol	*(i-guol)*	febrero
samwol	*(sam-guol)*	marzo
sawol	*(sa-guol)*	abril
owol	*(o-guol)*	mayo
yuwol	*(yu-guol)*	junio
chirwol	*(chi-ruol)*	julio
parwol	*(pa-ruol)*	agosto
guwol	*(gu-guol)*	septiembre
siwol	*(shi-guol)*	octubre
sibirwol	*(shi-bi-ruo)*	noviembre

Coreano	*Pronunciación*	Español
sibiwol	*(shi-bi-guol)*	diciembre
daeumdal	*(da-uhm-dal)*	el mes que viene
ibeondal	*(i-bohn-dal)*	este mes
jeobeondal	*(choh-bohn-dal)*	el mes pasado
saengil	*(sen-gil)*	cumpleaños
seollal	*(sohl-lal)*	Año Nuevo Lunar
woryoil	*(wo-rio-il)*	lunes
hwayoil	*(jua-yo-il)*	martes
suyoil	*(su-yo-il)*	miércoles
mogyoil	*(mo-gyo-il)*	jueves
geumyoil	*(guh-mio-il)*	viernes
toyoil	*(to-io-il)*	sábado
iryoil	*(i-rio-il)*	domingo
hansi	*(jan-shi)*	1:00
dusi	*(du-shi)*	2:00
sesi	*(se-shi)*	3:00
nesi	*(ne-shi)*	4:00
daseotsi	*(da-soht-shi)*	5:00
yeoseotsi	*(yoh-soht-shi)*	6:00
ilgopsi	*(il-gop-shi)*	7:00
yeodeolsi	*(yoh-dohl-shi)*	8:00
ahopsi	*(a-hop-shi)*	9:00
yeolsi	*(yohl-shi)*	10:00
yeolhansi	*(yohl-han-shi)*	11:00
yeoldusi	*(yohl-du-shi)*	12:00
ojeon	*(o-chohn)*	mañana
ohu	*(o-hu)*	tarde

Hablando se entiende la gente

ESCUCHA

Heather le pregunta a Jim sobre el viaje a Corea que está planeando.

Heather: **jimssi, annyeonghaseyo?**
chim-shi, a-ñohng-ja-se-io?
Jim, ¿qué tal has estado?

Jim: **haedereussi! bangawoyo!**
je-de-ruh-shi! ban-ga-guo-io!
¡Heather! ¡Me alegra verte!

Heather: **hanguk gasindago deureosseoyo, eonje gaseyo?**
jan-guk ga-shin-da-go duh-roh-soh-io, ohn-che ga-se-io?
He oído que vas a Corea. ¿Cuándo te marchas?

Jim: **ne, daeumju suyoire tteonaseo iljuil jeongdo iseulkkeoeyo.**
ne, da-uhm-chu su-io-i-re toh-na-soh il-chu-il chohng-do i-suhl-koh-e-io.
Sí, salgo el miércoles que viene y tengo pensado quedarme una semana aproximadamente.

Heather: **hanguk gaeul punggyeongi cham meositdago deureoseoyo, jaemi itgetneyo.**
jan-guk ga-uhl pun-giohn-gi tsam moh-shit-da-go duh-roh-soh-io, che-mi it-gen-ne-io.
He oído que el paisaje de otoño en Corea es muy bonito… Suena muy bien.

Jim: **ne, hanguge gabogo sipeunji oraedoeseoyo.**
ne, jan-gu-ge ga-bo-go shi-puhn-chi o-re-do-e-soh-io.
Sí, hace mucho tiempo que quiero ir a ver Corea.

Heather: **jeo ginyeompum hanaman gatda jusillaeyo?**
choh gi-ñom-pum ja-na-man gat-da chu-shil-le-io?
¿Me traerás un recuerdo?

Jim: **mullonijyo!**
mul-lo-ni-cho!
¡Por supuesto!

Palabras para recordar

banggawoyo	*bang-ga-guo-io*	Me alegra verte.
bidio	*bi-dio*	vídeo
daeumdal	*da-uhm-dal*	el mes que viene
daeumju	*da-uhm-chu*	la semana que viene
eonje gaseyo?	*ohn-che ga-se-io?*	¿Cuándo te marchas?
ginyeompum	*gi-ñohm-pum*	recuerdo/*souvenir*
mullonijyo	*mul-lo-ni-cho*	por supuesto
punggyeong	*pung-giohng*	paisaje
sajin	*sa-chin*	foto
seonmul	*sohn-mul*	presente
tteonaseo	*toh-na-soh*	salir/partir

Las vacaciones coreanas

Los coreanos siguen oficialmente el calendario gregoriano, pero algunos festivos siguen el calendario lunar. En los festivos oficiales, las oficinas y bancos están cerrados, pero los palacios, museos, la mayoría de los restaurantes, los centros comerciales y los servicios relacionados con el ocio permanecen abiertos. Los festivos tradicionales más importantes para los coreanos son el **seollal** (*sohl-lal*; Año Nuevo Lunar) y el **chuseok** (*tsu-sohk*; Festival de la Cosecha), cuando millones de personas visitan su **gohyang** (*go-jiang*; lugar de origen) para celebrarlo con sus familias. Durante el **seollal**, los coreanos celebran un funeral en honor a sus ancestros y les dedican una **sebae** (*se-be*; reverencia formal de respeto a los mayores) para saludarlos por el Año Nuevo. En la tabla 15-2 recojo los festivos oficiales coreanos.

CULTURA GENERAL

Estos periodos festivos pueden ser o no un buen momento para visitar Corea, según si te gustan o no las aglomeraciones. Aunque todo el mundo visita a sus familias, los centros comerciales y otros negocios pueden estar abarrotados, los medios de transporte van hasta los topes y se crea un caos total.

TABLA 15-2 **Festivos coreanos**

Festivo	Fecha	Descripción
Año Nuevo	1 de enero	El primer día del año es muy celebrado.
Seollal, Año Nuevo Lunar	enero/febrero (segunda luna llena después del solsticio de invierno)	Es uno de los festivos tradicionales más importantes del año, incluso más que el 1 de enero. La mayoría de los negocios cierran y la gente se toma unos días de vacaciones para visitar sus lugares de origen con sus familias.
Día del Movimiento por la Independencia	1 de marzo	Conmemora la Declaración de Independencia proclamada el 1 de marzo de 1919, bajo la colonización japonesa. Se celebra una ceremonia especial en el parque Tapgol, en Seúl, en la que se lee esta declaración, por ser el lugar donde se hizo por primera vez ante el público.
Día del Nacimiento de Buda	abril-mayo (8.º día del cuarto mes lunar)	Se realizan rituales muy solemnes y elaborados en muchos templos budistas de todo el país, en cuyos patios se cuelgan farolillos. El domingo por la noche de este día se encienden los farolillos y se llevan en desfiles.
Día de los Niños	5 de mayo	Los padres visten a los niños de forma elegante y los llevan al parque, al zoo, al parque de atracciones o al cine, para celebrar un día de diversión y juegos.
Día de la Conmemoración de los Caídos	6 de junio	Establecido para honrar a los soldados y civiles que dieron sus vidas al servicio del país. La mayor ceremonia se lleva a cabo en el Cementerio Nacional de Seúl.
Día de la Constitución	17 de julio	Celebra la proclamación de la Constitución de la República de Corea en 1948.
Día de la Liberación	15 de agosto	Celebra la rendición de Japón ante las fuerzas aliadas, cuyos términos conllevaron la liberación de Corea en 1945.
Chuseok, Festival de la Cosecha	septiembre-octubre (15.º día del octavo mes lunar)	Uno de los festivos tradicionales más importantes. Se celebra el decimoquinto día del octavo mes lunar, para aclamar la cosecha y dar las gracias por la riqueza de la tierra. Los familiares de todo el país vuelven a sus lugares de origen para visitar su hogar ancestral.

Festivo	Fecha	Descripción
Día de la Fundación de Corea	3 de octubre	Se conmemora la Fundación de la nación coreana en el 2333 a. n. e. por parte del legendario rey-dios **Dangun** (*dan-gun*). Se realiza una sencilla ceremonia en un altar de la cima del monte Manisan, en la isla Ganghwa, altar que se supone que fue erigido por Dangun para dar las gracias a su padre y abuelo, que estaban en el cielo.
Navidad	25 de diciembre	La Navidad se considera festivo nacional en Corea.

Los años

La palabra coreana para decir *este año* es **olhae** (*ol-je*), mientras que **jaknyeon** (*chak-ñohn*) es 'el año pasado' y **naenyeon** (*ne-ñohn*) es 'el próximo año'. Como **nyeon** (*ñohn*) significa 'año', solo tienes que añadírselo a cualquier número para poner el año que quieras, por ejemplo, **icheonishipnyeon** (*i-tsohn-i-ship-ñohn*) es el año 2020.

CULTURA GENERAL

Los coreanos siguen el horóscopo chino, aunque actualmente no se toma tan en serio como en el pasado. Tal y como pasa con la astrología occidental, se supone que los nacidos bajo un signo concreto exhiben ciertos rasgos de personalidad. La diferencia entre ambos horóscopos es que el occidental varía dependiendo del mes, mientras que el chino lo hace dependiendo del año. En coreano se añade la palabra **tti** (*ti*) a los diversos nombres de animal que representan cada uno de los años para formar el nombre del signo del horóscopo correspondiente. Puedes ver cómo se dice tu signo del horóscopo chino en la siguiente tabla.

TABLA 15-3 Signos del horóscopo chino

Coreano	*Pronunciación*	Español
baemtti	(*bem-ti*)	año de la serpiente
daktti	(*dak-ti*)	año del gallo
doejitti	(*doe-chi-ti*)	año del cerdo
gaetti	(*ge-ti*)	año del perro
horangitti	(*jo-ran-gi-ti*)	año del tigre

Coreano	*Pronunciación*	Español
juitti	(*chui-ti*)	año de la rata
maltti	(*mal-ti*)	año del caballo
sotti	(*so-ti*)	año del buey
tokkitti	(*tok-ki-ti*)	año del conejo
yangtti	(*iang-ti*)	año de la cabra
yongtti	(*iong-ti*)	año del dragón
wonsungitti	(*guon-sun-gi-ti*)	año del mono

Indicar fechas y momentos

Si quieres desenvolverte en coreano, tendrás que aprender a preguntar por la **sigan** (*shi-gan*; hora). Cuando tengas listo el itinerario y las maletas preparadas, piensa que entre España y Corea hay una diferencia de siete horas en verano y ocho en invierno: deberás tenerlo en cuenta cuando decidas **yeohaeng** (*ioh-jeng*; viajar) allí, porque quizá no sea buena idea llamar a un amigo a las tres de la mañana para contarle que te lo estás pasando muy bien en el festival de **gimchi** de Gwangju o que te ha impresionado muchísimo la gruta Seokguram.

También deberás saber a qué hora abren los museos y las tiendas, a qué hora empieza un espectáculo al que quieras asistir, la fecha para hacer una reserva, etc. Para todo esto, puedes utilizar preguntas como **myeotsieseo myeotsikkaji yeollyeo itnayo?** (*mioht-shi-e-soh mioht-shi-ka-chi iohl-lioh in-na-io*; ¿De qué hora a qué hora estáis abiertos?), para asegurarte de no encontrarte el cartel de "cerrado" en la puerta del sitio al que vayas. La palabra **yeyak** (*ie-iak*; reserva) también es muy práctica para garantizarte una plaza, porque muchas atracciones, especialmente durante las épocas de más turismo, tienden a llenarse en poco tiempo, así que es recomendable llamar antes para hacer una **yeyak**.

Los trenes, autobuses y otros medios de transporte cumplen un horario. Si pierdes un tren, lo más probable es que llegue otro en poco tiempo, es cierto, pero tampoco has ido a Corea para pasar el rato sentado en una estación, ¿verdad? Por eso es mejor llegar un poco antes y tener tiempo para subir tranquilamente, ahorrarte retrasos y no tener que **gidarim** (*gi-da-rim*; esperar).

Elegir un destino

Si vas a Corea por negocios, es probable que tu destino sea Seúl o alguna de las grandes ciudades portuarias, como Busán o Ulsan. Si has ido por placer, de vacaciones, tienes todo el país a tu disposición. En ese caso, ¿adónde puedes ir? Pues depende de tus intereses. Aunque Corea es un **jageun nara** (*cha-guhn na-ra*; país pequeño), es un lugar con mucha historia y una cultura muy rica, con lo que podría llevarte toda la vida explorarlo. Hay espectáculos y encantos hasta para el más quisquilloso. Tanto si quieres que te mimen en un lujoso resort como si quieres experimentar el estilo de vida espartano y contemplativo de un templo budista, Corea ofrece todo tipo de asombrosas experiencias para el **yeohaenggaek** (*ioh-jeng-gek*; visitante). También descubrirás que los coreanos son increíblemente amistosos y amables, gente hospitalaria y generosa, deseosa de echar una mano para que disfrutes de tu visita a su país.

Si lo que te van son las compras, quizá lo mejor sea que te quedes en Seúl y sus alrededores, porque el área de Itaewon, el distrito de Gangnam y los mercados de Dongdaemun y Namdaemun tienen una reserva casi infinita de productos para satisfacer a los clientes más exigentes. Si lo que te gusta es la historia, puedes acercarte a la zona de Gyeongju, donde los restos arqueológicos de la dinastía Silla pueden contemplarse en **bangmulgwan** (*bang-mul-guan*; museos), así como en antiguas tumbas y templos de más de mil años de antigüedad. Desde observar aves a festivales populares o discotecas y cafeterías... da igual lo que busques, porque probablemente lo encuentres en Corea. Sumergirte en otra cultura puede ser una gran oportunidad para descubrir algo nuevo, y no solo de esa cultura, sino también de ti mismo.

Elige un destino que tenga los lugares y actividades de la tabla 15-4 y tendrás garantizada una gran experiencia durante tus viajes.

TABLA 15-4 Lugares y actividades

Coreano	*Pronunciación*	Español
baekhwajeom	(*be-kua-chohm*)	grandes almacenes
bangmulgwan	(*bang-mul-guan*)	museo
geukjang	(*guhk-chang*)	cine
gongweon	(*gon-guohn*)	parque

Coreano	*Pronunciación*	Español
gungjeon	(*gung-chohn*)	palacio
haebyeon	(*je-biohn*)	playa
jeol	(*chohl*)	templo
misulgwan	(*mi-sul-guan*)	galería de arte
san	(*san*)	montaña
singmulgwan	(*shing-mul-guan*)	jardín botánico

Quizá tu viaje forme parte de un itinerario más extenso y vayas a otro país asiático antes o después de visitar Corea. ¿Qué tal **jungguk** (*chung-guk*; China), **ilbon** (*il-bon*; Japón) o **taeguk** (*te-guk*; Tailandia)? Independientemente de donde vayas, será mejor que aprendas a usar los términos **eseo** (*e-soh*), que significa "de/desde", y **ro** (*ro*) o **euro** (*uh-ro*), que significan "a/hasta".

» **jeoneun donggyeongeseo bukkyeongeuro gayo** (*choh-nuhn dong-giong-e-soh bu-kiong-uh-ro ga-io*; Voy de Tokio a Pekín).

» **jeoneun nyuyogeseo amseutereudameuro gayo** (*choh-nuhn ñu-io-ge-soh am-suh-te-da-muh-ro ga-io*; Voy de Nueva York a Ámsterdam).

» **jeoneun hyuseutoneseo meksikoro gayo** (*choh-nuhn jiu-suh-ton-e-soh mek-shi-ko-ro ga-io*; Voy de Houston a México).

RECUERDA

¿Cuándo se usa **ro** y cuándo **euro**? Sencillo: si la última sílaba del nombre del lugar acaba con consonante, como **ilbon** o **taeguk**, usa el marcador **euro**, y decir **ilboneuro** o **taegugeuro**; si acaba con vocal, como **hawai** (*ha-wa-i*; Hawái) o **pari** (*pa-ri*; París), di **hawairo** o **pariro**. En la tabla 15-5 tienes algunos lugares con los que puedes practicar.

TABLA 15-5 Lugares

Coreano	*Pronunciación*	Español
hoju	(*jo-chu*)	Australia
areujentina	(*a-ruh-gen-ti-na*)	Argentina
beurajil	(*buh-ra-chil*)	Brasil

Coreano	*Pronunciación*	Español
kaenada	(*ke-na-da*)	Canadá
jungguk	(*chung-guk*)	China
ijipteu	(*i-chip-tuh*)	Egipto
yeongguk	(*iohng-guk*)	Inglaterra/Reino Unido
peurangseu	(*puh-rang-suh*)	Francia
dogil	(*do-gil*)	Alemania
gana	(*ga-na*)	Ghana
indo	(*in-do*)	India
iseurael	(*i-suh-ra-el*)	Israel
itaeri	(*i-te-ri*)	Italia
ilbon	(*il-bon*)	Japón
rebanon	(*re-ba-non*)	Líbano
nyujillaend	(*ñu-chil-len-deu*)	Nueva Zelanda
reosia	(*roh-shi-a*)	Rusia
seupein	(*suh-pe-in*)	España
seuweden	(*suh-we-den*)	Suecia
seuwiseu	(*suh-wi-suh*)	Suiza
daeman	(*de-man*)	Taiwán
miguk	(*mi-guk*)	Estados Unidos
wollam	(*wol-lam*)	Vietnam

El equipaje

Necesitarás tener el equipaje preparado antes de ponerte en marcha, así que coge tu **gabang** (*ga-bang*; mochila) y empieza a meter todo lo necesario. En la tabla 15-6 tienes algunas de las cosas que deberías incluir, aunque, si te olvidas de alguna de ellas, está bien saber que siempre la podrás comprar en una **gage** (*ga-ge*; tienda).

TABLA 15-6 **Cosas que llevarte de viaje**

Coreano	Pronunciación	Español
binu	(*bi-nu*)	jabón
bit	(*bit*)	cepillo
chitsol	(*tsit-sol*)	cepillo de dientes
chiyak	(*tsi-yak*)	dentífrico
hwajangpum	(*jua-chang-pum*)	maquillaje/cosméticos
myeondogi	(*miohng-do-gi*)	maquinilla de afeitar
sajingi	(*sa-chin-gi*)	cámara
shinbal	(*shim-bal*)	zapatos
yangmal	(*iang-mal*)	calcetines
yeogweon	(*ioh-guohn*)	pasaporte

Si necesitas ayuda profesional

¿Quieres hacer un viaje por las zonas rurales de Corea y crees que no serás capaz de organizarlo? ¿Te iría bien algo de ayuda? En el centro de atención al **yeohangja** (*ioh-jang-cha*; turista) de la Organización de Turismo de Corea, o en los mostradores de información de cualquier **gukjegonghang** (*guk-che-gong-jang*; aeropuerto internacional) o de los principales lugares de interés turístico pueden echarte una mano con todo tipo de información y asistencia. Allí te facilitarán mapas, folletos e información sobre viajes organizados, compras, restauración y alojamiento. También puedes visitar `<www.visitkorea.or.kr>` para encontrar más información sobre viajes organizados o visitas guiadas a diversas zonas y puntos de interés turístico.

Si te está costando mucho, puedes ponerte en contacto con BBB, o Before Babel Brigade, que tiene miles de voluntarios que hablan perfectamente un montón de **oegugeo** (*oe-gu-goh*; idiomas extranjeros) y te podrán ayudar con cualquier problema de traducción, en cualquier momento y lugar, a través del teléfono. Solo hay que llamar al número 1588-5644 y seleccionar el idioma que necesitas pulsando el botón correspondiente: 1 para inglés, 2 para japonés, 3 para chino, 4 para francés, 5 para español, 6 para italiano, 7 para ruso, 8 para alemán,

9 para portugués, 10 para árabe, 11 para polaco, 12 para turco, 13 para sueco, 14 para tailandés, 15 para vietnamita, 16 para indonesio, 17 para mongol, 18 para hindú y 19 para malayo.

Hacer visitas guiadas puede ser también una buena forma de practicar tu coreano, escuchando lo que expliquen los guías o probando frases y palabras con ellos, algo que quizá sea menos intimidante que hablar con un coreano que no entienda una palabra de inglés. La verdad es que encontrar a coreanos que hablen inglés tampoco debería ser complicado. Puedes sorprender a tu guía y a otras personas en tu entorno diciendo algunas de las frases que has aprendido en este libro. Seguro que muchos se quedan boquiabiertos y otros te regalan una **miso** (*mi-so*; sonrisa).

Juegos y ejercicios divertidos

Escribe en coreano las siguientes frases o palabras. Puedes mirar el Apéndice C para comprobar si tus respuestas son correctas.

1. El mes que viene voy a Corea.

   ____

2. ¿Cuándo sales?

   ____

3. ¿Dónde está la parada de autobús?

   ____

4. Me alegra verte.

   ____

5. Estación de tren

   ____

6. Museo

   ____

7. Grandes almacenes

   ____

EN ESTE CAPÍTULO

- Aprenderás a pedir ayuda
- Podrás llamar a la policía
- Obtendrás ayuda médica
- Sabrás cómo conseguir ayuda legal

Capítulo 16
En caso de emergencia...

Aunque hay pocas posibilidades de que te pase nada durante tu viaje a Corea, quizá necesites llamar a la **gyeongchal** (*giohng-tsal*; policía) o ir a un **byeongwon** (*biohn-guon*; hospital) porque algo que hayas comido te haya sentado mal. Nunca se sabe lo que puede pasar y por eso es importante prepararte para posibles imprevistos. Con algunas frases útiles para ello, este capítulo te proporcionará la información que necesitas para gestionar cualquier **eunggeupsanghwang** (*uhn-guhp-sang-juang*; emergencia), como pedir ayuda, llamar a las autoridades o pedir **beopjeok doum** (*bohp-chohk do-um*; asistencia legal) o médica. Con unas cuantas de estas frases, te bastará para ponerte en contacto con la gente adecuada que pueda ayudarte en cualquier situación.

Pedir ayuda

Hay muchas formas de llamar la atención de alguien. Una de ellas es gritar a todo pulmón, pero es probable que consigas asustar a la gente, sobre todo si no sabes qué tienes que gritar. La principal frase que deberías recordar es **saram sallyeo!** (*sa-ram sal-lioh!*), en la que **saram** significa 'persona' y **sallyeo** significa 'salvar' o 'rescatar', con lo que literalmente estarías diciendo "¡Salva a esta persona!", algo que traduciríamos como '¡Sálvame!'. Si estás atascado o encerrado en algún sitio y no puedes moverte, puedes gritar **yeogiyo!** (*ioh-gi-o!*), que sería como '¡Aquí!'.

También es útil decir **jeo jom dowajuseyo!** (*choh chom do-gua-chu-se-io!*; ¡Por favor, ayúdame!) o **jeo jom dowajusillaeyo?** (*choh-chom do-gua-chu-shil-le-io?*; ¿Puedes ayudarme, por favor?). Cuando pidas ayuda, lo más probable es que te digan **eotteoke dowadeurilkkayo?** (*oh-toh-ke do-gua-duh-ril-ka-io?*; ¿Cómo puedo ayudarte?), y tú podrías responder **keunil nasseoyo** (*kuh-nil na-soh-io*) lo que significa 'Es una emergencia', aunque literalmente es "Ha sucedido una cosa grande".

Llamar a la policía

¿Qué puedes hacer si te das cuenta, demasiado tarde, de que te has tropezado con un **somaechigi** (*so-me-chi-gi*; carterista)? ¿O si te has topado con un **kkangpae** (*kang-pe*; mafioso) o un **doduk** (*do-duk*; ladrón)? Tendrás que llamar a una **pachulso** (*pa-tsul-so*; comisaría), hablar con un **gyeongchalgwan** (*giohng-tsal-guan*; agente de policía) y rellenar un **bogoseo** (*bo-go-soh*; informe).

CULTURA GENERAL

Si la necesitas, descubrirás que la policía coreana es muy servicial. Si te diriges a un agente por la calle, probablemente sea capaz de hablar inglés, aunque sea a un nivel básico. En la comisaría también habrá varios oficiales que hablen inglés, estos sí, con un nivel alto, además de ser muy atentos. El **gwangwang munhwa** (*guan-guang mun-jua*; turismo) es una industria muy importante en Corea, así que las autoridades son muy **chinjeul** (*tsin-chuhl*; amables) al ayudar a los turistas con problemas. Eso sí, no esperes recuperar los objetos que te hayan robado. Lo más probable es que los hayas perdido para siempre. El número de delitos es bajo en Corea, pero siempre te puede pasar, así que la mejor forma de evitarlo es estar pendiente de lo que te rodea; vigila bien tus pertenencias y seguirán siendo tuyas.

Informar de un accidente a la policía

Si te ves implicado en un **sago** (*sa-go*; accidente), tendrás que informar a la policía, algo que puedes hacer a través de su número de teléfono, el 112. La mayoría de las veces, el **gyohwansu** (*gio-juan-su*; operador) que te atienda sabrá inglés, pero, si no es así, tendrás que ser capaz de darle la **banghyang** (*bang-jiang*; dirección) de tu **witchi** (*wi-chi*; ubicación) en coreano. También tendrás que darle cierta información, como si alguien está herido, cuánta gente o vehículos están implicados y quizá describir cómo se ha producido el accidente. El mejor **joeon** (*cho-ohn*; consejo) para estas situaciones es tener mucha **innaesim** (*in-ne-shim*; paciencia). La barrera lingüística se supera fácilmente en Corea, pero recuerda que no hay que ponerse nervioso ni sentirse frustrado, y ser capaz de rellenar el parte del accidente.

Hablando se entiende la gente

ESCUCHA

James llama al teléfono de emergencias para informar de un accidente.

Operadora: **irilgu imnida eotteoke dowadeurilkkayo?**
i-ril-gu im-ni-da, oh-toh-ke do-gua-duh-ril-ka-io?
Es el 119, ¿en qué puedo ayudarle?

James: **keunil naseoyo! cha sagoga naseoyo!**
kuh-nil na-soh-io! tsa sa-go-ga na-soh-io!
¡Es una emergencia! ¡Ha habido un accidente de coche!

Operadora: **jinjeong haseyo, jigeum wichiga eodiingayo?**
chin-chohng ja-se-io, chi-guhm wi-tsi-ga oh-di-in-ga-io?
Por favor, mantenga la calma. ¿Cuál es su ubicación?

James: **sicheong baro ape iseoyo, gugeupcha handae bonae juseyo.**
shi-tsohng ba-ro a-pe i-soh-io, gu-guhp-tsa jan-de bo-ne chu-se-io.
Estoy justo delante del ayuntamiento. Por favor, envía una ambulancia.

Operadora: **jamsiman gidariseyo, gugeupchawa geumbang galgeosimnida.**
cham-shi-man gi-da-ri-se-io, gu-guhp-tsa-gua geum-bang gal-goh-shim-ni-da.
Espere un momento, por favor. Una ambulancia enseguida.

James:	**ye, ssaireni deullineyo, gomawoyo.**	
	ie, sa-i-re-ni duhl-li-ne-io, go-ma-guo-io.	
	Sí, ya puedo oír las sirenas, muchas gracias.	

Palabras para recordar

chasago	*tsa-sa-go*	accidente de coche
eunggeupsanghwang	*uhng-geup-sang-juang*	emergencia
geumbang	*guhm-bang*	enseguida
gugeupcha	*gu-guhp-tsa*	ambulancia
gyeongchalgwan	*giohng-tsal-gua*	agente de policía
jamsiman gidariseyo	*cham-shi-man gi-da-ri-se-io*	Espere un momento.
jinjeonghaseyo	*chin-chohng-ja-se-io*	Mantenga la calma.
sago	*sa-go*	accidente
sobangcha	*so-bang-tsa*	camión de bomberos
sobanggwan	*so-bang-guan*	bombero
witchi	*wi-chi*	ubicación

Objetos perdidos

Quizá no te haya robado la **gabang** (*ga-bang*; mochila) un ladrón, pero se te ha extraviado, y puede que logres saber más o menos dónde está si repasas los sitios por los que has ido. Muchos **gong-gong jangso** (*gong-gong chang-so*; lugares públicos), como los **yuwonji** (*iu-guon-chi*; parques de atracciones), los **bakmulgwan** (*bak-mul-guan*; museos), los hoteles y los **keun baekhwajeom** (*kuhn be-kua-chohm*; centros comerciales) tienen un departamento de objetos perdidos, así que quizá la tengan allí. Solo tienes que parar a algún empleado y decirle **yeogi bunsilmul bogwansiri iseyo?** (*ioh-gi bun-shil-mul bo-guan-shi-ri i-soh-io?*; ¿Hay departamento de objetos perdidos aquí?). En muchos de estos lugares lo tendrán, así que te acompañarán hasta allí sin ningún problema. Quizá tengas suerte y encuentres lo que buscas.

Obtener ayuda médica

Ponerse enfermo en un **oeguk** (*oe-guk*; país extranjero) nunca es agradable. De hecho, un **gamgi** (*gam-gi*; resfriado) o una **dokgam** (*dok-gam*; gripe) inoportunos pueden arruinarte unas **yeohaeng** (*ioh-jeng*; vacaciones) para las que has estado ahorrando y haciendo planes durante meses. Nunca puedes saber cuándo te vas a poner enfermo, así que es mejor estar preparado. Si tomas alguna medicación, llévala contigo junto con una copia de su correspondiente **cheobangjeon** (*tsoh-bang-chohn*; receta). También es buena idea llevar esa misma **yangmul** (*iang-mul*; medicación) en tu equipaje de mano, por si tu maleta se extraviase. Si te encuentras con una emergencia médica, lo mejor que puedes hacer es conservar la calma, porque el **danghwangham** (*dang-juang-jam*; pánico) no ayuda. La mayoría de los grandes hospitales tienen personal que habla inglés, pero en las siguientes secciones aprenderás frases y palabras muy útiles para que puedas encontrar a un médico y describirle tus síntomas.

Encontrar a un médico

Si tienes suerte, nunca necesitarás usar las palabras y frases que te presento en este capítulo. Lo más probable es que tu viaje a Corea esté lleno de experiencias maravillosas y paisajes inspiradores. Pero, si tienes mala suerte, quizá necesites ir a un **byeongwon** (*biohn-guon*; hospital) a que te vea un **uisa** (*ui-sa*; médico).

Hablando se entiende la gente

Jane tiene dolor de estómago y Paul la convence de ir a un hospital.

Paul: **jeinssi, gwenchanayo? pyojeongi anjoeungeo gatayo**
che-in-shi, guen-tsa-na-io? pio-chohn-gi an-cho-uhn-goh ga-ta-io.
Jane, ¿estás bien? No tienes buena cara.

Jane: **yosae sogi anjoayo, myeochil dongan baega apaseo gosaeng mani haeseoyo.**
io-se so-gi an-cho-a-io, mioh-tsil don-gan be-ga a-pa-soh go-seng ma- ni je-soh-io.
No me encuentro bien. Hace unos días que me duele la barriga y tengo el estómago revuelto.

Paul: **eolmankeum apayo? mani apeumyeon byeongwone gayadoeneungeo anieyo?**

ohl-ma-guhm a-pa-io? ma-ni a-puh-miohn bion-guo-ne ga-ia-doe-nuhn-goh a-ni-e-io?

¿Duele mucho? Si tienes mucho dolor, ¿no deberías ir al hospital?

Jane: **jom gidarimyeon gwenchaneulgeo gateyo, apatda anapatda hageodeunyo.**

chom gi-da-ri-miohn guen-tsa-nuhl-goh ga-te-io, a-pat-da a-na-pat-da ja-goh-duh-ño.

Creo que estaré bien si espero un poco. El dolor viene y va.

Paul: **byeongwone hanbeon gabwayo, jega gachi gajulkkeyo, itdaga byeongwone jeonhwa haeyo.**

biohn-guo-ne jam-bohn ga-bua-io, che-ga ga-tsi ga-chul-ke-io, it-da-ga byohng-wo-ne chohn-jua je-io.

Vayamos al hospital, iré contigo. Voy a llamar al hospital.

Jane: **joayo, kkok gachi gayadoeyo, jeoneun byeongwoni museowoseo silkeodeunnyo.**

cho-a-io, kok ga-tsi ga-ia-doe-io, choh-nuhn biong-wo-ni mu-soh-guo-soh shil-koh-duhn-ño.

Vale, pero tienes que venir conmigo, no me gustan los hospitales porque me dan miedo.

Paul: **geokjeong marayo, jega gachi gajultenikkayo, byeongwon museoulkkeo hanado eopseoyo.**

gohk-chohng ma-ra-io, che-ga ga-tsi ga-chul-te-ni-ka-io, biohn-guon mu-soh-ul-ke-io ja-na-do ohb-soh-io.

No te preocupes, iré contigo, no hay que tenerle miedo a un hospital.

Palabras para recordar

an apayo	*an-a-pa-io*	No duele.
apayo	*a-pa-io*	Duele.
byeongwon	*biohn-guon*	hospital
cheobangjeon	*tsoh-bang-chohn*	receta
dokgam	*dok-gam*	gripe

dudeuregi	*du-duh-re-gi*	sarpullido
gamgi	*gam-gi*	resfriado
gichim	*gi-tsim*	tos
gosaeng	*go-seng*	dolor
hanbeon gabwayo	*jam-bohn ga-bua-io*	Ve, por favor.
museowoyo	*mu-soh-guo-io*	asustado
myeochildongan	*mioh-tsil-don-gan*	los últimos días
pyojeong	*pio-chohng*	expresión en la cara
sok	*sok*	tripa
uisa	*ui-sa*	médico
yak	*iak*	medicamento
yeol	*iohl*	fiebre

Describir lo que te duele

Cuando veas al médico, tendrás que decirle qué te pasa. El verbo **apeuda** (*a-puh-da*) significa 'doler', así que puedes usarlo con las palabras de las tablas 16-1 y 16-2 para decir **(parte del cuerpo) i/ga apayo** [(parte del cuerpo) *i/ga a-pa-io*; Me duele el/la (parte del cuerpo)]. Recuerda la norma para saber cuándo usar **i** y cuándo usar **ga**:

» Si la palabra acaba en consonante, como **nun** (*nun*; ojo) o **son** (*son*; mano), usamos **i**, como al decir **nuni apayo** (*nu-ni a-pa-io*; Me duele el ojo) o **soni apayo** (*so-ni a-pa-io*; Me duele la mano).

» Si la palabra acaba en vocal, como **meori** (*moh-ri*; cabeza) o **ko** (*ko*; nariz), usamos **ga**, como al decir **meoriga apayo** (*moh-ri-ga a-pa-io*; Me duele la cabeza) o **koga apayo** (*ko-ga a-pa-io*; Me duele la nariz).

En la tabla 16-1 te ofrezco algunas partes del cuerpo que podrían dolerte durante el viaje.

TABLA 16-1 Partes del cuerpo

Coreano	*Pronunciación*	Español
bae	(*be*)	estómago (zona)
bal	(*bal*)	pie
balgarak	(*bal-ga-rak*)	dedo del pie
dari	(*da-ri*)	pierna
deung	(*duhng*)	espalda
eokke	(*oh-ke*)	hombro
eolgul	(*ohl-gul*)	cara
gan	(*gan*)	hígado
gaseum	(*ga-suhm*)	pecho
geunyuk	(*guh-ñuk*)	músculo
gwi	(*gui*)	oreja
ip	(*ip*)	boca
jang	(*chang*)	intestinos
ko	(*ko*)	nariz
meori	(*moh-ri*)	cabeza
mok	(*mok*)	cuello
mom	(*mom*)	cuerpo
nun	(*nun*)	ojo
pal	(*pal*)	brazo
pe	(*pe*)	pulmón
ppyeo	(*pioh*)	hueso
simjang	(*shim-chang*)	corazón
singyeong	(*shin-giohng*)	nervios
son	(*son*)	mano
songarak	(*son-ga-rak*)	dedo
wi	(*wi*)	estómago

TABLA 16-2 **Enfermedades**

Coreano	*Pronunciación*	Español
am	(*am*)	cáncer
boktong	(*bok-tong*)	dolor de estómago
byeonbi	(*biohm-bi*)	estreñimiento
cheonsik	(*tsohn-shik*)	asma
dokgam	(*dok-gam*)	gripe
dutong	(*du-tong*)	dolor de cabeza
gamgi	(*gam-gi*)	resfriado
gohyeorap	(*go-joh-rap*)	hipertensión
gwanjeolyeom	(*guan-chohl-liohm*)	artritis
A hyeong gannyeom	(*ei jiohng gan-ñohm*)	hepatitis A
B hyeong gannyeom	(*bi jiohng gan-ñohm*)	hepatitis B
C hyeong gannyeom	(*shi jiohng gan-ñohm*)	hepatitis C
ijil	(*i-chil*)	disentería
jeohyeorap	(*choh-joh-rap*)	hipotensión
kolera	(*kol-le-ra*)	cólera
momsal	(*mom-sal*)	fatiga
pyeryeom	(*pe-riohm*)	neumonía
seolsa	(*sohl-sa*)	diarrea
simjang mabi	(*shim-chang ma-bi*)	ataque al corazón
yeol	(*iohl*)	fiebre

Sobre tu historial médico

Cuando veas al médico, te hará muchas preguntas acerca de tu historial médico y del de tu **gajok** (*ga-chok*; familia). Como he dicho, en la mayoría de los grandes hospitales tienen personal que habla inglés, pero, si vas a un hospital en el que no lo haya, mejor que recuerdes algunas frases. Como **hwanja** (*juan-cha*; paciente), tendrás que describir tus síntomas e historial médico. Una de las preguntas que podría hacerte el médico es **gajokbundeul junge (enfermedad) areusinbun gyeshimnikka?** [*ga-chok-bun-duhl chun-ge* (enfermedad) *a-ruh-shim-bun ge-shim-ni-ka?*; ¿Alguien de tu familia ha sufrido alguna vez de (enfermedad)?]. Otra es **eodiga eotteoke apeushimnikka?** (*oh-di-ga oh-toh-ke a-puh-shim-ni-ka?*; ¿Cuándo y dónde te duele?). Tendrás que describir tus síntomas y responder correctamente a las preguntas que te haga el médico. No te preocupes si tienes que pedirle que te repita algo de lo que diga; estará encantado de hablar más lento y de usar las manos y el lenguaje corporal para volver a formularte las preguntas.

El diagnóstico

Ya en la consulta del médico, te querrá hacer algunas pruebas, así que puede que necesite muestras de tu **pi** (*pi*; sangre), tu **sobyeon** (*so-biohn*; orina) o tus **daebyeon** (*de-biohn*; heces). Además, seguro que querrán medir tu **ki** (*ki*; altura), tu **chejung** (*tse-chung*; peso) y tu **hyeorap** (*jioh-rap*; presión sanguínea). Dependiendo de la situación, puede que necesite más pruebas para hacerte un **jindan** (*chin-dan*; diagnóstico). Así pues, podrían hacerte un **simjeondo** (*shim-chohn-do*; electrocardiograma) o una radiografía con la **ekseurei gigye** (*ek-suh-rei gi-ge*; máquina de rayos X). Cuando tengan tu diagnóstico, podrán prescribirte el **yak** (*iak*; medicamento) adecuado, y podrás ir a la **yakguk** (*iak-guk*; farmacia) a buscarlo para empezar a tomártelo. En la tabla 16-3 tienes algunos términos relacionados con temas médicos que te podrían ayudar en caso de emergencia.

CULTURA GENERAL

Corea cuenta con excelentes hospitales y ofrece un cuidado médico de primera línea, así que no tienes que preocuparte por las **wisaeng sangtae** (*wi-seng sang-te*; condiciones sanitarias) o la calidad del cuidado que recibirás si acabas pasando por uno. Especialmente en grandes áreas urbanas como Seúl o Busán, hay muchos hospitales con una gran reputación, tanto independientes como afiliados a una universidad, líderes mundiales en campos de investigación como la genética o la robótica. También son muy conocidos en el ámbito de la medicina oriental, como la **chim** (*tsim*; acupuntura), los **hanyak** (*jan-iak*; remedios herbales), la **buhang** (*bu-jang*; ventosaterapia) y la **ddeum** (*duhm*; moxibustión), por mencionar algunas terapias. Podríamos decir que los coreanos son muy afortunados, pues pueden recibir el mejor cuidado médico tanto de Oriente como de Occidente.

TABLA 16-3 **Términos médicos y de emergencias**

Coreano	Pronunciación	Español
byeongwon	(*bion-guon*)	hospital
cheon	(*tsohn*)	temperatura corporal
chim	(*tsim*)	acupuntura
eunggeupsil	(*uhng-guhp-shil*)	urgencias
gugeupcha	(*gu-guhp-tsa*)	ambulancia
hangsaengje	(*jang-seng-che*)	antibiótico
hannyak	(*jan-ñak*)	medicina herbal
hyeorap	(*jioh-rap*)	presión sanguínea
jusa	(*chu-sa*)	jeringuilla
maekbak	(*mek-bak*)	pulso
ondogi	(*on-do-gi*)	termómetro
pi	(*pi*)	sangre
susul	(*su-sul*)	operación
uisa	(*ui-sa*)	médico
yak	(*iak*)	medicamento
yakguk	(*iak-guk*)	farmacia
yaksa	(*iak-sa*)	farmacéutico/a

Seguir el tratamiento

Cuando compres el medicamento, tendrás que saber si tienes que tomarlo una vez al día, dos o las que correspondan. Deberás saber qué medicamento es cada uno, si te han recetado varios, para no tomar una **bogyongnyang** (*bo-giong-ñang*; dosis) errónea o confundirte de medicamento. Lo mejor que puedes hacer es buscar una persona que sepa leer coreano para que te explique todo esto y apuntártelo en las distintas cajas de los medicamentos. Si estás en una **yakguk** (*iak-guk*; farmacia) en la que haya alguien que hable inglés, puedes pedirle toda esta información y seguro que estará encantado de hacerlo, quizás incluso pueda imprimírtelo en inglés. No tengas reparo en hacer todas las preguntas necesarias acerca de los medicamentos estés en el país que estés, porque siempre deberías tener toda la información acerca de lo que estás tomando. La palabra para hablar de un día individual es **haru** (*ha-ru*), mientras que **hwe** (*hue*) o **beon** (*bohn*) te indican el número de veces. Así, si las instrucciones son **harue dubeon** (*ja-ru-e du-bohn*) o **harue duhwe** (*ja-ru-e du-hue*), significa que tienes que tomártelo dos veces al día.

Asistencia legal

A no ser que hayas cometido un error bien gordo, es poco probable que necesites asistencia legal en Corea. Los coreanos son muy amistosos y colaboradores con los **yeohaengja** (*ioh-jeng-cha*; turistas) y los **oegugin** (*oe-gu-gin*; extranjeros) porque el turismo es una gran industria del país. Pero si necesitas un **byeonhosa** (*biohn-jo-sa*; abogado), será mejor que lo busques a través de tu **daesagwan** (*de-sa-guan*; embajada) o **yeongsagwan** (*iohng-sa-guan*; consulado). Ellos te proporcionarán todo el consejo legal que necesites.

Juegos y ejercicios divertidos

Escribe en coreano el nombre de las siguientes partes del cuerpo. Puedes mirar el Apéndice C para comprobar si tus respuestas son correctas.

1. Pierna ________________
2. Mano ________________
3. Dedo de la mano ________________
4. Ojo ________________
5. Oreja ________________
6. Nariz ________________
7. Boca ________________
8. Cabeza ________________
9. Pecho ________________
10. Pie ________________
11. Dedo del pie ________________
12. Espalda ________________

4
Los decálogos

EN ESTA PARTE . . .

Tómate un tiempo para mirarte bien esta parte, porque las listas que incluye harán que suenes más natural. Descubrirás diez formas rápidas de dominar el coreano, diez frases que te harán pasar por coreano, diez expresiones que a los coreanos les gustan mucho y diez cosas que no deberías hacer delante de ellos. Estas secciones no solo son breves, sino que también son fáciles de recordar, así que te serán muy útiles para entender a los coreanos y su cultura.

EN ESTE CAPÍTULO

- Usarás recursos multimedia para aprender coreano
- Visitarás restaurantes coreanos
- Harás listas de palabras coreanas

Capítulo 17

Diez formas rápidas de dominar el coreano

Tanto si acabas de empezar a estudiar coreano como si ya lo hablas decentemente, te podrían ir bien algunos consejos para mejorar tu nivel. Y eso es lo que incluyo en este capítulo: diez trucos para llevar tu coreano un paso más allá.

Busca coreanos (o hablantes de coreano) en tu zona

Dicen que, para disfrutar de una buena vida, no necesitas más que hablar con buena gente, comer en compañía de buenas personas y, por supuesto, dormir con la conciencia tranquila. Pues ya sabes, tienes que salir por ahí a hacer amigos coreanos con los que conversar o ir a comer, porque, aunque tus amigos no puedan ayudarte con el idioma, seguro que será positivo para ti. En general, cualquier coreano estará encantado de explicarte cosas sobre su cultura y su idioma. Algunos incluso te considerarán uno de ellos si sabes ser un compañero divertido, dispuesto a ocuparte de los demás cuando estés en una posición superior y respetuoso con los que estén por encima de ti.

Utiliza recursos digitales en coreano

Cuando estés aprendiendo coreano, sumérgete en él, aunque no tengas en tu entorno a nadie que hable el idioma. De camino al trabajo puedes escuchar audios en coreano, ya sea en *streaming* o bajados de alguna web. Sé paciente y constante, y escúchalos de forma regular. Puede que al principio tu progreso sea muy lento, pero con el tiempo verás que habrá valido la pena.

Ve a restaurantes o bares coreanos

Lanzarse a hablar con gente que no conoces puede parecer un poco complicado, pero la comida y el alcohol hacen que la gente se relaje y se abra a los demás. El mejor sitio para aprender sobre las costumbres coreanas es alrededor de una mesa, ya sea comiendo o bebiendo. Si tienes problemas para lanzarte a hablar en coreano, tómate un par de tragos de **soju** (*so-chu*; vino de arroz coreano) y pronto estarás hablando, gritando y riendo en coreano. Eso sí, procura no acabar hablando en coreano a objetos inanimados o podrías asustar a tus nuevos amigos.

Canta canciones en coreano

Cuando empiezas a aprender un idioma, escuchar canciones en esa lengua puede ser muy útil, porque las letras de canciones son más fáciles de recordar que las listas de vocabulario o las páginas llenas de frases. Aunque mucha gente empieza escuchando música pop moderna, te sugiero que comiences con canciones infantiles, porque son más pegadizas y fáciles de recordar. Si decides escuchar pop coreano contemporáneo, prepárate para cantar letras sobre amores no correspondidos y corazones rotos, todo muy triste. Aunque, bueno, si la gente que te rodea no sabe hablar coreano, tampoco se enterará de lo que estás cantando.

Mira películas coreanas

Recientemente, el cine coreano ha entrado en una época de renacimiento, la calidad de las películas coreanas ha mejorado y muchas de ellas han tenido una buena acogida en festivales internacionales, como en Cannes o Sundance. El cine coreano cubre un gran abanico de estilos, así que hay películas para todos los gustos: cine independiente, *thrillers*, de terror, dramas o comedias. Actualmente es fácil encontrar una amplia selección de películas coreanas en las distintas plataformas digitales.

Aficiónate a los culebrones coreanos

Las series dramáticas coreanas se han llegado a clasificar como droga dura. Es cierto que son muy criticadas por sus guiones poco realistas y sus tramas repetitivas, porque, al final, todas están relacionadas con un triángulo amoroso. Pese a ello, poca gente tiene la suficiente fuerza de voluntad como para dejar de verlas. De hecho, los culebrones coreanos se han extendido al resto de Asia, y seguro que puedes hablar de ellos con tus amigos chinos, japoneses o de cualquier país del sudeste asiático. De nuevo, puedes encontrar muchas series en plataformas de televisión o en distintas webs.

Navega por webs coreanas

En internet tienes toneladas de información acerca de Corea, su cultura y su idioma, así que podrás encontrar lo que estés buscando. Si sabes leer en coreano, podrás sacar partido de los excelentes materiales educativos que ofrecen las universidades coreanas y pronto podrás leer todo tipo de webs coreanas sin problema.

Busca en el diccionario las palabras que no conozcas

Aprender un idioma puede ser muy frustrante si no tienes demasiado vocabulario, pero para eso tenemos los diccionarios. Los de papel están muy bien cuando tienes tiempo para ir pasando páginas y buscar las palabras que quieres comprender, pero los digitales aportan evidentes ventajas por su velocidad y comodidad. Los diccionarios online, como `<https://zkorean.com/english-korean-dictionary>`, funciona muy bien. Si tienes tiempo, échale un vistazo a la web, no solo al diccionario, porque tienen mucha información útil para aprender coreano.

Haz tus propias listas de palabras y frases

Si te resulta difícil recordar palabras o frases, puedes usar la información de este libro para crear tus propias listas. Puedes llevarlas contigo y echarles un vistazo cuando tengas un par de minutos libres o siempre que las necesites. Si sabes lo que vas a hacer durante el día, puedes hacerte una lista de las palabras o frases que crees que podrías necesitar. Por ejemplo, si vas a ir de compras, puedes apuntarte palabras y frases que tengan que ver con ropa, tallas o precios, o preparar vocabulario sobre sabores antes de salir a comer fuera. Entonces podrás usar la lista o repetir mentalmente las palabras cuando te parezca bien, estés donde estés. Al final, te verás con la suficiente seguridad para usarlas delante de los coreanos.

¡Viaja a Corea!

Seamos sinceros: no importa cuántas listas de palabras te hagas, cuántas horas pases navegando por internet buscando material en coreano, lo que estudies o lo mucho que intentes imitar a los coreanos... No hay mejor inmersión que la de verdad. Hoy es bastante asequible comprar unos billetes de avión a Corea y visitar el país, aunque sea solo por unos días. Y si vas muy mal de dinero, intenta ir con algún programa para enseñar tu idioma y que te paguen la estancia y el vuelo.

EN ESTE CAPÍTULO

- **Mostrarás humildad**
- **Respetarás la jerarquía**
- **Prestarás atención a tu comportamiento en público**

Capítulo 18
Diez cosas que no debes hacer en Corea

Hay comportamientos aceptables o no dependiendo del país. Por ejemplo, sorber los fideos haciendo ruido se considera de mala educación en España, pero en Corea puedes hacerlo sin que a nadie le parezca mal. Por el contrario, en España lo habitual es entrar calzado en cualquier casa, mientras que en Corea es impensable.

Quizás hayas visto a extranjeros cometer alguno de estos errores culturales cuando visitan tu país y te ha costado disimular la risa, ¿verdad? Pues en este capítulo intentaré salvarte de meter la pata cuando visites Corea.

No alardees ni aceptes cumplidos

A nadie le gusta escuchar a alguien presumiendo de sí mismo, ni siquiera cuando esa persona es realmente tan buena en algo como dice... En Corea se considera una virtud ir un paso más allá y rechazar cualquier cumplido. Allí el automenosprecio es un arte, así que puede ser buena idea que te acostumbres a expresarte de forma humilde al hablar en coreano.

Oirás a menudo a los coreanos decir **animnida, animnida** (*a-nim-ni-da, a-nim-ni-da*; No, no, para nada) cada vez que alguien les haga un cumplido, negándolo discretamente. También es común que, cuando alguien te cocine algo, diga cosas como **maseun eopjiman** (*ma-suhn ohp-chi-man*; No sabe bien), **charingeon eopjiman** (*tsa-rin-gohn ohp-chi-man*; No lo he preparado demasiado bien) o **bujok hajiman** (*bu-chok ja-chi-man*; Tiene muchos defectos). A veces se critican a sí mismos y dicen cosas como **yeongeoreul jal mot hajiman** (*iohn-goh-ruhl chal mo-ta-chi-man*; No soy bueno con el inglés, pero...) o **meoriga nappayo** (*moh-ri-ga na-pa-io*; No soy demasiado listo). No te preocupes si tu amigo o anfitrión parece tener un grave problema de autoestima, solo es una costumbre cultural.

No dejes mal a alguien en público

Como acabamos de decir, los coreanos a veces se critican a sí mismos delante de los demás, pero no creas que eso te da derecho a ti a criticarlos. Ten cuidado de no dejar mal a un amigo o, menos aún, a un superior, menospreciándolo o llevándole la contraria delante de otros. Un comportamiento así no solo puede herir los sentimientos de esa persona, sino hacerte quedar como alguien insensible delante de cualquiera que lo haya presenciado. Si quieres aclarar a la otra persona que algo de lo que ha dicho es incorrecto, mejor háblalo a solas.

Algo que siempre debes evitar es levantar la voz o mostrar una actitud de desprecio hacia tus padres o hermanos mayores delante de otras personas. Esto va completamente en contra de la jerarquía social coreana (ve al capítulo 3 para más información) y, como resultado, cualquier coreano que sea testigo de esto te perderá todo el respeto que pudiera tenerte.

No te sientes ni comas antes que los mayores

En la cultura coreana, la persona de más edad dentro de un grupo se considera el líder del mismo. Es quien inicia un apretón de manos, quien decide qué hacer y quien debe dar su aprobación a las sugerencias de los demás. Sus subordinados, sea en términos laborales o de edad, deben representar un papel pasivo y seguir al líder. Tanto en la mesa a la hora de comer como en una reunión de trabajo, esta persona decide cuándo se empieza.

Por lo tanto, no te sientes ni comas antes de que lo haga el líder. Puede que esta norma no se siga de forma estricta en situaciones informales, por ejemplo, comiendo en familia, pero siempre es una buena idea observar esta jerarquía en comidas y reuniones. Si no estás seguro de qué hacer, observa cómo se comporta la gente que te rodea y haz lo mismo. En resumen, siempre es aconsejable tener en mente las relaciones sociales y la distancia que te separa de los demás.

No te dirijas a un jefe o profesor por su nombre de pila

Los nombres coreanos suelen estar compuestos por tres sílabas, como, por ejemplo, Kim Jong-Il. La primera sílaba es el apellido familiar y las otras dos son el nombre de pila. Así, en los nombres **Kong Sung-Joo** (*kong sohng-chu*) y **Choe Won-Nyeong** (*tsoe guon-ñohng*), los apellidos son **Kong** y **Choe**.

Llamar a alguien solo por su apellido no es tan educado como hacerlo por todo el nombre completo. Pero lo que nunca puedes hacer es llamar a un superior (tu jefe, tu profesor, tus padres, etc.) por su nombre de pila. Para los coreanos, es de muy mala educación, como si te dirigieses a un juez por su nombre de pila durante un juicio.

No digas "ssi" tras tu nombre

Los coreanos utilizan las palabras **ssi** (*shi*), **nim** (*nim*) o **kkeseo** (*ke-soh*) cuando se dirigen a otras personas para mostrar respeto hacia ellas (ve al capítulo 3 para más información), como cuando nosotros usamos *señor* o *señora*. Pero, aunque te acostumbres a que todo el mundo lo use al dirigirse a ti, nunca debe usarse para hablar de uno mismo, a no ser que se quiera ser sarcástico. Tanto **kkeseo** como **ssi** pueden usarse para hombres y mujeres. Para dirigirse a alguien es más común usar **ssi**; mientras que **kkeseo** se utiliza cuando explicas que la otra persona hace o dice algo, por ejemplo, **seonsaengnimkkeseo oneul jibe oseyo** (*sohn-seng-nim-ke-soh o-nuhl chi-be o-se-io*; El profesor viene a casa hoy).

No entres en una casa con los zapatos puestos

Cuando de niño te enseñaron que no debías sorber los fideos, seguramente no te dijeron por qué no debías hacerlo, solo que era de mala educación. Yo podría hacer lo mismo y decirte que entrar con zapatos en casa de alguien es de mala educación, pero, en este caso, te voy a explicar los motivos.

En Corea, las habitaciones de las casas tradicionales cuentan con un sistema de suelo radiante llamado **ondol** (*on-dol*; piedras calientes), que implicaba calentar una gran piedra, o varias de ellas, bajo la sala. El **ondol** es una de las razones por las que los coreanos duermen en el suelo, ya que hacerlo sobre colchones colocados directamente en el suelo permite aprovecharse del calor de forma eficiente. Por este motivo, también suelen sentarse en cojines en el suelo en lugar de hacerlo en sillas.

Por ello, los coreanos no llevan zapatos en casa, porque el suelo es la superficie sobre la que se sientan y duermen. Actualmente, la mayoría de ellos viven en casas de estilo occidental, pero, en general, siguen utilizando sistemas de suelo radiante como el **ondol**, aunque ya no funcionan con piedras calientes, sino con tuberías de cobre. Aunque muchos coreanos han adoptado el uso de muebles occidentales, como sofás o camas, la costumbre de quitarse los zapatos al entrar en una casa se mantiene. Así que tú también deberías mantenerla, porque, si no lo haces, puedes molestar a tu anfitrión... Es como si alguien camina por encima de tu cama con los zapatos llenos de barro.

CONSEJO

A veces, sin embargo, puede que alguien te permita dejarte los zapatos en su casa. Si es el caso, te dirán algo como **sinbal an beoseodo doeyo** (*shin-bal an boh-soh-do doe-io*; No hace falta que te quites los zapatos), **sinbal sineodo doeyo** (*shin-bal shi-noh-do doe-io*; Puedes llevar zapatos) o **sinbal sineodo gwaenchanayo** (*shin-bal shi-noh-do guen-tsa-na-io*; Es correcto llevar zapatos).

No cruces las piernas al sentarte

Los coreanos tienen la costumbre de sentarse en el suelo con **chaeksangdari** (*tsek-sang-da-ri*; estilo indio) e incluso actualmente, cuando tienen que sentarse en el suelo, lo hacen así. Aunque pueda parecer un poco incómodo, siempre será mejor que sentarse de rodillas, como se hacía tradicionalmente en las reuniones formales, en las que el **chaeksangdari** solo se le permitía a los superiores o los mayores, mientras que los demás se sentaban arrodillados hasta que los mayores les dijeran **pyeonhage anjayo** (*piohn-ja-ge an-cha-io*; Por favor, sentaos cómodamente).

En la sociedad contemporánea, la mayoría de los actos cotidianos se realizan sentados en sillas, pero para los jóvenes o inferiores se respeta la tradición de sentarse en una postura determinada. Así, los coreanos, sobre todo en reuniones formales, nunca cruzan las piernas cuando están sentados en sillas, sino que las mantienen cuidadosamente separadas delante de ellos.

No te beses en público

Los coreanos no están acostumbrados a las muestras de afecto públicas. Te hacen una reverencia, te dan la mano y, si te conocen, quizás incluso te den un abrazo, pero no esperes nada más delante de otra gente, aunque se trate de una pareja casada. Las muestras privadas de afecto están muy bien, pero no en público.

CULTURA GENERAL

No estoy seguro de que haya una razón particular para esta costumbre, pero probablemente se deba a la fuerte influencia que tuvieron en Corea los ideales confucianos, los cuales promovían la separación entre hombres y mujeres. Y quizá también se deba a los estrictos códigos de conducta impuestos por los dictadores de la década de 1970, que prohibían cualquier tipo de "actividad indecente". Sea como sea, no deberías mostrar afecto públicamente, a no ser que quieras provocarle un infarto a alguna abuelita.

No te tomes el primer "no, gracias" al pie de la letra

Una costumbre común en muchas culturas asiáticas es la de rechazar una comida, una bebida, un favor o un regalo, aunque esa persona esté hambrienta, sedienta, necesite que la lleves a casa o desee ese juego de tazas de té que le estás ofreciendo. Corea no es una excepción, así que no te preocupes si alguien rechaza lo que le ofreces con un **gwaenchanayo** (*guen-tsa-na-io*; Está bien), porque no significa necesariamente que no lo quiera aceptar.

Se trata de un pequeño juego cultural: el invitado o el que recibe un regalo no quiere parecer avaricioso, y el anfitrión o el que da un regalo quiere parecer generoso, así que lo normal es que este último lo ofrezca más de una vez antes de que lo acepte. Y eso es lo que debes hacer tú: insistir si eres quien ofrece algo y rechazar más de una vez lo que te ofrezcan a ti.

No sostengas el bol de arroz en la mano y usa la cuchara para comerlo

Otra costumbre de algunos países asiáticos consiste en sostener con la mano izquierda el bol de arroz mientras se come. En China y Japón, los boles de arroz son redondeados por abajo para que sea más fácil sujetarlos. En Corea, por el contrario, tienen la base plana, porque se supone que deben estar en la mesa mientras se come. Sujetar el bol un momento para acabarse algo de sopa o de arroz está bien, pero el resto del rato el bol debe permanecer en la mesa.

Otra peculiaridad de la cultura coreana respecto a sus vecinos es que los coreanos comen el arroz con cuchara, no con palillos. No es una regla muy estricta, pero deberías usar los palillos para comer los platos de acompañamiento y la cuchara para el arroz y las sopas.

EN ESTE CAPÍTULO

Impresionarás a los coreanos con tus habilidades idiomáticas

Pillarás el truco a términos comunes entre hablantes coreanos

Capítulo 19

Mis diez frases favoritas en coreano

Hay expresiones coreanas que se usan más a menudo que otras, pero estas diez se utilizan constantemente. Deberías conocerlas, no solo para hablar como un nativo coreano, sino también para saber qué responder cuando otra persona las use contigo. Intenta identificarlas en conversaciones diarias y no te olvides de usarlas.

ppalli

La palabra **ppalli** (*pal-li*) significa 'darse prisa' o 'rápido'. La encontramos en frases como **ppalli waseo meogeoyo** (*pal-li gua-seoh moh-goh-io*; Date prisa y come), **ppalli gayo** (*pal-li ga-io*; Vámonos rápido), **ppalli jom haeyo** (*pal-li chom je-io*; Date prisa y hazlo) o **ppalli jom bikyeojuseyo** (*pal-li chom bi-kioh-chu-se-io*; Date prisa y sal de en medio). A los coreanos les encanta la velocidad, así que no es de extrañar que la palabra **ppalli** sea una parte importante de las conversaciones diarias.

gwaenchanayo

El término **gwaenchanayo** (*guen-tsa-na-io*) vendría a significar lo mismo que 'vale' o 'está bien', así que puedes usarlo tanto para dar tu opinión sobre algo como para declinar un favor. Y también puedes emplearlo dándole entonación de pregunta, como "¿Vale?" o "¿Está bien?", para preguntarle a alguien cómo se siente o qué cree acerca de algo.

jeongmal, jinjja, cham

Estas tres palabras, **jeongmal** (*chohng-mal*), **jinjja** (*chin-cha*) y **cham** (*tsam*), significan lo mismo: 'de verdad'. Las dos primeras puedes usarlas como frases por sí solas:

jeongmal (*chohng-mal*; De verdad).

jeongmal? (*chohng-mal?*; ¿De verdad?).

jinjja (*chin-cha*; De verdad).

jinjja? (*chin-cha?*; ¿De verdad?).

También puedes usarlas como adverbios, como al decir:

jinjja, jeo anieyo, jinjja (*chin-cha, choh a-ni-e-io, chin-cha*; De verdad, no soy yo, de verdad).

Aquí van algunos ejemplos de cómo usar estos términos en una conversación:

jinjja gyosunimkkeseo sukjega eopdago hasyeoseoyo (*chin-cha gioh-su-nim-ke-soh suk-che-ga ohp-da-go ja-shoh-soh-io*; De verdad que el profesor dijo que no había deberes).

jeongmal oneuldo yageunieyo? (*chohng-mal o-nuhl-do ia-guh-ni-e-io?*; ¿De verdad que tengo que volver a trabajar en el turno de noche?).

oneul nalssiga cham deopneyo (*o-nuhl nal-shi-ga tsam dohp-ne-io*; El tiempo hoy es caluroso de verdad).

jeo chimaga cham ippeoyo (*choh tsi-ma-ga tsam i-poh-io*; Esa falda es bonita de verdad).

a, geuraeyo

Otras expresiones muy comunes son **a, geuraeyo?** (*a, guh-re-io?*; Ah, ¿es así?/Ah, ¿de verdad?) y **geuraeyo** (*guh-re-io*; Así es/Exactamente). En realidad, no se usan para cuestionar lo que dice la otra persona, sino para mostrar que sigues lo que te está diciendo. Es habitual que la gente asienta con la cabeza o que pongan cara de sorpresa mientras escuchan.

En el caso de **geuraeyo**, sirve para mostrar que se está de acuerdo con lo que el otro está explicando y que se le está prestando atención. En lingüística, a este uso del lenguaje se le denomina comportamiento de recepción o *backchanneling*.

Para entenderlo mejor, imagina que alguien dice **jinjja gyosunimkkeseo sukjega eopdago hasyeoseoyo** (*chin-cha gio-su-nim-ke-soh suk-che-ga ohp-da-go ja-shoh-soh-io*; De verdad que el profesor dijo que no había deberes), y su amigo le responde **a, geuraeyo?** (*a, guh-re-io*; Ah, ¿de verdad?).

jamkkanmanyo

La expresión **jamkkanmanyo** (*cham-kan-ma-ño*) significa 'un momento, por favor'. También puede decirse **jamsimanyo** (*cham-shi-ma-ño*), que suele usarse en ocasiones formales, como cuando un camarero dice **jamsiman gidaryeo juseyo** (*cham-shi-man gi-da-rio*; Espere un momento, por favor). Pero si un amigo te dice **ppalli jom haseyo** (*pal-li chom ja-se-io*; Date prisa, ¿no?), le puedes responder **a, jamkkanmanyo, jamkkanmanyo** (*a, cham-kan-ma-ño, cham-kan-ma-ño*; Eh, un momento, un momento).

mwo haeyo?

Cuando preguntas **mwo haeyo?** (*muo je-io?*), dices algo así como '¿Qué haces?' o '¿Qué hay?'. Es algo que se le dice a un amigo cuando te cruzas con él, una forma de saludo. También puedes usar **mwo haseyo?** (*muo ja-se-io?*), que es un poco más formal.

mollayo

Puedes usar la palabra **mollayo** (*mol-la-io*) para decir 'No lo sé'. Se utiliza mucho en cualquier conversación en coreano, así que, si prestas atención, deberías identificarla fácilmente. Aquí tienes un ejemplo del uso de **mollayo** en una conversación diaria:

> **mwo meogeullaeyo?** (*muo moh-guh-le-io?*; ¿Qué quieres comer?).
>
> **a, mollayo, amugeona meogeoyo** (*a, mol-la-io, a-mu-goh-na moh-goh-io*; Ah, no sé, comamos cualquier cosa).

joayo

Puedes usar **joayo** (*cho-a-io*) igual en que usarías *vale*, tanto de forma afirmativa como interrogativa. Pero si quieres usarlo con un superior o una persona mayor, por ejemplo, para preguntarle si algo le gusta, deberías hacerlo con la forma **joeuseyo?** (*cho-uh-se-io?*).

jal doetneyo

Cuando haya sucedido algo bueno, puedes usar **jal doetneyo** (*chal doet-ne-io*; Esto ha salido bien) o **jal doesseoyo** (*chal doe-soh-io*; Esto ha salido bien). Puedes emplear estas expresiones para mostrar que estás satisfecho.

Sin embargo, el significado tanto de **doetneyo** (*doet-ne-io*) como de **doesseoyo** (*doe-soh-io*), sin llevar el **jal** delante, tiene connotaciones negativas. Sería un 'Ya basta'. Así que mejor no usarlas sin el **jal** cuando alguien te ofrezca algo, porque podría ofenderse.

jeoreon, ireon

Los coreanos usan **jeoreon** (*choh-rohn*) e **ireon** (*i-rohn*) igual que en castellano se usa "Dios mío" o "Madre mía", cuando oyen o ven que algo malo le ha pasado a alguien. Sin embargo, entendidas literalmente, significan 'como eso' y 'como esto' respectivamente.

Asegúrate de no confundir estos dos significados, el literal y el figurado, que tendrás que diferenciar por el contexto en el que se usan. Así, podemos encontrar la frase **jeoreon ot hana juseyo** (*choh-rohn ot ja-na chu-se-io*; Por favor, dame ropa como esa) y la frase **jeoreon, sarami dachyeotneyo** (*choh-rohn, sa-ra-mi da-choht-ne-io*; Dios mío, alguien se ha hecho daño).

Otra expresión en la que se utilizan estos términos es **ireon jeoreon ildo itjyo, mwo** (*i-rohn choh-rohn il-do it-cho, muo*), que significaría algo así como 'Pasan todo tipo de cosas', pero literalmente es "Pasan cosas como esta y como esa".

EN ESTE CAPÍTULO

Expresarás satisfacción

Mostrarás resignación

Te quejarás

Capítulo 20
Diez frases que te harán pasar por coreano

En cualquier idioma, la gente espera que quien lo está aprendiendo sepa decir frases comunes, como "Hola", "Encantado de conocerte" o "¿Cómo te llamas?". Pero hay expresiones en coreano que son difíciles de entender para un hablante no nativo. Por eso mismo, si las usas cogerás desprevenidos a los coreanos y creerán que tienes un gran dominio tanto de su idioma como de su cultura. Así que ¡aprovéchalas!

Te voy a presentar diez expresiones que harán que crean que llevas hablando coreano toda la vida, así que espero que te lo pases bien sorprendiendo a tus amigos coreanos. Quizá después de escucharte tengan más cuidado cuando hablen entre ellos en coreano delante de ti. Ten en cuenta, eso sí, que la mayoría de estas expresiones están en forma neutra, por lo que solo deberían emplearse entre amigos, a no ser que especifique otra cosa.

akkapda

La palabra **akkapda** (*ak-kap-da*) significa 'qué desperdicio' o 'qué pena' y está en su forma neutra.

Se usa para mostrar que te apena que algo se malgaste o se eche a perder. Por ejemplo, la puedes usar si acabas de ver que alguien tira a la basura comida que estaba bien o si has perdido un libro que acabas de comprar hace cinco minutos. Si quieres usarla en nivel educado informal, debes decir **akkawoyo** (*a-ka-guo-io*), y si quieres emplearla en nivel educado formal, entonces es **akkapnaeyo** (*a-kap-ne-io*). Aunque **akkapda** es la forma neutra, es la más usada entre los coreanos. Aparte de los significados anteriores, puede usarse para decir *casi* o *por poco*. Por ejemplo, en un torneo de golf, el comentarista podría decir **ye, ujeu seonsuga banggeum peoteureul haetseumnida. ye a, a akkapnaeyo** (*ie, u-chuh sohn-su-ga ban-guhm poh-tuh-ruhl je-suhm-ni-da. ie a, a ak-kap-ne-io*; Sí, Woods acaba de tomar el *putter*. Sí, oh, ha ido por poco). Y, entonces, la gente que escucha al comentarista podría decir "**akkapda**, **akkawo**".

eojjeol su eopgun

Esta frase, **eojjeol su eopgun** (*oh-chohl su ohp-gun*), significaría algo así como 'Parece que no tengo otra opción', y está en su forma neutra.

Puedes usarla cuando quieras mostrar resignación, especialmente cuando te ofrecen una opción que no es la que esperabas o que no te aporta ventaja alguna. Por ejemplo, imagina que estás a punto de salir hacia un bar donde has quedado con un amigo, pero te llama para decirte que no va a poder ir, así que vas a tener que estar ahí bebiendo solo. En ese caso, podrías murmurar para tus adentros **eojjeol su eopgun, honjaseo surina masyeoyaji** (*oh-chohl su ohp-gun, jon-cha-soh su-ri-na ma-sho-ia-chi*; Parece que no tengo más opción que beber solo).

geureonde itjanayo

La frase **geureonde itjanayo** (*guh-rohn-de i-cha-na-io*) significa 'por cierto' o 'Ya sabes', y está en nivel educado informal.

Los coreanos usan a menudo tanto **geureonde** (*guh-rohn-de*; pero/por cierto; neutra) como **itjanayo** (*i-cha-na-io*; Eh/Ya sabes; neutra) de forma individual pero también juntas, **geureonde itjanayo** (*guh-rohn-de i-cha-na-io*), para empezar frases. Así, si las utilizas sonarás más natural. Además, la gente suele abreviar estas palabras empleando las formas neutras, es decir, **geunde** (*guhn-de*) e **itjana** (*i-cha-na*).

Aquí tienes algunos ejemplos:

» **geureonde itjanayo oneul nalssiga cham siwonhajyo?** (*guh-rohn-de i-cha-na-io o-nuhl nal-shi-ga tsam shi-guon-ja-cho*; Por cierto, ¿no hace un tiempo muy frío hoy?).

» **geunde geuregeuneun eodi itjyo?** (*guhn-de guh-re-guh-nuhn oh-di it-cho?*; Por cierto, ¿dónde está Greg?).

» **itjanayo, sigan jom iseoyo?** (*it-cha-na-io, shi-gan chom i-soh-io*; Eh, ¿tienes tiempo?).

jom

La palabra **jom** (*chom*) significa 'un poco' y 'por favor'.

Los coreanos usan **jom** de forma casi instintiva, así que puede que al principio no se den ni cuenta de que tú la estás usando, pero cuando lo hagan estarán más que sorprendidos, y para bien. En realidad, esta palabra es una contracción de **jogeum** (*cho-guhm*), que únicamente significa 'un poco', pero **jom** puede tener diferentes significados dependiendo de si la usas como adverbio o como expresión.

Cuando funciona como adverbio, también significa 'un poco'. Mira estos ejemplos:

» **eumsigi jom maewoyo** (*uhm-shi-gi chom me-uo-io*; La comida está un poco picante).

» **jigeum jom neujeoseoyo** (*chi-guhm chom nuh-cho-soh-io*; Es un poco tarde).

» **iri yojeum jom manayo** (*i-ri io-chuhm chom ma-na-io*; Tengo demasiado trabajo actualmente).

También se usa como expresión, y entonces significa 'por favor', como cuando dices **yeogiseo gyesan jom haejuseyo?** (*ioh-gi-soh ge-san chom je-shu-se-io?*; ¿Puedes hacerte cargo de la cuenta, por favor?).

jjajeungnanda

La expresión **jjajeungnanda** (*cha-chuhng-nan-da*) significa 'esto es muy molesto', y está en su forma neutra.

Antes o después, es probable que te encuentres en una situación que te moleste, como si tu vuelo se retrasa una y otra vez o si tu jefe te da muchos quebraderos de cabeza. Si en alguno de estos momentos quieres expresar la frustración que sientes, di **jjajeungnanda**. En nivel educado informal sería **jjajeungnayo** (*cha-chuhng-na-io*), pero los coreanos no suelen usarla. Ten en cuenta que deberías usarla cuando hablas contigo mismo o con amigos, pero mejor que tu jefe no te la oiga.

jukgetda

La expresión **jukgetda** (*chu-ke-ta*) significaría algo así como 'me muero', y está en su forma neutra.

En español hay muchas expresiones que usan el tema de la muerte y que se utilizan en conversaciones diarias, como "Esto está de muerte", "Me muero por unas vacaciones" o "Estoy muerto de hambre".

Los coreanos también usan **jukgetda** (*chu-ke-ta*; morir) de distintas formas, pero, si oyes a un grupo de coreanos, verás que la emplean más generosamente que en español. Muchas de estas expresiones son difícilmente traducibles y algunas tendrás que ir aprendiéndolas a base de usarlas, aunque al principio te equivoques. Por ejemplo, en español, al probar un plato que te gusta mucho, podrías decir "Está para morirse de rico", pero en coreano se iría un poco más allá, diciendo **massiseo jukgetda! jugeo!** (*ma-shi-soh chu-ke-ta! chu-goh!*; ¡Está tan bueno que me quiero matar! ¡Me mato!) con una cara de total satisfacción.

Otros usos parecidos que pueden traducirse al español son:

- **deowo jukgetda** (*do-guo chu-ket-ta*; Me muero del calor que hace).
- **a pigonhae jukgetda** (*a pi-gon-je chu-ket-ta*; Estoy tan cansado que me moriría).

» **baebulleo jukgetda** (*be-bul-loh chu-ket-ta*; Estoy tan lleno que podría morirme).

» **a, jukgo sipda** (*a, chu-go ship-da*; Me quiero morir).

Si quieres usar el nivel educado informal, debes decir **jukgetseyo** (*chu-ke-se-io*). Por ejemplo, si te quieres quejar de tu hijo ante otro adulto, di **ai ttaemune jukgetseyo** (*ai-te-mu-ne chu-ke-se-io*; Mi hijo me va a matar).

CONSEJO

Los coreanos también usan **jukda** (*chuk-da*; morir) como una amenaza, y suelen emplear **jugeo** (*chu-goh*; morir) y **jugeullae?** (*chu-guhl-le?*; ¿Quieres morir?). Quizás hayas oído esta última en la película coreana *Mi chica descarada*. Muy a menudo se usa entre amigos, bromeando.

Cuando amenazas a alguien, no tienes que usar los niveles educados, por eso aquí uso expresiones como **jugeo** (*chu-goh*; morir) o **jugeullae?** (*chu-guhl-le*; ¿Quieres morir?) en su forma neutra.

Aunque la uses como broma, la expresión **jugeullae?** (*chu-guhl-le*; ¿Quieres morir?) sigue siendo una amenaza, así que procura usarla con amigos de confianza. En caso de duda, déjalo correr, y no uses estas expresiones como una broma si la otra persona es un superior o es mayor que tú.

kkeunnaejunda

La expresión **kkeunnaejunda** (*kuhn-ne-chun-da*) significa algo así como 'es genial', y está en su forma neutra.

Los coreanos usan a menudo **kkeunnaejunda** (*kuhn-ne-chun-da*) para expresar que algo es asombroso o maravilloso. En nivel educado informal se diría **kkeunnaejunaeyo** (*kuhn-ne-chu-ne-io*), pero no se utiliza demasiado. Es más habitual emplear **kkeunnaejunda** entre amigos. La puedes utilizar en frases como:

» **bunwigiga kkeunnaejunda** (*bu-nui-gi-ga kuhn-ne-chun-da*; Qué ambiente tan genial).

» **oneul nalssi kkeunnaejunda** (*o-nuhl nal-shi kuhn-ne-chun-da*; Qué tiempo tan bueno hace hoy).

» **jeogeo jom bwa, jeongmal kkeunnaejunda** (*choh-goh chom bua, chohng-mal kuhn-ne-chun-da*; Eh, mira esto, es genial).

neukkihada

El significado de **neukkihada** (*nuhk-ki-ja-da*) sería 'regusto grasiento', pero también se usa cuando alguien se porta de una manera tan sobreactuada que te dan náuseas. Está en forma neutra; en nivel educado informal diríamos **neukkihaeyo** (*neuhk-ki-je-io*), que también se usa a menudo.

En principio, esta expresión se utiliza cuando quieres describir una comida muy grasienta, algo muy frito y aceitoso. Los coreanos suelen usar la frase **neukkihangeo meokgosipda** (*nuhk-ki-jan-goh moh-go-ship-da*; Me siento como si comiera algo grasiento) o **i eumsik neomu neukkihaeyo** (*i uhm-shik noh-mu nuhk-ki-je-io*; Esta comida está demasiado grasienta).

Los coreanos también utilizan **neukkihada** para describir a algunas personas y sus acciones, de forma parecida a como en español podría usarse *empalagoso*, es decir, personas y comportamientos tan exageradamente encantadores que resultan poco naturales y molestos. En este caso, **neukkihada** solo se usa para describir a hombres, nunca a mujeres. Puedes utilizarla para describir el sentimiento que te provoca que alguien sobreactúe para parecer más sofisticado o amable de lo que realmente es.

Supongamos que uno de tus amigos intenta impresionar a una chica que acaba de conocer en un bar. Se comporta como el perfecto caballero, algo que no tiene nada que ver con su forma de ser, y por eso te está costando aguantar la risa. En esta situación, podrías usar **neukkihada** para expresar tu incomodidad. Quizás incluso después le digas a tu amigo **akka neo neomu neukkihadeora** (*ak-ka noh noh-mu nuhk-ki-ja-doh-ra*; Tío, has sido tan inusualmente encantador que me han entrado náuseas).

CONSEJO

También puedes usar **neukkihada** con una connotación más negativa. Por ejemplo, puedes emplearlo cuando veas al típico seductor cargante de medio pelo intentando bailar con tu amiga. Dile **jeo saram jom neukkihada** (*choh sa-ram chom nuhk-ki-ja-da*; Esa persona está sobreactuando y me están dando arcadas).

siwonhada

La expresión **siwonhada** (*shi-guon-ja-da*) significa 'fresco' o 'refrescante', pero también 'bueno', y está en forma neutra.

Puedes usar **siwonhada** en su significado literal para hablar de una brisa fresca en un caluroso día de verano o de un vaso de limonada. Pero los coreanos también la usan para expresar otro tipo de sentimientos, como la catarsis mental que sientes tras un suceso feliz. Aunque cosas como rascarte cuando te pica o tomarte una taza de té calentito no tengan nada que ver con algo fresco, los coreanos usan **siwonhada** porque representa el sentimiento que provoca una brisa fresca en un caluroso día de verano. Su versión en nivel educado informal es **siwonhaeyo** (*shi-guon-je-io*) y puedes usarla para describir que la bebida que te estás tomando es muy refrescante o que hace un día muy fresco, pero no la puedes emplear para expresar un estado de alegría. Sonaría raro si lo hicieras, ya que nunca se usa en ese sentido.

Los coreanos usan **siwonhada** para describir lo que sienten al llegar una esperadísima tormenta de verano, al conducir por una carretera sin atascos, al tomarse un trago de tequila o al ver a una persona que detestan metida en problemas. Así pues, expresa todo tipo de sentimientos placenteros y relajantes, como una brisa fresca interior.

También puedes usar **siwonhada** para describir el alivio que sientes al rascarte donde te pica, hacer estiramientos, salir de una sauna o tomarte una taza de té.

sugohaeyo

La expresión **sugohaeyo** (*su-goh-je-io*) significa 'sigue así' o 'buen trabajo', y está en nivel educado informal.

En coreano, esta expresión se utiliza muy a menudo, y normalmente se dirige a gente con la que trabajas o que conoces bien. Asegúrate de usar la versión en nivel educado formal, **sugohasipsiyo** (*su-go-ja-ship-shi-o*), si se la vas a decir a un superior o a alguien mayor que tú.

5
Apéndices

EN ESTA PARTE . . .

Aquí encontrarás muchas referencias a las que seguramente quieras recurrir mientras hojeas el resto de los capítulos o cuando salgas por ahí a practicar lo aprendido. Tienes listas de verbos regulares e irregulares con sus correspondientes conjugaciones y un minidiccionario coreano-español y español-coreano. ¿Crees que has bordado las secciones "Juegos y ejercicios divertidos"? En esta parte podrás comprobarlo con las respuestas correctas. Finalmente, también incluyo el listado de las pistas de audio.

Apéndice A
Verbos coreanos

akkida */ak-ki-da/* estimar, valorar
alda */al-da/* conocer
allyeojida */al-lioh-chi-da/* ser conocido/a
anda */an-da/* sentarse
annaehada */an-ne-ja-da/* guiar
apeuda */a-puh-da/* estar herido/a, enfermo/a
baeuda */be-u-da/* aprender
bakkuda */bak-ku-da/* cambiar, intercambiar
bappeuda */pa-puh-da/* estar ocupado/a
batda */bat-da/* recibir
beorida */boh-ri-da/* tirar, desechar
beotda */boht-da/* quitarse, desvestirse
bichuda */bi-tsu-da/* alumbrar, aclarar
bissada */bis-sa-da/* ser caro/a
boda */bo-da/* ver, mirar
boyeojuda */bo-ioh-chu-da/* enseñar
bureuda */bu-ruh-da/* llamar, convocar, estar lleno/a
chada */tsa-da/* tener frío, estar lleno/a, patear
chaengida */tsen-gi-da/* reunir, agrupar
chajihada */tsa-chi-ja-da/* ocupar, poseer
chamda */tsam-da/* ser paciente, perseverar
chamgahada */tsam-ga-ja-da/* participar, unirse
charida */tsa-ri-da/* prepararse
chatda */tsat-da/* buscar
cheorihada */tsoh-ri-ja-da/* cuidar
chida */tsi-da/* pegar, golpear
chiida */tsi-i-da/* ser golpeado/a (por ejemplo, en un accidente de coche)
chinhada */tsin-ja-da/* ser cercano/a, ser amigable
chiuda */tsi-u-da/* apartar, limpiar, quitar
chuda */tsu-da/* bailar
chupda */tsup-da/* tener frío
chwihada */tsui-ja-da/* estar borracho/a
chwisohada */tsui-so-ja-da/* cancelar
dahada */da-ja-da/* completar, finalizar
dalda */dal-da/* colgar
dallida */dal-li-da/* correr
danggida */dan-gi-da/* estirar
danida */da-ni-da/* ir y venir, vagar
deonjida */dohn-chi-da/* tirar
deopda */dohp-da/* tener calor
deullida */duhl-li-da/* oírse
deurida */duh-ri-da/* dar
deutda */duht-da/* escuchar
dolboda */dol-bo-da/* cuidar
dollida */dol-li-da/* girar
dowajuda */do-ua-chu-da/* ayudar
duda */du-da/* dejar solo/a
eodupda */oh-dup-da/* ser oscuro/a
eolda */ohl-da/* congelar
eojireopda */oh-chi-rohp-da/* estar mareado
eojireuda */oh-chi-ruh-da/* provocar un desastre
eopda */ohp-da/* no existir, quedarse sin, no tener
eoryeopda */oh-riohp-da/* ser difícil
gabyeopda */ga-biohp-da/* ser ligero/a, pesar poco
gada */ga-da/* ir, venir, proceder, viajar
gajida */ga-chi-da/* tener, tomar
galda */gal-da/* intercambiar, pulverizar

gamchuda */gam-tsu-da/* esconder
garida */ga-ri-da/* cubrir, esconder, ocultar
garyeopda */ga-riohp-da/* picar
gatda */gat-da/* ser lo mismo
geotda */goht-da/* caminar
gidarida */gi-da-ri-da/* esperar
gilda */gil-da/* ser largo/a
gireuda */gi-ruh-da/* levantar
gochida */go-tsi-da/* arreglar
goreuda */go-ruh-da/* elegir
guhada */gu-ja-da/* salvar, encontrar
hada */ja-da/* hacer
himdeulda */jim-duhl-da/* ser difícil
igida */i-gi-da/* ganar
ikda */ik-da/* leer
ipda */ib-da/* llevar (ropa)
itda */it-da/* existir, estar presente
jada */cha-da/* dormir
jakda */chak-da/* ser demasiado pequeño/a
jallida */chal-li-da/* ser despedido/a
japida */cha-pi-da/* ser agarrado/a, ser capturado/a
japda */chap-da/* agarrar, capturar
jareuda */cha-ruh-da/* cortar
jeopda */chonp-da/* doblar
jeotda */choht-da/* mezclar, estar mojado/a
jichida */chi-tsi-da/* estar cansado/a
jida */chi-da/* perder
jubda */chub-da/* recoger
keuda */kuh-da/* crecer
kiuda */ki-u-da/* criar
makda */mak-da/* bloquear
makhida */mak-ki-da/* ser bloqueado/a
mandeulda */man-duhl-da/* hacer
mannada */man-na-da/* quedar, encontrarse, conocer
mareuda */ma-ruh-da/* estar seco/a, tener sed

masida */ma-shi-da/* beber
meogida */moh-gi-da/* alimentar
meokda */mohk-da/* comer
meokhida */mok-ki-da/* ser comido/a
meolda */mohl-da/* estar lejos
mitda */mit-da/* creer
moeuda */mo-uh-da/* reunir (por ejemplo, una colección)
moida */mo-i-da/* reunirse (por ejemplo, gente)
mollida */mol-li-da/* estar acorralado/a
moreuda */mo-ruh-da/* no conocer
mulda */mul-da/* morder
naegihada */ne-gi-ja-da/* jugar, apostar
naerida */ne-ri-da/* salir, apearse
namgida */nam-gi-da/* dejarse, olvidarse
nanuda */na-nu-da/* dividir
nareuda */na-ruh-da/* cargar, entregar
neukkida */nuhk-ki-da/* sentir
neurida */nuh-ri-da/* ser lento/a
nolda */nol-da/* jugar
nollada */nol-la-da/* sorprenderse
nollida */nol-li-da/* burlarse, molestar
nota */no-ta/* soltar, liberar
nullida */nul-li-da/* ser presionado/a, ser apretado/a
nureuda */nu-ruh-da/* presionar, apretar
oda */o-da/* venir
pada */pa-da/* cavar
palda */pal-da/* vender
pallida */pal-li-da/* ser vendido/a
sada */sa-da/* comprar
salda */sal-da/* vivir
sallida */sal-li-da/* dejar vivir, rescatar
samkida */sam-gi-da/* tragar
saranghada */sa-rang-ja-da/* querer, amar
sogida */so-gi-da/* engañar, tomar el pelo
sokda */sog-da/* ser burlado/a
tada */ta-da/* quemar, montar
taeuda */te-u-da/* llevar (a alguien)
ulda */ul-da/* llorar
utda */ut-da/* sonreír, reír

Apéndice B

Minidiccionario coreano-español

A

achim (*a-tsim*): desayuno
adeul (*a-duhl*): hijo
aein (*e-in*): ser querido
aekche (*ek-tse*): líquido
aekja (*ek-cha*): marco de fotos
agi (*a-gi*): bebé
ajik (*a-chik*): aún, todavía
akgi (*ak-gi*): instrumento musical
al (*al*): huevo
alda (*al-da*): conocer
an (*an*): interior, dentro
anae (*a-ne*): mujer (*casada*)
angae (*an-ge*): niebla
aniyo (*a-ni-yo*): no
anjeon (*an-john*): seguridad
ansim (*an-shim*): tranquilidad
ap (*ap*): frente, lado frontal
apateu (*a-pa-tuh*): apartamento
apeuda (*a-puh-da*): doloroso/a
arae (*a-re*): debajo
areumdabda (*a-ruhm-dap-da*): bonito/a

B

bab (*bab*): arroz hervido
bada (*ba-da*): mar, océano
bae (*be*): estómago, barco
baedal (*be-dal*): entrega
baji (*ba-chi*): pantalones
baksa (*bak-sa*): doctor (*no en medicina*)
balmok (*bal-mok*): tobillo
ban (*ban*): medio, mitad
bang (*bang*): habitación
banghyang (*bang-ñang*): dirección
bangmulgwan (*bang-mul-uan*): museo
baram (*ba-ram*): viento
bawi (*ba-ui*): roca, piedra
beob (*bohb*): ley
beolgeum (*bohl-guhm*): multa
beopjeong (*bohp-chohng*): juzgado
bi (*bi*): lluvia
bimil (*bi-mil*): secreto
boda (*bo-da*): ver, mirar
bok (*bok*): buena suerte
boksu (*bok-su*): venganza
bom (*bom*): primavera
bori (*bo-ri*): cebada
boseok (*bo-sohk*): joya
bukjjok (*buk-cchok*): norte
bul (*bul*): fuego
bun (*bun*): fracción, minuto
byeong (*biohng*): enfermedad
byeongweon (*biohng-guohn*): hospital

C

cha (*tsa*): coche, té
chaegim (*tsae-gim*): responsabilidad
chaek (*tsaeg*): libro

changmun (*tsang-mun*): ventana
chejo (*tse-cho*): ejercicios gimnásticos
chejung (*tse-chung*): peso
cheol (*tsohl*): hierro, acero
cheoldo (*tsohl-do*): vía de tren
cheon (*tsohn*): mil, tejido
chigwa (*tsi-ua*): odontología
chim (*tsim*): escupir, aguja de acupuntura
chima (*tsi-ma*): falda
chisol (*tsi-sol*): cepillo de dientes
chiyak (*tsi-iak*): pasta dentífrica
cho (*tso*): segundo (*de tiempo*), vela
chodae (*tso-de*): invitar
chukha (*tsuk-ka*): felicidades
chwiso (*tsui-so*): cancelación

D

daeum (*da-uhm*): siguiente
dal (*dal*): luna, mes
dari (*da-ri*): pierna, puente
daseot (*da-soht*): cinco
dasi (*da-shi*): otra vez
deulda (*duhl-da*): agarrar, sostener
deulida (*duhl-li-da*): ser escuchado/a
deungsan (*duhng-san*): escalada
deurida (*duh-ri-da*): dar, ofrecer
deutda (*duht-da*): escuchar
dochak (*do-tsak*): llegada
dok (*dok*): veneno, envase de cerámica
don (*don*): dinero
dongjeon (*dong-chohn*): moneda
dongjjok (*dong-cchok*): este (*punto cardinal*)
dongmul (*dong-mul*): animal
dopda (*dop-da*): ayudar
dosi (*do-shi*): ciudad
dul (*dul*): dos
dutong (*du-tong*): dolor de cabeza

E

eodi (*oh-di*): dónde
eodum (*oh-dum*): oscuridad
eodupda (*oh-dup-da*): ser oscuro/a
eoje (*oh-che*): ayer
eojjeoda (*oh-cchoh-da*): por casualidad
eojireopda (*oh-chi-rohp-da*): estar mareado/a
eojireopida (*oh-chi-roh-pi-da*): desordenar
eokkae (*ohk-ke*): hombro
eolda (*ohl-da*): congelar, estar congelado/a
eoleun (*ohl-luhn*): rápido/a
eolgul (*ohl-gul*): cara
eolma (*ohl-ma*): cuánto
eomeoni (*oh-moh-ni*): madre (*de uno/a mismo/a*)
eomeonim (*oh-moh-nim*): madre (*de otra persona*)
eomji (*ohm-chi*): pulgar
eomma (*ohm-ma*): mamá
eondeok (*ohn-dohk*): colina, pradera
eoneu (*oh-nuh*): cuál, qué
eoneujjok (*oh-nuh-cchok*): en qué dirección
eoneuttae (*oh-nuh-tte*): cuándo, a qué hora
eongmang (*ohng-mang*): desorden
eonje (*ohn-che*): cuándo
eopda (*ohp-da*): no existir, haberse acabado
eopdeurida (*ohp-duh-ri-da*): tumbarse, echarse
eoreum (*oh-ruhm*): hielo
eoreun (*oh-ruhn*): adulto, mayor
eorida (*oh-ri-da*): ser joven
eoriseokda (*oh-ri-sohk-da*): ser tonto/a
eoryeopda (*oh-riohp-da*): difícil
eotteoke (*oht-toh-ke*): cómo

G

gabyeopda (*ga-biohp-da*): ser ligero/a
gada (*ga-da*): ir
gaeul (*ga-uhl*): otoño
gage (*ga-ge*): tienda
gagu (*ga-gu*): mobiliario
gagyeok (*ga-giohk*): precio
gajeong (*ga-chohng*): casa
gakkapda (*gak-kap-da*): estar cerca
gakkeum (*gak-kuhm*): ocasionalmente
gakkuda (*gk-ku-da*): cultivar
galbi (*gal-bi*): costillas, plato coreano de ternera marinada
gan (*gan*): hígado
ganeulda (*ga-nuhl-da*): ser delgado/a
gang (*gang*): río
ganjang (*gan-chang*): salsa de soja
garo (*ga-ro*): anchura
garu (*ga-ru*): polvo
garyeopda (*ga-riohp-da*): picar
gaseum (*ga-suhm*): pecho
gasi (*ga-shi*): espina, pincho
gaunde (*ga-un-dae*): la mitad
gawi (*ga-ui*): tijeras, cizalla
gicha (*gi-tsa*): tren
gil (*gil*): carretera
gugyeong (*gu-giohng*): mirar, echar un vistazo
guksu (*guk-su*): fideos
gwangwang (*guan-guang*): hacer turismo
gwi (*gwi*): oreja
gyeongchal (*giohng-tsal*): vigilancia policial
gyeongchi (*gyohng-tsi*): paisaje
gyotong (*gyo-tong*): tráfico

H

hada (*ja-da*): hacer, llevar a cabo
haebyeon (*jae-biohn*): playa
hana (*ja-na*): uno
hanguk (*jan-gug*): Corea
heori (*joh-ri*): cintura
heungmi (*juhng-mi*): interés
him (*jim*): fuerza
hongsu (*jong-su*): inundación
hwajang (*jua-chang*): maquillaje
hwajangsil (*jua-chang-shil*): cuarto de baño
hyuji (*jyu-chi*): papel higiénico
hyujitong (*jyu-chi-tong*): cubo de basura, papelera
hyusik (*jyu-shik*): descanso

I

i (*i*): dos, diente
ibul (*i-bul*): colcha, manta
idal (*i-dal*): este mes
igeot (*i-goht*): este/a
igeotjeogeot (*i-goht-joh-goht*): esto y aquello
ijjok (*i-cchok*): este lado
il (*il*): un día, trabajar, uno
ilgop (*il-gop*): siete
ima (*i-ma*): frente (*zona de la cabeza*)
inaljeonal (*i-nal-choh-nal*): este día, ese día
ip (*ip*): boca
ipda (*ip-da*): ponerse, vestir
ipgu (*ip-goo*): entrada
ipsul (*ip-sul*): labios
ireon (*i-rohn*): como esto, así
ireum (*i-ruhm*): nombre
isa (*i-sa*): mover, recolocar
itda (*it-da*): conectar, ser
iteul (*i-tuhl*): dos días

J

jagda (*chak-da*): pequeño/a
jajeongeo (*cha-chohn-goh*): bicicleta
jal (*chal*): bien, de forma satisfactoria

jalmot (*chal-mot*): error, fallo
jam (*cham*): dormir
jandon (*chan-don*): cambio, monedas
jangbi (*chang-bi*): equipamiento, ropa
jangnangam (*chang-nan-gam*): juguete
jangsa (*chang-sa*): comercio, negocios
jangsik (*chang-shik*): adorno, decoración
jangso (*chang-so*): sitio, lugar
jayeon (*cha-yohn*): naturaleza
jeogeot (*choh-goht*): ese/a
jeol (*chohl*): templo budista, reverencia formal
jeolban (*chohl-ban*): una mitad
jeomsim (*chom-shim*): comida, almuerzo
jeonbu (*chon-bu*): todas las partes, total
jeoncha (*chon-tsa*): tranvía, tanque
jeondeung (*chon-duhng*): luz eléctrica, lámpara
jeongeojang (*chong-goh-chang*): estación de tren
jeongryujang (*chohng-niu-chang*): parada de autobús
jeonhwa (*chohn-jua*): teléfono, llamada telefónica
jeonja (*chohn-cha*): electrónico/a
jeonyeok (*chohh-ñohk*): anochecer, cena
jeotgarak (*choht-ga-rak*): palillos
jibul (*chi-bul*): pago
jida (*chi-da*): ser derrotado/a, desvanecerse, hacer sombra
jido (*chi-do*): mapa, guía, liderazgo
jigap (*chi-gap*): cartera, monedero
jigeop (*chi-gohp*): profesión, vocación
jihacheol (*chi-ja-chohl*): metro (*medio de transporte*)
jikjang (*chik-chang*): lugar de trabajo (*propio*)
jikjeop (*chik-chohp*): directo/a, inmediato/a
jinchal (*chin-tsal*): chequeo médico
jinju (*chin-chu*): perla
jintongje (*chin-tong-che*): analgésico
jip (*chip*): casa, hogar
jiuda (*chi-u-da*): borrar
jiyeok (*chi-iohk*): región, área, zona
jjada (*ccha-da*): salado/a, apretar, estrujar
jjak (*cchak*): uno (*de un par*), un lado
jjitda (*cchit-da*): rasgar, romper
jjok (*cchok*): trozo, rebanada, tabla
jongari (*chon-ga-ri*): pantorrilla
jongryu (*chong-niu*): un tipo, una clase
jongyo (*chon-gio*): religión, fe
jotda (*chot-da*): ser bueno/a, gustar
ju (*chu*): dar, parte principal, bermellón, estado, provincia, continente, acciones (*financieras*), semana
juil (*chu-il*): día de la semana
juin (*chu-in*): marido
jumal (*chu-mal*): fin de semana
jumun (*chu-mun*): pedido, hacer un pedido
jusa (*chu-sa*): inyección
juso (*chu-so*): dirección (*propia*)

K

kal (*kal*): cuchillo, espada
kaljaru (*kal-cha-ru*): mango de cuchillo
kaljip (*kal-chip*): funda de cuchillo, vaina de espada
kamkamhada (*kam-kam-ja-da*): ser oscuro/a
keodarata (*koh-da-ra-ta*): muy grande, enorme
keojida (*koh-chi-da*): hacerse grande
keopi (*koh-pi*): café
keuda (*kuh-da*): crecer
keugi (*kuh-gi*): tamaño, dimensiones
keundon (*kuhn-don*): mucho dinero
keungil (*kuhn-gil*): carretera principal
keunil (*kuh-nil*): gran proyecto, emergencia
ki (*ki*): timón, altura (*de una persona*), llave
kiseu (*ki-suh*): beso
ko (*ko*): nariz

kogamgi (*ko-gam-gi*): resfriado
kogolda (*ko-gol-da*): ronquido
kompyuteo (*kohm-piu-toh*): ordenador
kong (*kong*): judía, semilla de soja, guisante
kyeolle (*kyohl-le*): un par

M

mabi (*ma-bi*): parálisis
macha (*ma-tsa*): carro
madi (*ma-di*): articulación, segmento
maekju (*mak-chu*): cerveza
maeum (*ma-uhm*): mente, espíritu
majimak (*ma-chi-mak*): último/a, final
mal (*mal*): caballo, idioma
malhada (*mal-ja-da*): hablar, conversar, decir
man (*man*): bahía, golfo, diez mil
mandeulda (*man-duhl-da*): hacer, fabricar
mandu (*man-du*): empanadilla
maneul (*ma-nuhl*): ajo
mani (*ma-ni*): mucho, muchos/as
manjok (*man-chok*): satisfacción
masida (*ma-shi-da*): beber, tomar, tragar
mat (*mat*): sabor
meokda (*mohk-da*): comer, tomar
meokhida (*mohk-ki-da*): comido/a
meomchuda (*mohm-chu-da*): parar, dejar de hacer algo
meoreojida (*moh-roh-chi-da*): alejarse
meori (*moh-ri*): cabeza
minsok (*min-sok*): costumbres étnicas
mirae (*mi-re*): futuro
mit (*mit*): parte baja
mok (*mok*): cuello
muge (*mu-gee*): peso, importancia
mul (*mul*): agua
mulgogi (*mul-go-gi*): pez
mun (*mun*): puerta
munje (*mun-che*): cuestión, problema

N

na (*na*): yo, uno/a mismo/a
naebok (*ne-bok*): ropa interior térmica
nagada (*na-ga-da*): salir
nakksi (*nak-shi*): pescar
nal (*nal*): un día
naljja (*nal-ccha*): fecha
nallo (*nal-lo*): estufa
nalssi (*nal-sshi*): tiempo (*meteorológico*)
namja (*nam-ja*): hombre
namjjok (*nam-cchok*): sur
namu (*na-mu*): árbol
nanuda (*na-noo-da*): dividir, parte
net (*net*): cuatro
nolda (*nol-da*): jugar
nongchon (*nong-chon*): comunidad rural
nongdam (*nong-dam*): broma
nugu (*nu-gu*): quién
nun (*nun*): ojo, nieve

O

o (*o*): cinco
oda (*o-da*): venir
oneul (*o-nuhl*): hoy
orak (*o-rak*): entretenimiento, ocio
oreunjjok (*o-ruhn-cchok*): lado derecho
osip (*o-ship*): cincuenta

P

pa (*pa*): cebolleta
pado (*pa-do*): ola, inflarse
pal (*pal*): ocho
palda (*pal-da*): vender
pallida (*pal-li-da*): ser vendido/a
panmae (*pan-me*): venta
parang (*pa-rang*): azul
peuro (*puh-ro*): profesional
pi (*pi*): sangre

pibu (*pi-bu*): piel
podo (*po-do*): uva
pogi (*po-gi*): abandono, rendición
pumjil (*pum-chil*): cualidad
pyeolli (*pyohl-li*): conveniencia
pyeonji (*pyohn-chi*): carta
pyo (*pyo*): ticket, voto
pyosi (*pyo-shi*): indicación, señal

R

radio (*ra-di-o*): radio
reida (*re-i-da*): radar
reijeo (*re-i-choh*): láser
rejeo (*re-choh*): ocio
resseulling (*res-suhl-ling*): lucha libre
ripoteu (*ri-po-tuh*): informe
robi (*ro-bi*): recepción

S

sa (*sa*): cuatro
sada (*sa-da*): comprar
saenggak (*seng-gak*): pensar, pensamiento
saeop (*sa-ohp*): proyecto, empresa
sago (*sa-go*): accidente
sajin (*sa-chin*): fotografía
sam (*sam*): tres
samusil (*sa-mu-shil*): oficina
san (*san*): montaña
sanchaek (*san-tsek*): paseo
saneop (*sa-nohp*): industria
saram (*sa-ram*): persona, gente
sarang (*sa-rang*): amor
sasil (*sa-shil*): hecho, realidad
seojjok (*soh-cchok*): oeste
seolmyeong (*sohl-miohng*): explicación
seonmul (*sohn-mul*): regalo
seonsaeng (*sohn-seng*): profesor/a, maestro/a
seonsu (*suhn-su*): atleta
seorap (*soh-rap*): cajón
sigan (*shi-gan*): hora, tiempo
sigye (*shi-ge*): reloj
sijang (*shi-chang*): mercado
siksa (*shik-sa*): comida
sinbal (*shim-bal*): zapato
sinmun (*shim-mun*): periódico, diario
sip (*ship*): diez
son (*son*): mano
songarak (*son-ga-rak*): dedo
sontop (*son-top*): uña
sosik (*so-shik*): noticias
ssada (*ssa-da*): ser barato/a
sucheop (*su-tsohp*): libro de bolsillo
suchul (*su-tsul*): exportar, exportación
sukje (*suk-che*): deberes
sul (*sul*): bebida alcohólica
sum (*sum*): respiración
sungyeong (*sun-giohng*): agente de policía
sup (*sup*): bosque

T

tada (*ta-da*): quemar, montar (*en un medio de transporte*)
taeksi (*tek-shi*): taxi
taeyang (*te-iang*): sol
tal (*tal*): máscara
tamheom (*ta-mohm*): exploración, expedición
tap (*tap*): torre
tapseung (*tap-suhng*): embarque, subir (*a un medio de transporte*)
teok (*tohk*): mandíbula, barbilla
tong (*tong*): tubo, cañería
ttaragada (*tta-ra-ga-da*): seguir
ttaro (*tta-ro*): por separado
ttatteutada (*tta-ttuht-a-da*): estar caliente
tteok (*ttohk*): pastel de arroz
tteonada (*ttoh-na-da*): partir, salir
tteugeopda (*ttuh-gohp-da*): caliente, quemar

tteut (*ttuht*): intento, significado
tti (*tti*): cinturón, fajín, año del horóscopo
ttokgatda (*ttok-gat-da*): ser idéntico/a
ttokttokhada (*ttok-ttok-ka-da*): ser listo/a
ttwida (*ttui-da*): correr

U

uju (*u-chu*): universo, cosmos
umul (*u-mul*): pozo
undong (*un-dong*): ejercicio físico
unjeon (*un-chohn*): conducir, utilizar maquinaria
upyeon (*u-piohn*): correo
upyo (*u-pio*): sello postal
usan (*u-san*): paraguas
useum (*u-suhm*): risa, sonrisa

W

wi (*ui*): parte de arriba, estómago
wichi (*ui-tsi*): posición, situación
wigi (*ui-gi*): crisis, emergencia
wiheom (*ui-hohm*): peligro
wihyeop (*ui-jiohp*): intimidación, amenaza

Y

yachae (*ia-tse*): verdura
yagu (*ia-gu*): béisbol
yak (*iak*): medicamento
yakguk (*iak-kuk*): farmacia
yaksok (*iak-sok*): promesa
yeodeol (*ioh-dohl*): ocho
yeogi (*ioh-gi*): aquí
yeogweon (*ioh-guon*): pasaporte
yeohaeng (*ioh-jeng*): viaje
yeoja (*ioh-cha*): mujer, chica
yeok (*iohk*): estación de tren
yeoksa (*iohk-sa*): historia
yeol (*iohl*): diez, calor, fiebre
yeolda (*iohl-da*): abrir
yeolswe (*iohl-sue*): llave
yeongeo (*yeon-goh*): inglés
yeonseup (*iohn-suhp*): práctica
yeop (*iohp*): siguiente, al lado
yeoreum (*ioh-ruhm*): verano
yetnal (*ien-nal*): antigüedad
yeyak (*ie-iak*): reserva
yogeum (*io-guhm*): tarifa
yori (*io-ri*): cocinar, plato
iohok (*iu-jok*): tentación, incitación
yuk (*iuk*): seis
yuksip (*iuk-ship*): sesenta
yumeo (*iu-moh*): humor
yuri (*iu-ri*): cristal

Apéndice C

Minidiccionario español-coreano

A

abalorio: **guseul** (*gu-suhl*)
abandonar: **beorida** (*boh-ri-da*)
abogado: **byeonhosa** (*byohn-jo-sa*)
abrigo: **wetu** (*oe-tu*)
abrir: **yeollin** (*iohl-lin*)
acabar: **kkeutnaeda** (*kkuhn-ne-da*)
académico: **hakja** (*jak-cha*)
accidente: **sago** (*sa-go*)
acción: **haengdong** (*jeng-dong*)
acontecimiento: **sageon** (*sa-gohn*)
acto: **yeongi** (*iohn-gi*)
actuación: **yeonju** (*iohn-chu*)
acuerdo: **gyeyak** (*ge-iak*)
adaptar: **jeogeung** (*choh-guhng*)
adecuado: **jeokdanghan** (*chohk-dang-jan*)
adelante: **apseoseo** (*ap-soh-soh*)
admiración: **gamtan** (*gam-tan*)
admisión: **ipjang** (*ip-chang*)
adquisición: **chwideuk** (*tsui-duhk*)
adulto/a: **eoreun** (*oh-ruhn*)
advertencia: **gwanggo** (*guang-go*)
afeitado: **myeondo** (*miohn-do*)
afirmar: **hwagin** (*jua-gin*)
agarrar: **japda** (*chap-da*)
agarrarse: **butjapda** (*but-chap-da*)
agitar: **heundeulda** (*juhn-duhl-da*)
agradable: **joeun** (*cho-uhn*)
agua: **mul** (*mul*)
aguja: **baneul** (*ba-nuhl*)
ahora: **jigeum** (*chi-guhm*)
ahorro: **jeoryak** (*choh-riak*)
aire: **gonggi** (*gong-gi*)
alarma: **gyeongbo** (*gyohng-bo*)
alerta: **gyeonggye** (*gyohng-ge*)
alfiler: **pin** (*pin*)
alguna vez: **eonjenga** (*ohn-chen-ga*)
alimentar: **meogida** (*moh-gi-da*)
allí: **geogi** (*goh-gi*)
almuerzo: **jeomsim** (*chohm-shim*)
alojamiento: **hasuk** (*ha-suk*)
alojarse: **sukbak** (*suk-bak*)
alto (*orden de detenerse*): **jeongji** (*chohng-chi*)
alto/a: **nopeun** (*no-puhn*)
alubia: **kong** (*kong*)
amable: **chinjeolhan** (*tsin-choh- ran*)
amante: **yeonin** (*ioh-nin*)
amarillo: **norang** (*no-rang*)
amenaza: **hyeopbak** (*jieop-bak*)
amigo: **chingu** (*tsin-gu*)
amor: **sarang** (*sa-rang*)
añadir: **deohada** (*doh-ja-da*)
anciano/a: **naideusin** (*na-i-duh-shin*)
anillo: **banji** (*ban-chi*)
animal: **dongmul** (*dong-mul*)
anochecer: **jeonyeok** (*choh-ñohk*)
antes: **jeone** (*choh-ne*)
año: **yeon** (*iohn*)
apostar: **dobak** (*do-bak*)
apoyarse: **gidaeda** (*gi-de-da*)
apuesta: **naegi** (*ne-gi*)

apuntar: **gyeonyang** (*gioh-ñang*)
aquí: **yeogi** (*ioh-gi*)
árbitro: **simpan** (*shim-pan*)
árbol: **namu** (*na-mu*)
arcoíris: **mujigae** (*mu-chi-ge*)
arena: **morae** (*mo-re*)
arreglar: **gochida** (*go-tsi-da*)
arriba: **wiro** (*wi-ro*)
arte: **misul** (*mi-sul*)
asesinato: **sarin** (*sa-rin*)
asiento: **jari** (*cha-ri*)
asunto: **muljil** (*mul-chil*)
aumentar: **neullida** (*nuhl-li-da*)
automóvil: **jadongcha** (*cha-dong-tsa*)
aventura: **moheom** (*mo-johm*)
ayudar: **dopda** (*dop-da*)
azúcar: **seoltang** (*sohl-tang*)

B

bajar: **nachuda** (*na-tsu-da*)
bajo/a: **najeun** (*na-chuhn*)
balanza: **cheonching** (*chohn-tsing*)
banco: **eunhaeng** (*uhn-jeng*)
baño: **mogyok** (*mo-giok*)
bar: **suljip** (*sul-chip*)
barato/a: **ssada** (*ssa-da*)
barba y bigote: **teoksuyeom** (*teok-su-io-hm*)
barbero/a: **ibalsa** (*i-bal-sa*)
barbilla: **teok** (*tohk*)
barco: **bae** (*be*)
barco (bote): **boteu** (*bo-tuh*)
barrera: **jangbyeok** (*chang-biohk*)
barril: **tong** (*tong*)
barrio: **iut** (*i-ut*)
batalla: **jeontu** (*chohn-tu*)
bate (*de béisbol*): **baeteu** (*be-tuh*)
bebé: **agi** (*a-gi*)
béisbol **yagu** (*ya-gu*)
beneficio: **iik** (*i-ik*)
beso: **kiseu** (*kis-suh*)
biblioteca: **doseosil** (*do-soh-shil*)
bicicleta: **jajeongeo** (*cha-chohn-goh*)
boca: **ip** (*ip*)
boda: **gyeolhonsik** (*gioh-ron-shik*)
bolígrafo: **pen** (*pen*)
bolsillo: **jumeoni** (*ju-moh-ni*)
bombero/a: **sobangsu** (*so-bang-su*)
bonito/a: **yeppeun** (*ye-ppuhn*)
bosque: **sup** (*sup*)
brazo: **pal** (*pal*)
broma: **nongdam** (*nong-dam*)
bueno: **joeun** (*cho-uhn*)
bulto: **deongeori** (*dohng-oh-ri*)
burbuja: **geopum** (*goh-pum*)
buscar: **chatda** (*tsat-da*)

C

caballero: **gisa** (*gi-sa*)
caballo: **mal** (*mal*)
cabeza: **meori** (*moh-ri*)
cada: **gakja** (*gak-cha*)
cadena: **saseul** (*sa-sohl*)
café: **keopi** (*koh-pi*)
caja: **sangja** (*sang-cha*)
calcetín: **yangmal** (*iang-mal*)
calendario: **dallyeok** (*dal-liohk*)
calidad: **pumjil** (*pum-chil*)
cálido/a: **deobda** (*dohp-da*)
calle: **geori** (*goh-ri*)
calor: **deowi** (*doh-ui*)
cama: **chimdae** (*tsim-de*)
cámara: **sajingi** (*sa-chin-gi*)
cambiar: **bakkuda** (*bak-ku-da*)
caminar: **geotda** (*goht-da*)
camino: **gil** (*gil*)
camión de bomberos: **sobangcha** (*so-bang-tsa*)
campamento: **kaempeujang** (*kem-puh-chang*)
campana: **jong** (*chong*)
campo: **deulpan** (*duhl-pan*)
cancelar: **chwiso** (*tsui-so*)
canción: **norae** (*no-re*)

cansancio: **piro** (*pi-ro*)
cantidad: **bullyang** (*bul-liang*)
capital: **sudo** (*su-do*)
cara: **eolgul** (*ohl-gul*)
carácter: **teukseong** (*tuhk-sohng*)
caramelo: **satang** (*sa-tang*)
cárcel: **gyodoso** (*gio-do-so*)
carga: **jim** (*chim*)
cargar: **nareuda** (*na-ruh-da*)
carne: **gogi** (*go-gi*)
carpintero: **moksu** (*mok-su*)
carretera: **gil** (*gil*)
carro: **macha** (*ma-tsa*)
carta: **pyeonji** (*pyohn-chi*)
casa: **jip** (*chip*)
casi: **geoeui** (*goh-wi*)
castillo: **seong** (*sohng*)
catorce: **yeolnet** (*iohl-net*)
causa: **weonin** (*uoh-nin*)
cebolla: **yangpa** (*iang-pa*)
celebrar: **chukha** (*chuk-ka*)
celos: **jiltu** (*chil-tu*)
célula: **sepo** (*se-po*)
cementerio: **myoji** (*mio-chi*)
cena: **jeonyeok** (*choh-ñohk*)
centro: **jungsim** (*chung-shim*)
cercano/a: **gakkapda** (*gak-kap-da*)
cerdo: **doeji** (*doe-chi*)
cerebro: **noe** (*noe*)
cero: **yeong** (*yohng*)
cerrado/a (*con llave*): **jamulsoe** (*cha-mul-soe*)
cerrar: **datda** (*dat-da*)
certificación (*título*): **jagyeok** (*cha-giohk*)
certificado: **jeungmyeongseo** (*ju-hng-miohng-soh*)
cerveza: **maekju** (*mek-chu*)
cesar: **meomchuda** (*mohm-tsu-da*)
chaleco: **jokki** (*chok-ki*)
chaqueta: **jaket** (*cha-ket*)
chica: **sonyeo** (*so-ñoh*)
chico: **sonyeon** (*so-ñohn*)
China: **jungguk** (*chung-gug*)
choque: **chungdol** (*tsung-dol*)
cielo: **haneul** (*ja-nuhl*)
cien: **baek** (*bek*)
ciertamente: **chameuro** (*tsa-muh-ro*)
cinco: **daseot** (*da-soht*)
cine: **yeonghwagwan** (*yohng-jua- guan*); **geukjang** (*guhk-chang*)
cinturón: **belteu** (*bel-tuh*)
círculo: **gori** (*go-ri*)
ciudad: **dosi** (*do-shi*)
clima: **gihu** (*gi-ju*)
codo: **palkkumchi** (*pal-kkum-tsi*)
colchoneta: **maeteu** (*me-tuh*)
colgar: **maedalda** (*me-dal-da*)
colina: **eondeok** (*ohn-dohk*)
comer: **meokda** (*mohk-da*)
cómic: **manhwa** (*man-jua*)
comida (alimentos): **sikpum** (*shik-pum*)
comida (acto): **siksa** (*shik-sa*)
cómo: **eotteoke** (*oh-ttoh-ke*)
compañero/a: **jjak** (*cchak*)
complicado/a: **bokjaphan** (*bok-cha-pan*)
comportamiento: **haengdong** (*jeng-dong*)
comprar: **sada** (*sa-da*)
congelado: **eoreun** (*oh-ruhn*)
conocer (*por primera vez*): **mannada** (*man-na-da*)
conocer: **alda** (*al-da*)
conocimiento: **jisik** (*chi-shik*)
consejo: **chungo** (*tsung-go*)
corazón: **simjang** (*shim-chang*)
Corea: **hanguk** (*jan-gug*)
correo: **upyeon** (*u-piohn*)
correr: **dallida** (*dal-li-da*)
cortar: **jareuda** (*cha-ruh-da*)
crecer: **jarada** (*cha-ra-da*)
creencia: **mideum** (*mi-duhm*)
creer: **midda** (*mit-da*)
cuadrado: **sagakhyeong** (*sa-ga-kiohng*)
cuál: **eoneu** (*oh-nuh*)
cuándo: **eonje** (*ohn-che*)
cuatro: **net** (*net*)
cuchara: **sutgarak** (*sut-ga-rak*)
cuchillo: **kal** (*kal*)

cuello: **mok** (*mok*)
cuerda: **jul** (*chul*)
cuerno: **ppul** (*ppul*)
cuero: **gajuk** (*ga-chuk*)
cuerpo: **mom** (*mom*)
cueva: **donggul** (*dong-gul*)
culpa: **chaegim** (*tse-gim*)
cura: **chiryo** (*tsi-rio*)

D

dado: **jusawi** (*chu-sa-wi*)
dar: **juda** (*chu-da*)
debajo: **mite** (*mi-te*)
debate: **toron** (*to-ron*)
decepción: **sagi** (*sa-gi*)
decir: **malhada** (*mal-ja-da*)
decisión: **gyeolsim** (*gyohl-shim*)
decoración: **jangsik** (*chang-shik*)
dedo del pie: **balgarak** (*bal-ga-rak*)
dedo: **songarak** (*son-ga-rak*)
definitivamente: **hwaksilhi** (*juak-shi-ri*)
definitivo/a: **choehu** (*tsoe-ju*)
delante de: **ape** (*a-pe*)
demanda: **yogu** (*io-gu*)
dentista: **chigwaeuisa** (*tsi-ua-wi-sa*)
dentro (*de una casa*): **anjjok** (*an-cchok*)
derecha: **oreunjjok** (*o-ruhn-cchok*)
desafío: **dojeon** (*do-john*)
descansar: **swida** (*shui-da*)
descosido: **jjitda** (*cchit-da*)
descripción: **myosa** (*mio-sa*)
descuento: **harin** (*ja-rin*)
desde: **buteo** (*bu-toh*)
desnudo/a: **beolgeobeoseun** (*bul-goh-boh- suhn*)
desorden: **nanjap** (*nan-chap*)
después: **daeume** (*da-uh-me*)
detrás: **dwi** (*dui*)
deuda: **bit** (*bit*)
devolución: **banhwan** (*ban-juan*)
día de la semana: **juil** (*chu-il*)
día: **nat** (*nat*)
dibujo: **geurim** (*guh-rim*)
diecinueve: **yeolahop** (*ioh-ra-jop*)
diente: **ibbal** (*ib-bal*)
diez: **yeol** (*iohl*)
dimensiones **keugi** (*kuh-gi*)
dinero en metálico: **hyeongeum** (*jiohn-guhm*)
dinero: **don** (*don*)
dios: **sin** (*shin*)
diosa: **yeosin** (*ioh-shin*)
dirección: **juso** (*chu-so*)
disculpa: **sagwa** (*sa-gua*)
distancia: **geori** (*goh-ri*)
doblar: **guburida** (*gu-bu-ri-da*)
doler: **apeuda** (*a-puh-da*)
dolor: **apeum** (*a-puhm*)
dolor intenso: **gotong** (*go-tong*)
dónde: **eodi** (*oh-di*)
dormir: **jada** (*cha-da*)
dos: **dul** (*dul*)

E

eco: **meari** (*me-a-ri*)
economía: **gyeongje** (*gyohng-che*)
edad: **nai** (*na-i*)
editor: **pyeonjipja** (*piohn-chip-cha*)
educación: **gyoyuk** (*gio-iuk*)
efecto: **gyeolgwa** (*giohl-gua*)
elección: **seontaek** (*sohn-tek*)
eléctrico/a: **jeongi** (*chohn-gi*)
elegir: **ppopda** (*ppop-da*)
elevar: **ollida** (*ol-li-da*)
ello: **geugeot** (*guh-goht*)
emborracharse: **chwihada** (*tsui-ja-da*)
emergencia: **bisang** (*bi-sang*)
empujar: **milda** (*mil-da*)
encanto: **maeryeok** (*me-riohk*)
encontrar: **chatda** (*tsat-da*)
enfado: **hwa** (*hua*)
enfermedad: **byeong** (*byohng*)
enfermo, estar: **apeuda** (*a-puh-da*)
engañar: **sogida** (*so-gi-da*)

entendimiento: **ihae** (*i-he*)
entrada: **ipgu** (*ip-gu*)
entrar: **deureogada** (*duh-roh-ga-da*)
entre: **saie** (*sa-i-e*)
entrega: **baedal** (*be-dal*)
entrenamiento: **hullyeon** (*jul-liohn*)
entrevista: **myeonjeop** (*myun-jup*)
enviar: **bonaeda** (*bo-ne-da*)
equipaje: **suhwamul** (*su-jua-mul*)
equivocación: **jalmot** (*chal-mot*)
error: **silsu** (*shil-su*)
escama: **bineul** (*bi-nuhl*)
escasez: **bujok** (*bu-chok*)
escuchar: **deutda** (*duht-da*)
escuela: **hakgyo** (*jak-gyo*)
esculpir, tallar: **saegida** (*se-gi-da*)
ese/a: **jeogeot** (*choh-goht*)
espalda: **deung** (*duhng*)
espejo: **geoul** (*goh-ul*)
esperanza: **heuimang** (*jui-mang*)
esperar: **gidarida** (*gi-da-ri-da*)
esquema: **gyehoek** (*ge-joek*)
estación (*de tren, etc.*): **jeongeojang** (*cho-hng-goh-chang*)
estación (*del año*): **gyejeol** (*ge-chohl*)
este (*punto cardinal*): **dongjjok** (*dong-cchok*)
este/a: **igeot** (*i-goht*)
estimación: **pyeongga** (*pyohng-ga*)
estirar: **danggida** (*dang-gi-da*)
estómago: **bae** (*be*)
estrecho/a: **jobeun** (*cho-buhn*)
estrella: **byeol** (*biohl*)
estudiante: **haksaeng** (*jak-seng*)
estudio: **gongbu** (*gong-bu*)
exactamente: **jeonghwakhage** (*chohng-juak-ka-ge*)
éxito: **seongong** (*sohng-gong*)
expectación: **gidae** (*gi-de*)
exprés: **gosok** (*go-sok*)
expresión oral: **malhagi** (*mal-ja-gi*)
extintor: **sohwagi** (*so-hua-gi*)

F

fácil: **swiun** (*shi-un*)
falda: **chima** (*tsi-ma*)
falso/a: **gajja** (*ga-ccha*)
familia: **gajok** (*ga-chok*)
feliz: **gippeun** (*gi-ppuhn*)
feo/a: **chuhada** (*tsu-ja-da*)
festival: **chukje** (*tsuk-che*)
ficción: **soseol** (*so-sohl*)
fiebre: **yeol** (*iohl*)
fin de semana: **jumal** (*chu-mal*)
final: **kkeut** (*kkuht*)
final, al: **majimak** (*ma-chi-mak*)
flojo/a: **pullin** (*pul-lin*)
flor: **kkot** (*kkot*)
fluido: **aekche** (*ek-tse*)
fondo: **baegyeong** (*be-giohng*)
fondos: **jageum** (*tsa-guhm*)
forma: **moyang** (*mo-iang*)
fórmula: **gongsik** (*gong-shik*)
formulario: **moyang** (*mo-iang*)
fortaleza: **yosae**(*yo-se*)
fotografía: **sajin** (*sa-chin*)
fracaso: **silpae** (*shil-pe*)
frase: **munjang** (*mun-chang*)
frío: **chupda** (*tsup-da*)
fruta: **gwail** (*gua-il*)
fuego: **bul** (*bul*)
fuera: **bakkeuro** (*bak-kuh-ro*)
fuerte: **ganghan** (*gang-jan*)
fuerza: **him** (*jim*)
fundirse: **nokda** (*nok-da*)
funeral: **jangryesik** (*chang-ñe-shik*)
fútbol: **chukgu** (*chuk-gu*)
futuro: **mirae** (*mi-re*)

G

gachas: **juk** (*chuk*)
galería (*museo*): **misulgwan** (*mi-sul-guan*)
ganso: **geowi** (*goh-wi*)

garantizar: **bojeunghada** (*bo-johng-ja-da*)
garra: **baltop** (*bal-top*)
gas: **gaseu** (*gas-suh*)
gato: **goyangi** (*go-ian-gi*)
generación: **sedae** (*se-de*)
genio: **cheonjae** (*tseon-che*)
gente: **saram** (*sa-ram*)
germen: **segyun** (*se-giohn*)
girar: **dollida** (*dol-li-da*)
gobierno: **jeongbu** (*chohng-bu*)
goma: **gomu** (*go-mu*)
gorra: **moja** (*mo-cha*)
gotera: **saem** (*sem*)
gradación: **deunggeup** (*duhng-guhp*)
grado: **jeongdo** (*johng-do*)
graduación: **joreop** (*cho-rohp*)
gramática: **munbeop** (*mun-bohp*)
grande: **keun** (*kuhn*)
granizo: **ubak** (*u-bak*)
granja: **nongjang** (*nong-chang*)
grueso/a: **dukkeoun** (*duk-koh-un*)
guante: **janggap** (*chang-gap*)
guapo/a: **yaeppeuda** (*ye-ppuh-da*)
guía: **annaeja** (*an-ne-cha*)

H

haber, no: **eopda** (*ohp-da*)
habilidad: **neungryeok** (*nuhng-ñohk*)
habitación: **bang** (*bang*)
hábito: **seupgwan** (*suhp-guan*)
hablar: **malhada** (*mal-ja-da*)
hacer: **hada** (*ja-da*)
hacer sonar: **ullida** (*ul-li-da*)
hacia dentro: **anjjogeul** (*an-ccho-guhl*)
harina: **milgaru** (*mil-ga-ru*)
hecho/a: **mandeureojin** (*man-duh-roh-chin*)
hecho: **sasil** (*sa-shil*)
hembra: **yeoseong** (*ioh-sohng*)
herida: **sangcheo** (*sang-tsoh*)
hermanos: **hyeongje** (*hyong-che*)
herramienta: **dogu** (*do-gu*)
hielo: **eoreum** (*oh-ruhm*)
hígado: **gan** (*gan*)
hogar: **gajeong** (*ga-chohng*)
hombre: **namja** (*nam-cha*)
hombro: **eokkae** (*ohk-ke*)
honesto/a: **jeongjikhan** (*chong-chi-kan*)
honores: **myeongye** (*miohn-ge*)
hora (*una*): **hansigan** (*jan-shi-gan*)
horario: **siganpyo** (*shi-gan-pio*)
horizonte: **supyeongseon** (*su-pyohng-sohn*)
hospital: **byeongweon** (*byohng-uon*)
hotel: **hotel** (*jo-tel*)
hueco: **gangyeok** (*gan-giohk*)
hueso: **ppyeo** (*ppioh*)
huida: **talchul** (*tal-tsul*)
humanidad: **illyu** (*il-yu*)

I

idea: **saenggak** (*seng-gak*)
idioma: **eoneo** (*oh-noh*)
ídolo: **usang** (*u-sang*)
iglesia: **gyohwe** (*gio-jue*)
igual: **gateun** (*ga-tuhn*)
impar: **isanghada** (*i-sang-ja-da*)
importar: **suiphada** (*su-ip-ja-da*)
impresión: **insang** (*in-sang*)
imprimir: **inswae** (*in-soe*)
incidente: **sageon** (*sa-gohn*)
incluir: **pohamhada** (*po-jam-ja-da*)
incómodo/a: **bulpyeon** (*bul-piohn*)
independencia: **dongnip** (*dong-nip*)
indirecto/a: **ganjeop** (*gan-chohp*)
industria (*sector*): **saneop** (*sa-nohp*)
influencia: **yeonghyang** (*iohng-jiang*)
informe: **bogo** (*bo-go*)
inicio: **sijak** (*shi-chak*)
insecto: **gonchung** (*gon-tsung*)
instinto: **bonneung** (*bon-nuhng*)
intercambio: **gyohwan** (*gio-juan*)
interferencia: **ganseop** (*gan-sohp*)

internacional: **gukjejeok** (*guk-che-cho-hk*)
interno/a: **naebu** (*ne-bu*)
íntimo/a: **chinmilhan** (*tsin-mi-ran*)
inundación: **hongsu** (*hong-su*)
invención: **balmyeong** (*bal-miohng*)
invertir: **tujahada** (*tu-cha-ja-da*)
investigar: **yeongu** (*iohn-gu*)
invitar: **chodaehada** (*tso-de-ja-da*)
ir: **gada** (*ga-da*)
irregular: **bulgyuchikhan** (*bul-gyu-tsik-kan*)
izquierda: **wenjjok** (*uen-cchok*)

J

jabón: **binu** (*bi-nu*)
Japón: **ilbon** (*il-bon*)
jardín: **jeongweon** (*chohng-uohn*)
jarra: **jujeonja** (*chu-chohn-cha*)
juego: **nori** (*no-ri*)
jueves: **mogyoil** (*mo-gio-il*)
juez: **pansa** (*pan-sa*)
jugar: **nolda** (*nol-da*)
juguete: **jangnangam** (*chang-nan-gam*)
juicio: **jaepan** (*che-pan*)
junto/a: **gachi** (*ga-tsi*)
juramento: **maengse** (*meng-se*)

L

labio: **ipsul** (*ip-sul*)
laboratorio: **yeonguso** (*yohn-gu-so*)
ladrón/a: **doduk** (*do-duk*)
lágrima: **nunmul** (*nun-mul*)
lámpara: **deungbul** (*duhng-bul*)
lanzador (*béisbol*): **tusu** (*tu-su*)
lanzar: **deonjida** (*dohn-chi-da*)
lápiz: **yeonpil** (*iohn-pil*)
largo/a: **gin** (*gin*)
lavabo: **hwajangsil** (*jua-chang-sil*)
lavar: **ssitda** (*ssit-da*)
leche: **uyu** (*u-yu*)
leer: **ilgda** (*il-da*)
lejos: **meolli** (*mohl-li*)
lento/a: **neurin** (*nuh-rin*)
ley: **beop** (*bohp*)
leyenda: **jeonseol** (*chohn-sohl*)
libertad: **jayu** (*cha-yu*)
libro: **chaek** (*tsek*)
licencia: **myeonheo** (*miohn-joh*)
líder: **jidoja** (*chi-do-cha*)
ligeramente: **gabyeopge** (*ga-biohp-ge*)
limpieza: **cheongso** (*tsohng-so*)
limpio/a: **kkaekkeutan** (*kek-kuh-tan*)
línea: **jul** (*chul*)
llamar: **bureuda** (*bu-ruh-da*)
llamar (*a la puerta*): **dudeurida** (*du-duh-ri-da*)
llave: **yeolsoe** (*iohl-soe*)
llegada: **dochak** (*do-tsak*)
lleno: **chan** (*tsan*)
llevar (*ropa*): **ipda** (*ip-da*)
llorar: **ulda** (*ul-da*)
lluvia: **bi** (*bi*)
loco/a: **michin** (*mi-tsin*)
lógica: **nolli** (*nol-li*)
lucha: **ssaum** (*ssa-um*)
lugar: **jangso** (*chang-so*)
lugar de, en: **daesin** (*de-shin*)

M

madera: **jaemok** (*che-mok*)
madre: **eomeoni** (*oh-moh-ni*)
madurez: **seongsuk** (*sohng-suk*)
maduro/a: **igeun** (*i-guhn*)
maleducado/a: **murye** (*mu-re*)
malo/a: **nappeun** (*na-ppuhn*)
mañana: **naeil** (*ne-il*)
mañana (*parte del día*): **achim** (*a-tsim*)
mandíbula: **teok** (*tohk*)
manera: **yejeol** (*ye-chohl*)
mango (*asidero*): **sonjabi** (*son-cha-bi*)
mano: **son** (*son*)

manta: **damyo** (*dam-ño*)
manzana: **sagwa** (*sa-gua*)
mapa: **jido** (*chi-do*)
maquillaje: **hwajangpum** (*jua-chang-pum*)
máquina: **gigye** (*gi-ge*)
mar: **bada** (*ba-da*)
maravilla: **gyeongi** (*gyohn-gi*)
marido: **juin** (*chu-in*)
marino/a: **haeyang** (*je-iang*)
mariposa: **nabi** (*na-bi*)
marzo: **samweol** (*sa-muohl*)
más: **deo** (*doh*)
máscara: **tal** (*tal*)
masticar: **ssipda** (*ssip-da*)
matar: **jugida** (*chu-gi-da*)
matemáticas: **suhak** (*su-jak*)
material: **jaryo** (*cha-rio*)
matrimonio: **gyeorhon** (*gioh-ron*)
mayo: **owol** (*o-uol*)
mecánico/a (oficio): **jeongbisa** (*johng-bi-sa*)
medicamento: **yak** (*iak*)
médico: **euisa** (*wi-sa*)
medio: **junggan** (*chung-gan*)
medio, punto: **gaunde** (*ga-un-de*)
mejor: **jeil** (*che-il*)
mejora: **gaeryang** (*ge-riang*)
mendigo/a: **geoji** (*goh-chi*)
menos: **jeogeun** (*choh-guhn*)
mensaje: **jeongal** (*chohn-gal*)
mente: **maeum** (*ma-uhm*)
mentira: **geojitmal** (*goh-chit-mal*)
menudo, a: **jaju** (*cha-chu*)
mercado: **sijang** (*shi-chang*)
metal: **geumsok** (*guhm-sok*)
método: **bangbeop** (*bang-bohp*)
mezclar: **seokkda** (*sohk-da*)
miedo: **duryeoum** (*du-rioh-um*)
miembro: **hoeweon** (*hoe-uohn*)
mientras: **dongan** (*don-gan*)
milagro: **gijeok** (*gi-chohk*)
mina: **gwangsan** (*gwang-san*)
mínimo/a: **choeso** (*tsoe-so*)
mío/a: **naekkeo** (*neg-goh*)
mirar: **boda** (*bo-da*)
mismo/a **gateun** (*ga-tuhn*)
misterio: **sinbi** (*shin-bi*)
mitad: **ban** (*ban*)
mito: **sinhwa** (*shin-jua*)
mobiliario: **gagu** (*ga-gu*)
molestar: **banghae** (*bang-je*)
mono (*animal*): **weonsungi** (*uohn-sun-gi*)
montaña: **san** (*san*)
montar (*en un medio de transporte*): **tada** (*ta-da*)
morir: **jukda** (*chuk-da*)
mover: **umjigida** (*um-chi-gi-da*)
movimiento: **idong** (*i-dong*)
muchos/as: **maneun** (*ma-nuhn*)
muerto/a: **jugeun** (*chu-guhn*)
músculo: **geunyuk** (*guh-ñuk*)
museo: **bangmulgwan** (*bang-mul-guan*)
música: **eumak** (*uh-mak*)
muy: **maeu** (*me-u*)

N

nación: **gukga** (*guk-ga*)
nacionalidad: **gukjeok** (*guk-chohk*)
nadar: **suyeong** (*su-iohng*)
nariz: **ko** (*ko*)
naturaleza: **jayeon** (*cha-iohn*)
necesitar: **piryo** (*pi-rio*)
nervio: **singyeong** (*shin-gyohng*)
nieve: **nun** (*nun*)
no: **aniyo** (*a-ni-yo*)
noche: **bam** (*bam*)
nombre: **ireum** (*i-ruhm*)
norte: **bukjjok** (*buk-cchok*)
nosotros/as: **uri** (*u-ri*)
nota: **gakseo** (*gak-soh*)
nota (*calificación*): **deunggeup** (*du-hng-guhp*)
noticias: **nyuseu** (*nyus-suh*)
novela: **soseol** (*so-sohl*)
noventa: **gusip** (*gu-ship*)
noviembre: **sibirweol** (*shi-bi-ruol*)

nube: **gureum** (*gu-ruhm*)
nuestro/a: **uri** (*u-ri*)
nueve: **ahop** (*a-jop*)
nuevo, de: **dasi** (*da-shi*)
nuevo/a: **saeroun** (*se-ro-un*)
número: **beonho** (*bohn-ho*)

O

obediencia: **bokjong** (*bok-chong*)
objeto: **mulgeon** (*mul-gohn*)
observación: **gwanchal** (*guan-tsal.*)
obtener: **eodda** (*ohd-da*)
ocho: **yeodeol** (*ioh-dohl*)
octubre: **siweol** (*shi-wol*)
ocupar: **chajihada** (*tsa-chi-ja-da.*)
oeste: **seojjok** (*soh-cchok*)
oficina: **samuso** (*sa-mu-so*)
oírse: **deullida** (*duhl-li-da*)
ojo: **nun** (*nun*)
ola: **pado** (*pa-do*)
olor: **naemsae** (*nem-se*)
olvidar: **ijeobeorida** (*i-choh-boh-ri-da*)
once: **yeolhana** (*iohl-ja-na*)
opción: **seontaekgweon** (*sohn-tek-guon*)
opinión: **euigyeon** (*uhi-giohn*)
oponerse: **bandaehada** (*ban-de-ja-da*)
oportunidad: **gihoe** (*gi-hoe*)
oprimir: **apbakhada** (*ap-pak-ka-da*)
oración: **gido** (*gi-do*)
orden (*el*): **jeongdon** (*chohng-don*)
orden (*la*): **myeongryeong** (*myo-hng-ñong*)
ordenador: **keompyuteo** (*kohm-piu-toh*)
ordinario/a: **botong** (*bo-tong*)
oscuro/a: **eoduun** (*oh-du-un*)
oso: **gom** (*gom*)
otoño: **gaeul** (*ga-uhl*)
otro/a: **dareun** (*da-ruhn*)

P

paciencia: **innae** (*in-ne*)
padre: **abeoji** (*a-boh-chi*)
pago: **jibul** (*chi-bul*)
paisaje: **gyeongchi** (*giohng-tsi*)
pájaro: **sae** (*se*)
palmera: **sonbadak** (*son-ba-dak*)
paloma: **bidulgi** (*bi-dul-gi*)
pan: **ppang** (*ppang*)
pantalones: **baji** (*ba-chi*)
papá: **appa** (*ap-pa*)
papel: **jongi** (*chon-gi*)
paquete: **sopo** (*so-po*)
par: **hanbeol** (*han-bohl*)
paraguas: **usan** (*u-san*)
paralelo/a: **pyeonghaeng** (*pyohng-jeng*)
parálisis: **mabi** (*ma-bi*)
parar: **meomchuda** (*mohm-tsu-da*)
parar (*de hacer algo*): **geumanduda** (*guh-man-du-da*)
parecido/a: **biseuthan** (*bi-suh-tan*)
parque: **gongweon** (*gong-wohn*)
parte: **ilbu** (*il-bu*)
participar: **chamgahada** (*tsam-ga-ja-da*)
particular: **teukbyeol** (*tuhk-biohl*)
partido (deportivo): **sihap** (*shi-jap*)
partir, salir: **chulbal** (*tsul-bal*)
pasado: **gwageo** (*wa-goh*)
pasaje: **tonghaeng** (*tong-jeng*)
pasajero/a: **seungaek** (*suhng-gek*)
pasar: **jinada** (*chi-na-da*)
pasión: **yeoljeong** (*iohl-chohng*)
pasto: **mokjang** (*mok-chang*)
patada, dar una: **chada** (*tsa-da*)
patente: **teukheo** (*tuhk-koh*)
patrulla: **jeongchal** (*chohng-tsal*)
paz: **pyeonghwa** (*pyohng-jua*)
pecho: **gaseum** (*ga-suhm*)
pegamento: **jeopchakje** (*chohp-tsak-che*)
película: **yeonghwa** (*yohng-jua*)
peligro: **wiheom** (*ui-johm*)
pelota: **gong** (*gong*)
pensamiento: **saengak** (*seng-gak*)

pensar: **saengak** (*seng-gak*)
pequeño/a: **jageun** (*cha-guhn*)
percha: **otgeori** (*ot-goh-ri*)
perder: **ilta** (*il-ta*)
pérdida: **ireum** (*i-ruhm*)
perdón: **yongseo** (*yong-soh*)
perfecto/a: **wanjeonhan** (*wan-chohn-jan*)
periodo: **gigan** (*gi-gan*)
permitir: **heorak** (*hoh-rak*)
pero: **hajiman** (*ja-chi-man*)
perro: **gae** (*ge*)
persona: **saram** (*sa-ram*)
personalidad: **seonggyeok** (*sohng-giohk*)
pesado/a: **mugeoun** (*mu-goh-un*)
pescar: **nakksi** (*nak-shi*)
peso: **muge** (*mu-ge*)
pez: **mulgogi** (*mul-go-gi*)
pezuña: **balgup** (*bal-gup*)
pícnic: **sopung** (*so-pung*)
pie: **bal** (*bal*)
piedad: **jabi** (*cha-bi*)
piel: **pibu** (*pi-bu*)
pierna: **dari** (*da-ri*)
piloto: **jojongsa** (*cho-chong-sa*)
pintura: **mulgam** (*mul-gam*)
piscina: **suyeongjang** (*su-yohng-chang*)
placer: **gippeum** (*gib-buhm*)
plan: **gyehoek** (*gye-joek*)
planta: **sikmul** (*shik-mul*)
plato: **jeopsi** (*chohp-shi*)
playa: **haebyeon** (*he-biohn*)
pluma: **gitteol** (*git-tohl*)
pobre: **gananhan** (*ga-na-nan*)
poco, un: **jogeum** (*cho-guhm*); **jom** (*chom*)
poder: **him** (*jim*)
poesía: **si** (*shi*)
poeta: **siin** (*shi-in*)
policía: **gyeongchal** (*giohng-tsal*)
pollo: **dak** (*dak*)
popularidad: **ingi** (*in-gi*)
por: **wihayeo** (*ui-ja-ioh*)
por (*autoría*): **gyeote** (*gioh-te*)
por favor: **jom** (*chom*)
porque: **waenyahamyeon** (*uen-nya-miohn*)
posesión: **jaesan** (*che-san*)
posición: **wichi** (*wi-tsi*)
pozo: **umul** (*u-mul*)
práctica: **yeonseup** (*iohn-suhp*)
prado: **choweon** (*cho-uohn*)
precaución: **josim** (*cho-shim*)
precio: **gagyeok** (*ga-gyohk*)
preciso/a: **jeonghwak** (*chung-juak*)
premio: **sangpum** (*sang-pum*)
preocuparse: **geokjeong** (*gohk-chohng*)
preparación: **junbi** (*chun-bi*)
presión: **apryeok** (*am-ñohk*)
presupuesto: **yesan** (*ye-san*)
primavera: **bom** (*bom*)
primero/a: **jeil** (*che-il*)
prisión: **gamok** (*ga-mok*)
proceso: **jinhaeng** (*chin-jeng*)
proclamar: **seoneon** (*soh-nohn*)
producción: **saengsan** (*seng-san*)
producto: **sanmul** (*san-mul*)
profesión: **jigeop** (*ji-guhp*)
profesional: **peu-reo** (*puh-roh*)
profesor/a: **seonsaengnim** (*sohn-seng-ñim*)
profundidad: **gipi** (*gi-pi*)
profundo/a: **gipeun** (*gi-puhn*)
programa: **poeurogeuraem** (*puh-ro-guh-rem*)
progreso: **baldal** (*bal-dal*)
prohibición: **geumji** (*guhm-chi*)
prohibir: **geumhada** (*guhm-ja-da*)
promesa: **yaksok** (*yak-sok*)
pronunciación: **bareum** (*ba-ruhm*)
proteger: **boho** (*bo-ho*)
pruebas: **jeunggeo** (*chuhng-goh*)
público: **gwangaek** (*guan-gek*)
puente: **dari** (*da-ri*)
puerta: **mun** (*mun*)
pulgar: **eomji** (*ohm-chi*)
pulmón: **pye** (*pe*)

Q

qué: **mueot** (*mu-oht*)
quemar: **tada** (*ta-da*)
querer: **weonhada** (*wohn-ja-da*)
quitar (*algo a alguien*): **eobsaeda** (*ohp-se-da*)
quizá: **ama** (*a-ma*)

R

radio: **radio** (*ra-di-o*)
raíz: **ppuri** (*ppu-ri*)
rápido/a: **bballi** (*bbal-li*)
rascar: **halkwida** (*hal-kui-da*)
rata: **jwi** (*chui*)
ratón: **jwi** (*chui*)
rayos X: **ekseurei** (*ek-suh-re-i*)
razón: **iyu** (*i-iu*)
real: **jinjja** (*chin-ccha*)
realmente: **sasireun** (*sa-shi-ruhn*)
recepción: **robi** (*ro-bi*)
receso: **hyusik** (*hiu-shik*)
rechazo: **geojeol** (*goh-chohl*)
recibir: **batda** (*bat-da*)
recomendación: **chucheon** (*tsu-tsohn*)
reconocer: **injeonghada** (*in-chohng- ja-da*)
récord: **girok** (*gi-rok*)
recuerdo: **gieok** (*gi-ohk*)
recuperación: **hoebok** (*hoe-bok*)
recurso: **jaweon** (*cha-uon*)
red: **geumul** (*guh-mul*)
redondo/a: **dungeon** (*dung-guhn*)
reducir: **jurida** (*chu-ri-da*)
regalo: **seonmul** (*sohn-mul*)
región: **jibang** (*chi-bang*)
reina: **yeowang** (*ioh-uang*)
reír: **utda** (*ut-ta*)
relación: **gwangye** (*guan-ge*)
religión: **jongyo** (*chong-gio*)
rellenar: **chaeuda** (*che-u-da*)
reloj: **sigye** (*shi-ge*)
reparación: **suri** (*su-ri*)
rescate: **gujo** (*gu-cho*)
residente: **saraitneun** (*sa-ra-it-nuhn*)
resistencia: **jeohang** (*choh-jang*)
respeto: **jongyeong** (*chon-giohng*)
responsable: **chaegim** (*tsae-gim*)
respuesta: **daedap** (*de-dap*)
retrato: **chosanghwa** (*tso-sang-jua*)
reunión: **moim** (*mo-im*)
reunir: **moeuda** (*mo-uh-da*)
rey: **wang** (*wang*)
rico/a: **buja** (*bu-cha*)
río: **gang** (*gang*)
roca: **dol** (*dol*)
rodilla: **mureup** (*mu-ruhp*)
rojo: **ppalgan** (*ppal-gan*)
ropa: **ot** (*ot*)
rosa: **jangmi** (*chang-mi*)
ruidoso/a: **sikkeureoun** (*shi-kkuh-roh-un*)
ruina: **pamyeol** (*pa-miohl*)

S

saber (*gusto*): **mat** (*mat*)
saco: **jaru** (*cha-ru*)
sal: **sogeum** (*so-guhm*)
salir: **ddeonada** (*ddoh-na-da*)
salud: **geongang** (*gohn-gang*)
saludar: **insahada** (*in-sa-ja-da*)
salvar: **guhada** (*gu-ja-da*)
sartén: **nembi** (*nem-bi*)
sed: **galjeung** (*gal-chuhng*)
seguro/a: **anjeon** (*an-chohn*)
seis: **yeoseot** (*ioh-soht*)
semana: **ju** (*chu*)
señal: **giho** (*gi-jo*)
sentarse: **anda** (*an-da*)
sentido: **gamgak** (*gam-gak*)
sentir (*tacto*): **manjida** (*man-chi-da*)
separación: **bunli** (*bul-li*)
separación (*despedida*): **ibyeol** (*i-biohl*)
ser, no: **anida** (*a-ni-da*)

serio/a: **jinjihan** (*chin-chi-jan*)
servicio: **bongsa** (*bong-sa*)
servir (*líquido, bebida*): **butda** (*but-da*)
si (condicional): **manyage** (*ma-ña-ge*)
sí: **ne** (*ne*)
siesta: **najjam** (*na-ccham*)
siete: **ilgop** (*il-gop*)
siglo: **segi** (*se-gi*)
siguiente: **daeum** (*da-uhm*)
silencioso/a: **joyong** (*cho-iong*)
sillín: **anjang** (*an-chang*)
sirviente/a: **hain** (*ja-in*)
sitio: **jangso** (*chang-so*)
sobrino/a: **joka** (*cho-ka*)
sociedad: **sahoe** (*sa-joe*)
sol: **taeyang** (*te-iang*)
solamente: **yuilhan** (*iu-i-ran*)
solitario/a: **honja** (*jon-cha*)
solo/a: **hollo** (*jol-lo*)
sombra: **geurimja** (*guh-rim-ja*)
sombra (*a la sombra*): **geuneul** (*guh-nu-hl*)
sótano: **jihasil** (*chi-ja-shil*)
subir: **ireoseoda** (*i-roh-soh-da*)
subterráneo: **jiha** (*chi-ha*)
sudar: **ttam** (*ttam*)
suelo: **ttang** (*ttang*)
suerte: **haengun** (*hen-gun*)
suerte, mala: **burun** (*bu-run*)
sugerencia: **amsi** (*am-shi*)
sumisión: **sunjong** (*sun-chong*)
superficial: **yateun** (*ia-tuhn*)
suponer: **chucheukhada** (*tsu-tsuhk-ka-da*)
sur: **namjjok** (*nam-cchok*)
sustitución: **daeyong** (*dae-yong*)

T

tamaño: **keugi** (*kuh-gi*)
también: **ttohan** (*tto-jan*)
tambor: **buk** (*buk*)
tapa: **ddukkeong** (*duk-gohng*)
tarde, por la: **ohu** (*o-ju*)
tarea: **nodong** (*no-dong*)
tarifa: **biyul** (*bi-iul*)
tarjeta: **kadeu** (*ka-duh*)
taxi: **taeksi** (*tek-shi*)
té: **cha** (*tsa*)
teatro: **yeongeuk** (*iohn-guhk*)
techo: **cheonjang** (*tsohn-chang*)
tejado: **jibung** (*chi-bung*)
teléfono: **jeonhwagi** (*chohn-jua-gi*)
teléfono, llamar por: **jeonhwa hada** (*chohn-jua-ja-da*)
telescopio: **mangweongyeong** (*mang-uohn-giohng*)
televisión: **telebijyeon** (*te-re-bi-chohn*)
tema: **juje** (*chu-cheh*)
temporal: **ilsi** (*il-shi*)
tener: **gajigoitda** (*ga-chi-go-it-ta*)
teoría: **hakseol** (*hak-sohl*)
terminal: **jongjeom** (*chong-johm*)
ternera: **swegogi** (*soe-go-gi*)
territorio: **yeongto** (*iohng-to*)
terror: **gongpo** (*gong-po*)
test: **siheom** (*shi-johm*)
ticket: **pyo** (*pio*)
tiempo: **sigan** (*shi-gan*)
tiempo (*meteorológico*): **nalssi** (*nal-ssi*)
tienda (*de campaña*): **cheonmak** (*tsohn-mak*)
tienda: **gage** (*ga-gae*)
Tierra: **jigu** (*chi-gu*)
tijeras: **gawi** (*ga-ui*)
tío: **samchon** (*sam-tson*)
tipo: **jongryu** (*chong-ñu*)
tiza: **bunpil** (*bun-pil*)
tocar: **manjida** (*man-chi-da*)
todavía: **ajik** (*a-chik*)
todo: **jeonche** (*chohn-tse*)
tomar: **gatda** (*gat-da*)
torcido/a: **gubeun** (*gu-buhn*)
tormenta: **pokpung** (*pok-pung*)
tornillo: **nasa** (*na-sa*)
torre: **tap** (*tap*)
trabajo: **il** (*il*)

traducir: **beonyeok** (*boh-ñohk*)
tráfico: **gyotong** (*gyo-tong*)
transformar: **byeonhyeong** (*byo-ñohng*)
transportar: **unbanhada** (*un-ban-ja-da*)
transporte: **unban** (*un-ban*)
tren: **gicha** (*gi-tsa*)
tres: **set** (*set*)
triste: **seulpeuda** (*suhl-puh-da*)
tristeza: **burhaeng** (*bu-reng*)
tronco: **tongnamu** (*tong-na-mu*)
trozo: **jogak** (*cho-gak*)
tumba: **mudeom** (*mu-dohm*)
tumbarse: **nupda** (*nup-da*)
tutor: **gyosa** (*gio-sa*)

U

último (*de una fila*): **majimak** (*ma-chi-mak*)
una vez: **hanbeon** (*jan-beon*)
uña: **mot** (*mot*)
unirse: **gyeolhap** (*gioh-rap*)
uno/a mismo/a: **jasin** (*cha-shin*)
uno: **hana** (*ha-na*)
urgente: **wigeupan** (*wi-guh-pan*)
usar: **sayong** (*sa-yong*)

V

vacaciones: **hyuga** (*jiu-ga*)
vajilla: **dojagi** (*do-cha-gi*)
valioso/a: **gwijunghan** (*wi-chung-jan*)
valla: **dam** (*dam*)
valor: **gachi** (*ga-tsi*)
vela: **yangcho**, (*yang-tso*)
vendedor/a: **sangin** (*san-gin*)
vender: **palda** (*pal-da*)
venganza: **boksu** (*bok-su*)
venta: **panmae** (*pan-me*)
ver: **boda** (*bo-da*)
verbo: **dongsa** (*dong-sa*)
verde: **choroksaek** (*cho-rok-sek*)
verdura: **yachae** (*ia-tse*)
vergüenza: **changpi** (*tsang-pi*)
viaje: **yeohaeng** (*ioh-jeng*)
viejo/a (*objeto*): **oraedoen** (*o-rae-doen*)
vinagre: **sikcho** (*shik-tso*)
violín: **baiollin** (*ba-iol-lin*)
violonchelo: **chello** (*tsel-lo*)
visión: **siryeok** (*shi-riohk*)
visita: **bangmun** (*bang-mun*)
vista: **sigak** (*shi-gak*)
vivir: **salda** (*sal-da*)
volar: **nalda** (*nal-da*)
volver (*a casa*): **doragada** (*do-ra-ga-da*)
votar: **tupyo** (*tu-pio*)
votos (*promesa*): **seoyak** (*soh-iak*)
voz: **moksori** (*mok-so-ri*)

X

xilófono: **silopon** (*shi-lo-pon*)

Z

zapato: **sinbal** (*shim-bal*)
zoo: **dongmulweon** (*dong-mul-guon*)
zumo: **jyuseu** (*chus-suh*)

Apéndice D

Respuestas correctas

A continuación tienes todas las respuestas a los "Juegos y ejercicios divertidos" que has ido encontrando al final de cada capítulo.

Capítulo 1

1. **jajeongeo** (*cha-chohn-goh*)
2. **chimdae** (*tsim-de*)
3. **insa** (*in-sa*)
4. **aksu** (*ak-su*)
5. **mom** (*mom*)
6. **wiheom** (*ui-hohm*)
7. **chingu** (*tsin-gu*)
8. **jeojjok** (*choh-cchok*)
9. **chitsol** (*chis-sol*)
10. **ppang** (*ppang*)

Capítulo 2

1. Educado informal
2. Sí, es algo fundamental
3. Hay dos formas: los números coreanos y los sino-coreanos, de origen chino
4. **byeong** (*biohng*)
5. **mari** (*ma-ri*)

Capítulo 3

1. Hola
2. Gracias

3. Lo siento
4. Perdón
5. Nombre
6. Madre
7. Padre
8. Familia
9. Profesor/a
10. Abogado/a

Capítulo 4

1. **eonni** (*ohn-ni*)
2. **namdongsaeng** (*nam-dong-seng*)
3. **oeharaboji** (*ue-ja-ra-boh-chi*)
4. **gomo** (*go-mo*)
5. Hermano mayor, para una mujer
6. Madre
7. Tío paterno
8. Hermana pequeña

Capítulo 5

A. **sagwa** (manzana)
B. **orenji** (naranja)
C. **yangbaechu** (col)
D. **tomato** (tomate)
E. **danggeun** (zanahoria)
F. **yangpa** (cebolla)
G. **beurokeolli** (brócoli)

Capítulo 6

A. **kkotgagye**: floristería (C. ramo de flores)
B. **munbanggu**: papelería/juguetería (E. peonza)
C. **supeomaket**: supermercado (B. col)
D. **boseoksang**: joyería (A. collar)
E. **yakguk**: farmacia (D. medicamento)

Capítulo 7

La semana que viene: **daeumju**

10:30 de la mañana: **ojeon yeolsiban**

Tarde: **ohu**

El mes pasado: **jinandal**

Lunes: **woryoil**

Fin de semana: **jumal**

9:00 de la noche: **ohu ahopsi**

Capítulo 8

A. **takgu**

B. **piano yeonju**

C. **Tae kwon do**

D. **peulleut yeonju**

E. **deungsan**

Capítulo 9

Casa: **jip** (*chip*)

Número de teléfono: **jeonhwabeonho** (*chohn-jua-bohn-ho*)

Hola: **yeoboseyo** (*ioh-bo-se-io*)

Amigo: **chingu** (*tsin-gu*)

Información de contacto: **yeollakcheo** (*iohl-lak-tsoh*)

¿Quién eres?: **nuguseyo** (*nu-gu-se-io*)

Capítulo 10

cheongso; limpiar

mogyok; baño

sikilkkayo?; ¿Pido...?

jom dowa jusigetseumnikka?: ¿Podrías ayudarme, por favor?

jeongmal pigonhamnida: Estoy agotado/a

syawo hasillaeyo?: ¿Quieres ducharte?

bueok: cocina

boksagi: fotocopiadora

Capítulo 11

A. **hyeungeun jigeupgi** (*jiuhn-guhn chi-guhp-gi*; cajero automático)

B. **eunahaengwon** (*uhn-jen-guon*; mostrador del banco)

C. **eunhaeng** (*uhn-jeng*; banco)

D. **yeogwon** (*ioh-uon*; pasaporte)

E. **sinnyongkadeu** (*shin-iong-ka-duh*; tarjeta de crédito). Suele abreviarse como kadeu

F. **jigap** (*chi-gap*; cartera/bolso)

Capítulo 12

A. Escuela – **hakgyoneun sageori bukjjoge iseoyo**; La escuela está al norte del cruce

B. Oficina de correos – **uchegugeun sageori dongjjoge iseoyo**; La oficina de correos está al este del cruce

C. Banco – **eunhaengeun sageori namjjoge iseoyo**; El banco está a sur del cruce

D. Casa – **jibeun sageori seojjoge iseoyo**; La casa está a oeste del cruce

Capítulo 13

1. **jeonhwa**
2. **oneul**
3. **binbang**
4. **jijeobunhaneyo**
5. **gyesanseo**

Capítulo 14

A. **bihaenggi**: avión

B. **gicha**: tren

C. **jihacheol**: metro

D. **beoseu**: autobús

E. **taeksi**: taxi

Capítulo 15

1. **jeoneun daeum dare hanguge gayo**
2. **eonje gaseyo?**
3. **beoseu jeongnyujangi eodi iseoyo?**

4. **banggawoyo**
5. **gichayeok**
6. **bangmulgwan**
7. **baekhwajeom**

Capítulo 16

1. **dari**
2. **son**
3. **balgarak**
4. **nun**
5. **gwi**
6. **ko**
7. **ip**
8. **meori**
9. **gaseum**
10. **bal**
11. **songarak**
12. **deung**

Apéndice E

Los audios

En este apéndice encontrarás la lista de pistas de audio.Explora tranquilamente la lista y aprovecha los textos de las secciones "Hablando se entiende la gente" de cada capítulo. Recuerda que las que aparecen en los audios están marcadas con el icono correspondiente.

Pistas de audio

Esta es la lista de pistas de audio:

Pista 1: Introducción y guía de pronunciación

Capítulo 2

Pista 2: Una conversación en coreano

Pista 3: Charla sobre comidas que te gustan

Capítulo 3

Pista 4: Saludos en coreano

Pista 5: Conocer a gente

Pista 6: ¿Cómo te llamas?

Pista 7: Charla sobre el tiempo

Pista 8: Despedidas

Capítulo 4

Pista 9: Direcciones

Pista 10: La familia

Capítulo 6

Pista 11: Pedir ayuda a los dependientes

Pista 12: Comprar ropa

Capítulo 7

Pista 13: ¡Vamos a ver una película!

Capítulo 8

Pista 14: ¿Qué aficiones tienes?

Pista 15: Comprar billetes de tren

Capítulo 9

Pista 16: Hacer una llamada telefónica

Pista 17: Conversación telefónica

Pista 18: En un *PC bang*

Capítulo 10

Pista 19: De visita en casa de un amigo

Pista 20: Una ducha

Capítulo 11

Pista 21: ¿Quién paga hoy la comida?

Capítulo 12

Pista 22: De vuelta a casa

Capítulo 13

Pista 23: Reservar una habitación

Pista 24: Comprueba tu habitación

Pista 25: El *check-out*

Capítulo 14

Pista 26: En el mostrador de facturación

Capítulo 15

Pista 27: Planea tu viaje a Corea

Capítulo 16

Pista 28: En caso de emergencia

Índice

A

D

E

F

G

H

I

L

M

N

O

P

Q

R

U

V

W

Y

Z

Notas

Notas

Notas

Notas

Notas

Notas

Notas

Coreano para Dummies

Chuletas

PREGUNTAS ÚTILES

Español	Coreano	Pronunciación
¿Qué tal?	**annyeonghaseyo?**	*an-ñohng-ja-se-io?*
¿Hablas inglés?	**yeongeo haljul aseyo?**	*iohn-goh jal-chul-a-se-io?*
¿Podría ayudarme?	**jeo jom dowa jusillaeyo?**	*choh chom do-ua chu-shil-le-io?*
¿Cómo te llamas?	**seonghami eotteokke doeseyo?**	*sohn-ga-mi oht-tohk-ke doe-se-io?*
¿Qué hora es?	**myeotsieyo?**	*mioh-shi-e-io?*
¿Cuánto vale?	**ige eolmajyo?**	*i-ge-ohl-ma-e-io?*
¿Dónde está el baño?	**hwajangsiri eodiiseoyo?**	*jua-chang-shi-ri oh-di-soh-io?*
¿Podrías repetirlo?	**dasi malsseum haejusillaeyo?**	*da-shi mal-suhm je-chu-shil-le-io?*
¿Podrías hablar más despacio?	**jom cheoncheoni malsseum jom haejusileyo??**	*chom tsohn-tsoh-ni mal-suhm chom je-chu-shil-le-io?*
¿Dónde está?	**eodi itjiyo?**	*oh-di it-chi-io?*

EXPRESIONES COTIDIANAS

Español	Coreano	Pronunciación
Hola	**annyeong**	*an-ñohng*
Por favor	**jebal**	*che-bal*
Gracias	**gomapseumnida**	*go-map-suhm-ni-da*
Gracias	**gamsahamnida**	*gam-sa-jam-ni-da*
Lo siento	**joesonghamnida**	*choe-song-jam-ni-da*
No lo sé	**moreugetseumnida**	*mo-ruh-ge-suhm-ni-da*
No lo entiendo	**mot aradeutgetseumnida**	*mo-ta-ra-duh-ge-suhm-ni-da*
Disculpe	**sillyehamnida**	*shil-le-jam-ni-da*

CALENDARIO

Español	Coreano	Pronunciación	Español	Coreano	Pronunciación
enero	**irwol**	*i-ruol*	julio	**chirwol**	*tsi-ruol*
febrero	**iwol**	*i-uol*	agosto	**parwol**	*pa-ruol*
marzo	**samwol**	*sa-muol*	septiembre	**guwol**	*gu-uol*
abril	**sawol**	*sa-uol*	octubre	**siwol**	*shi-uol*
mayo	**owol**	*o-uol*	noviembre	**sibirwol**	*shi-bi-ruol*
junio	**yuwol**	*iu-uol*	diciembre	**sibiwol**	*shi-bi-uol*

Coreano para Dummies

Chuletas

CALENDARIO

Español	Coreano	Pronunciación
lunes	**woryoil**	*uo-rio-il*
martes	**hwayoil**	*jua-io-il*
miércoles	**suyoil**	*su-io-il*
jueves	**mogyoil**	*mo-gio-il*
viernes	**geumyoil**	*guh-mio-il*
sábado	**toyoil**	*to-io-il*
domingo	**iryoil**	*i-rio-il*

PREGUNTAS

Español	Coreano	Pronunciación
¿Quién?	**nugu?**	*nu-gu?*
¿Qué?	**mueot?**	*mu-oht?*
¿Dónde?	**eodi?**	*oh-di?*
¿Cómo?	**eotteoke?**	*oht-toh-ke?*
¿Cuándo?	**eonje?**	*ohn-che?*
¿Por qué?	**wae?**	*ue?*

NÚMEROS

Número	Sino-coreano (pronunciación)	Coreano (pronunciación)	Número	Sino-coreano (pronunciación)	Coreano (pronunciación)
1	**il** (*il*)	**hana** (*ha-na*)	15	**ship o** (*shi-bo*)	**yeol daseot** (*yohl da-soht*)
2	**i** (*i*)	**dul** (*dul*)	16	**sip yuk** (*ship-iuk*)	**yeol yeosot** (*yohl ioh-soht*)
3	**sam** (*sam*)	**set** (*set*)	17	**sip chil** (*ship-tsil*)	**yeol ilgop** (*yohl il-gop*)
4	**sa** (*sa*)	**net** (*net*)	18	**sip pal** (*ship-bal*)	**yeol yeodeol** (*yohl ioh-dohl*)
5	**o** (*o*)	**daseot** (*da-soht*)	19	**sip gu** (*ship-gu*)	**yeol ahop** (*yohl a-jop*)
6	**yuk** (*iuk*)	**yeoseot** (*yoh-soht*)	20	**i sip** (*i-ship*)	**seumul** (*suh-mul*)
7	**chil** (*tsil*)	**ilgop** (*il-gop*)	30	**sam sip** (*sam-ship*)	**seoreun** (*soh-ruhn*)
8	**pal** (*pal*)	**yeodeol** (*yoh-dohl*)	40	**sa sip** (*sa-ship*)	**maheun** (*ma-juhn*)
9	**gu** (*gu*)	**ahop** (*a-hop*)	50	**o sip** (*o-ship*)	**swin** (*suin*)
10	**sip** (*ship*)	**yeol** (*yohl*)	60	**yuk sip** (*iuk-ship*)	**yesun** (*ie-sun*)
11	**ship il** (*shi-bil*)	**yeol hana** (*yohl ja-na*)	70	**chil sip** (*tsil-ship*)	**ilheun** (*il-jeun*)
12	**ship i** (*shi-bi*)	**yeol tul** (*yohl-dul*)	80	**pal sip** (*pal-ship*)	**yeodeun** (*ioh-duhn*)
13	**ship sam** (*ship sam*)	**yeol set** (*yohl set*)	90	**gu sip** (*gu-ship*)	**aheun** (*a-juhn*)
14	**ship sa** (*ship-sa*)	**yeol net** (*yohl net*)	100	**baek** (*bek*)	**baek** (*bek*)